장훈태교수의 **선교여행기 8**

우즈베키스탄에 가다

장훈태 지음

장훈태교수의 선교여행기 8

우즈베키스탄에 가다

초판 1쇄 발행 2009년 9월 1일

지은이 | 장훈태
펴낸이 | 정종현
펴낸곳 | 도서출판 누가
표지디자인 | 안홍섭 | 아트엘
편집 | 김민지 | 아트엘
제작 | 이영목

등록번호 | 제20-342호
등록일자 2000. 8. 30
서울시 동작구 상도2동 186-7
전화 | (02)826-8802   팩스 | (02)825-0079

정가 **13,000원**
ISBN 978-89-92735-40-7

예수께서 그리스도이심을 믿는 자마다 하나님께로서 난 자니 또한 내
신이를 사랑하는 자마다 그에게서 난 자를 사랑하느니라 우리가 하나
님을 사랑하고 그의 계명들을 지킬때에 이로써 우리가 하나님의 자녀
사랑하는 줄을 아느니라 요일 5:1~2

    2008년 아주 추운 겨울날, 학교일을 어느 정도 마무리하고 방콕 포럼
에 참석하고 돌아왔다. 학교에 출근하고 난 하루, 아주 슬픈 소식을 접했다.
그것은 나의 신앙과 신학, 그리고 대학에서 강의하도록 멘토하셨던 김준삼
박사님께서 하나님의 부르심을 받으셨다. 그는 평생 동안 하나님의 신적작
정과 신본주의 신학에 입각한 삶을 살려고 애를 쓰셨다. 언제나 어린아이
같은 마음으로 학생들에게 따뜻한 미소, 영적 스승으로서의 가르침은 기억
에 남는다. 김준삼 박사님의 장례를 마치고 한국에 돌아온 나는 곧바로 우
즈베키스탄 탐사와 인류학적 연구를 위해 출발했다. 우즈베키스탄은 중앙
아시아에 위치하고 있다. 구소련의 지배를 받다가 1991년 독립한 국가다.
이곳은 면화산업이 발달한 곳이고 많은 고려인들이 거주한 땅이다. 동서간
의 무역과 정보교환이 가장 빠르게 진행된 곳을 방문하게 된 것은 큰 영광

이다.

　　내가 우즈베키스탄을 방문할 때는 40년만의 강추위가 있어 많은 사람들이 얼어 죽었다는 소식을 들었다. 1월초에 내린 눈은 2월초가 되어서도 녹지 않은 상태로 보존되어 있었다. 도시와 들, 모두가 하얀 눈으로 덮여 있다. 사람들은 두꺼운 외투를 입고 머리에는 모자를 쓰고 다닌다. 모자는 머리를 보호하는 유일한 도구다. 만약 모자를 쓰지 않고 다니게 되면 바람이 들어 감기에 걸리기 쉽다는 말도 한다. 아무튼 우즈베키스탄의 날씨는 엄청 추워 맘대로 움직일 수가　없는 상황이다. 이런 상황에서 우즈베키스탄의 수도 타슈켄트, 사마르칸트, 부하라, 히바, 우르겐츠, 카라칼팍 등을 방문했다. 여기서 하나님의 영적지도를 보았고, 선교의 가능성을 보았다.

　　무엇보다 이 긴 여행을 위해 늘 기도해 주시는 분들이 있다. 나의 선교사역을 위해 밤낮으로 기도하는 동역자들이 있다. 작은 연보를 통해 선교현장을 일으키도록 격려하는 그들이 있기에 사역할 수 있었다. 또한 백석대학교의 설립자 장종현박사의 끊임없는 지원은 큰 힘이 되기에 감사를 드린다. 그 외에 본 글이 나오기까지 함께 동행 해 주었던 현지인 목회지도자, 사역자들에게도 감사를 표현하고 싶다. 아울러 본서의 출판을 위해 어려운 현실에서도 감사함으로 교정에 임해준 장화경박사, 출판계의 어려움을 알면서도 기꺼이 출판하여 세상에 빛을 보게 한 누가출판사의 정종현목사님께도 깊은 감사를 드린다. 아무쪼록 본서가 우즈베키스탄과 중앙아시아를 사랑하는 사람들 모두에게 읽혀지기를 소망한다.

2009년 7월 13일
안서동 골짝에서 장훈태 교수

CONTENS

들어가는 글_ 저자의 말

●

우즈베키스탄을 향하여

1. 우즈베키스탄(Republic of Uzbekistan)을 위한 준비

아주 오래전이었다. 아마도 2천 년 초인 것 같다. 우즈베키스탄(이하 우즈베크)에서 일하는 사람들이 한 번 방문해 달라며 초청했었다. 그로부터 7년 동안 나는 우즈베크를 가슴에 품고 기도했다. 그리고 2008년 1월 말, 드디어 우즈베크의 종교, 문화, 인종 등을 연구할 수 있는 시간과 여건을 만들 수 있었다.

우즈베크를 방문하기 위해서는 몇 가지 준비가 필요했다. 우선 초청장이 있어야 하고, 비자발급을 위한 사진과, 재직증명서가 있어야 했다. 필요한 서류들을 제출한 후 7일이 지나서야 초청장을 발급받았다. 나의 동역자가 나를 대신하여 그 초청장을 가지고 우즈베크 대사관으로 갔는데, 비자는 꽤 오랜 시간을 기다린 후에야 발급되었다. 스탄(stan)이라는 국가 명을 가진 나라들에 입국하기란 참 어려운 것 같다.

2. 우즈베크로 출발

중앙아시아의 중앙에 위치한 우즈베크는 광활하고 넓은 땅이다. "아름다운 신의 땅"이라고 일컫는 그 곳으로 떠나기 위해서 이른 아침 집을 나섰다. 나의 짐은 간단했다. 배낭, 아이들에게 줄 작은 선물박스, 카메라 가방, 노트북 가방이 전부였다. 차가운 겨울의 냉기가 몸속으로 파고들었다. 택시를 타고 "시외터미널까지 가주세요"라고 말하자, 기사는 명절이 다가오는데 어디를 급히 가느냐고 물었다. 천안시외터미널

에 들어서니 사람들이 추위에 떨면서 앉아 있었다. 표를 파는 창구에는 몇 사람만이 기다리고 있었다.

나는 몇일 전 미국에서 돌아왔는데 피로가 겹쳐서 감기몸살 때문에 약을 복용하고 있었다. 터미널근처에서 간단히 아침식사를 하고 인천공항으로 가는 버스에 올라타자마자 전화벨이 울렸다. 멀리에 사는 큰 딸의 전화였다. "아빠 잘 다녀오세요. 할아버지께는 제가 전화 드릴게요. 걱정 하지마세요"라며 나를 격려하고 위로했다.

인천공항까지 가는 동안 약기운 때문에 나는 깊은 잠에 빠졌다. 공항에 도착한 후에도 약간 몽롱한 상태였지만 짐을 차에서 꺼내 카트에 싣고 L 카운터 앞으로 갔다. 그곳에서 출국수속을 마치고 우즈베크까지 가는 보딩패스(항공권)를 받았다. 나는 외국여행을 다닐 때마다 보험을 들었지만, 이번에는 연장하는 선으로 마무리를 지으려 했다. 그러나 감기로 인해 병원치료를 받았다고 하자 갱신을 해야 한다는 것이었다. 보험료를 지불하고 곧바로 출국수속을 마친 후 우즈베크 항공이 계류하고 있는 37번 게이트로 이

동했다. 이곳에는 한국인과 우즈베크 사람들이 서로 엉켜 있었다. 어떤 교회 선교단의 모습도 보였다. 그들의 카메라 박스에는 "OO교회"라는 큰 글자가 붙어 있었다. 나는 그 선교단체의 가방을 보면서, "이건 참 위험한데"라고 생각했다.

우즈베크에는 현지시간으로 오후 3시가 좀 지나서 도착하게 될 것이며, 도착하자마자 나는 곧바로 모임과 방문, 그리고 인터뷰 일정을 세워야만 한다. 현지인들과 만남을 통해 그들의 생각, 문화, 삶이 무엇인가를 살펴볼 것이다.

3. 왜 우즈베크를 가나

내가 선교지를 방문하려는 시점은 한국교회가 상당한 비판을 받고 있는 때였다. 언론에서는 한국교회의 재정과 건축, 교회 조직까지 깊숙이 파고들어 비판의 강도를 높이고 있었다. 보통 교회에 대한 비판은 교회에 대해 인식을 잘못했을 때 발생한다. 사회로부터 교회에 대한 비판이 시작되는 것은 교회의 위기, 그 자체이기 보다는 목회자들의 위기 혹은 신학교의 위기라고 고쳐 말해야 되는지도 모른다. 나 역시 그 말에 공감한다. 신학의 위기는 본질적으로 신학교와 목회자사회가 통찰의 힘을 상실했음을 의미한다. 진정한 의미에서 통찰의 힘은 현실의 팽팽한 긴장감 없이는 만들어지지 않는다. 적어도 오늘날 한국 교회와 목사들의 영적 통찰력이 70-80년대보다도 못한 것은 변화하는 사회를 읽지 못하기 때문이다. 전통만을

고수하며 자기도취에 빠져 있을 때 교회는 사회로부터 비판을 받게 된다. 교회가 참되게 성장하려면 현실을 직시하고 미래 지향적인 비전을 가져야 한다.

바라건 데 선교 현장이나 교회를 향해 똑바로 바라볼 수 있는 통찰력은 바로 현장이 요구하는 힘이다. 날마다 변화하는 현장에서 또한 매순간 치열하게 경쟁하며 돌아가는 사회를 올바로 모색하는 것이 통찰력이다. 이는 선교현장에 머무는 사람들에게도 필요한 것이다. 모두가 올바르게 살아야 된다고 말할 때 그것에 대하여 책임을 지려는 태도가 있어야 한다. 그러나 오늘날 우리 사회는 누구도 책임을 지려하지 않고, 변화무쌍한 사회에 대한 통찰력을 갖으려 하지도 않는다. 자신의 목적만 성취되면 뒤도 돌아보지 않고 떠나버리는 것이 현실이다. 나는 얼마 전 방콕포럼(2008년 1월)을 다녀 온 후 한 가지 놀란 것이 있다. 그것은 비행기 기내 옆 좌석에 앉아 있던 사람과 재미있게 대화를 나누었건만, 목적지에 도착하자 그는 아무런 인사도 없이 어디론가 가버렸다. 적어도 선교현장에서 사역하는 자라면 헤어질 때 인사하고 가는 것은 기본적인 자세가 아닌가 생각된다. 나와 알고 지내는 사람이라 해도 서로 인사하면서 헤어질 수 있는 문화, 서로가 격려해주는 문화가 필요하다는 것을 새삼스럽게 경험하는 시간이었다. 한마디로, 인사하는 것도 기본적인 예의다. 그렇다고 남의 잘못만 탓할 것이 아니라 올바른 교육을 하면서 하나님의 거룩한 모습을 보여주면서 새로운 패러다임을 만들어 가야 할 것이다.

내가 우즈베크에 가는 목적은 우즈베크의 문화와 종교, 다양한 민족의 삶과 철학을 배우기 위해서다. 그리고 우즈베크를 다녀온 후에는 어떻게 사역을 하는 것이 좋은지 아니면 그들을 어떻게 품고 사랑하며 살 수 있을지를 보다 더 깊이 연구하려한다. 이는 신학과 선교에 대한 새로운 통찰을 얻는 기회가 될 것이다.

4. 선교 현장학, 신앙의 진정한 뿌리

나는 매 학기마다 선교지를 방문해 왔다. 금번 우즈베크 탐방은 많은 분들의 기도와 후원이 있었기에 가능했다. 내게는 작은 정성을 모아 후원해 주신 분들의 기대에 부응하기 위해서라도 선교현장을 방문해야 한다는 부담감이 있었다. 선교현장을 방문하는 것은 그리 쉬운 일은 아니지만 그래도 사역지를 방문해 영적으로 가난한 사람들을 살펴보아야 한다는 책임감이 가슴 깊이에서 일었다. 왜 사람들은 영적으로 가난한가? 왜 그들은 하나님 나라의 복음을 이해하지 못하는가? 그들은 "삶의 중심에 사람들이 누리고 있는 정신적 즐거움이 없기 때문"이라고 말한 다. 이는 종교적인 것을 뜻하는 말인지도 모른다, "누리고 있는 정신적 삶"이 무엇이냐는 것이 다. 이는 극장과 연주회, 박물관, 강연 같은 것, 다시 말하면 그냥 일상적인 것인지도 모른다.

그러나 이 논지는 인문학의 내용일 것이다. 그렇지만 사람들이 생각하는 가난은 밥과 돈의 문제이기 이전에 생각과 정신의 문제다. 정신이 올바르지 못하면 가난은 자연적인 것일 수밖에 없다. 이 공허함을 깨우치고 세워주는 것이 있는데 그것이 바로 신앙이다. 신앙은 철저하게 선교현장의 경험에서 출발한다. 사람들이 말하는 정신적 공허함은 빵이 아닌 자존감의 회복이다. 자존감의 회복은 인문사회학적인 것이 채워질 때 발생하는 것이 아니다. 그 영혼의 삶 가운데 회복의 은총이 있어야만 된다. 나는 가난하고 정신적 공허의 출발점이 복음을 받아들이지 않은데 있다고 생각한다. 원래 영적으로 가난하다는 것은 "신앙의 열악한 환경, 죄악이라는 포위망에 둘러

싸인 상태"를 말한다. 죄악의 포위망에 갇히면 할 수 있는 일이란 생존을 위한 즉각적인 대응 외에는 아무것도 없다. 하지만 즉각적인 대응대신 반성적이고 세상을 올바로 보는 통찰력을 가진다면  신앙적 삶은 달라진다. 나는 생각한다. "선교 현장학의 목표는 하나님 말씀 안에서 반성적이고 영적 통찰력과 사고를 갖고 사역을 시작하거나 다른 삶을 살고 싶은 소망을 갖게 하는 것"이라고.

이처럼 선교에 대하여 깊은 관심과 이해, 새롭게 시작하도록 도움을 주는 것이 선교 현장학이다. 신앙을 갖고 선교지의 변화를 추구하거나 새로운 출발을 하려는 사람들에게 삶의 지표가 되는 학문이 바로 선교학이다. 선교는 사람들로 하여금 자신의 신앙적 삶을 되돌아보게 하고, 죄악의 포위망에서 벗어나게 하며, 무기력의 포위망에서 벗어나 일상을 자율적이고 자신감 있게 새로 시작하도록 이끌어 주는 진정한 힘의 원천이다. 선교학, 그것은 신앙을 점검하고 도전을 주는 학문이다.

5. 우즈베크의 타슈켄트 (Tashkent) 공항

인천공항 37번 게이트에는 많은 사람들이 줄을 서서 기다리고 있었다. 나 역시 줄을 서서 비행기티켓을 내고 기내로 들어갔다. 비행기는 아주 오래된 것으로 보였다. 아마도 90년대 보잉 767기로 보이지만 장거리를 여행하기에는 그런대로 괜찮았다. 기내에서 노트  북을 꺼내 작업을 시작했다. 왜 우즈베크를 여행하는 지 그 목적을 기록해 보기로 했다. 그리고 한 시간 정도 작업을 하자 노트북의

배터리가 소모되어 더 이상 작업을 할 수가 없었다. 나는 가방에서 책을 꺼내 "인문의 숲에서 경영을 만나다"라는 책을 읽어가기 시작했다. 책제목은 나에게 생소한 것이었지만 내용 가운데 "분석 과잉과 통찰의 부족"이란 단어가 마음에 들어왔다.

오랜 시간 책을 읽다가 그만 잠이 들었다. 2주간에 걸쳐 방콕과 미국 등 장거리 여행과 여러 가지 업무들로 인해 몸이 피곤한 상태라 그런지 잠이 밀려오기 시작했다. 잠을 자다가 다시 일어나 책을 읽다가 또 잠이 들었다. 몸과 마음이 피곤한 상태라 그런지 팔다리에 기운이 쭉 빠지곤 했다. 우즈베크가 가까이 다가올수록 내 마음의 기대감과 설렘, 그리고 낯선 곳에 대한 두려움 등은 점점 커져갔다. 비행기는 우즈베크 상공을 날아서 우즈베크 국제공항으로 가까이 다가서고 있다. 우즈베크 상공에서 내려다 본 산과 도시는 하얀 눈으로 덮여 있었다. 온 세상이 하얀색이었다. 어느 여행객에 따르면 3년 전부터 기후의 급격한 변화가 시작되어 겨울철에 눈이 많이 내린다고 했다. 창밖으로 풍경을 구경하는 동안 비행기는 활주로에 내려앉기 위해 고도를 낮추고 있었다. 비행기는 계류장에 정지하는 것이 아니라 활주로 가장 자리에 멈추었다. 3대의 버스가 다가 왔다. 중형버스는 CIP로 나가는 손님을 태우기 위해 가는 것이었고, 또 다른 하나는 일반인들을 위한 버스였으며, 또 다른 버스는 트랜스를 위한 것이었다.

나는 버스에서 내려 이민국 앞에 섰다. 우즈베크 사람들은 먼저 입국수속을 받기 위해 달려서 나갔다. 과거에는 이민국을 빠져 나가는데 1시간 이상이 걸렸지만, 지금은 아주 빠른 것이라 한다. 그러나 이민국을 빠져 나와 짐을 찾는 시간이 너무 오래 걸렸다. 아마도 2시간 정도 걸린 것 같다. 세관검사까지 마치고 밖으로 나오는 데 많은 시간이 걸렸기 때문에 몹시 피곤했다. 왜 이렇게 짐을 찾는데 시간이 많이 걸리는 걸까? 모든 수하물 분류를 기계로 하지 않고 사람의 손을 거쳐서 하기 때문이었다. 세관 검사를 하고 밖으로 나오는 것도 그리 쉽지 않았다. 우선 검색대를 통과하면, 두 장의 세관신고서에 도장을 찍어 준다. 하나는 입국할 때 제출하는 것이고, 또 다른 하나는 출국할 때 세관에 신고하면서 나가는 것이라고 한다. 도장을 찍어 준 것을 잘 관리하지 않으면 출국할 때 어려움이 있다고 한다.

세관신고까지 마치고 밖으로 나오자 많은 사람들이 가족이나 손님을 기다리고 있었다. 나도 약속된 사람과 반갑게 만났다. 공항 밖에는 싸라기눈(빗방울이 갑자기 얼어붙어 생긴 눈)이 내리고 있었고 찬바람도 거세게 불고 있었고 주변은 어두웠다. 주차장은 녹은 눈이 다시 얼어붙어 빙판길이 되어 있었다. 어떻게 택시 정류장까지 가야하나 걱정이었다. 나는 택시 정류장까지 걸어갔다. 내가 걸어가는 동안 택시 기사들이 호객 행위를 했다. 나는 무슨 말인지 도대체 알아들을 수 없었다. 공항 주변에는 인가된 택시보다는 자가용 영업차들이 많았다. 세계 어디를 가도 자신들의 차를 타라고 "택시, 택시"라고 외치는 기사들을 목격하게 된다.

공항근처에서 차를 타고 호텔로 이동하는 동안 타슈켄트에 대한 많은 이야기를 들었다. 그러나 이 지역의 도시와 관공서, 대학교, 전시관에 대한 이야기가 모두 생소하게만 들렸다. 내가 걸어가면서 건물을 눈으로 보고 체험한 곳이 아니어서 더욱 그랬다. 나는 대통령궁 도로를 벗어나 상원의원 빌딩 앞 도로를 거쳐 호텔로 직행하였다. 타슈켄트 시내 중심지에서 약간 벗어난 광장에는 높은 빌딩 하나가 서있었다. 그곳이 바로 내가 머물러야 할 호텔이었다. "팔레스 호텔", 지금은 "타슈켄트 호텔"로 명칭이 바뀌었다. 호텔 안으로 들어가자 따뜻한 온기가 내 몸을 감쌌다. 왼쪽에는 작은 카페가 있었고 그 옆에 카운터가 있었다. 나는 카운터로 가서 여권과 호텔 예약 번호를 말하고 호텔방 번호와 거주 증명을 발급받아야만 했다. 우즈베크에 거주한다는 거주증명발급 시간은 무려 30분이나
소요되었다. 카운터에서 거주신고를 마친 후 방
을 배정받았다. 호텔 방은 침대, 테이블, 차를 마
실 수 있는 작은 공간이 전부였다. 커튼을 젖히고
창으로 시내를 내려다보았다. 호텔 뒤쪽으로 보
이는 공원도 하얀색이었다. 여기가 1991년 구소련으로부터 독립한 나라이
면서 이슬람을 국교로 믿는 우즈베키스탄이다.[1] 나는 여기서 며칠 동안 머
물 것이다.

2 40년 만의 강추위

1. 타슈켄트 역으로 가는 길

내가 처음으로 우즈베크 땅을 밟던 날 타슈켄트는 하얀 눈이 덮여 있었다. 공항에서 호텔로 이동하는 동안 도시는 온통 흰색이었다. 호텔 앞 주차장에도 눈이 그대로 쌓여 있어 마치 북극에 와있는 기분이었다. 호텔에서 하루 밤을 보냈다. 나 혼자만의 시간을 보내고 다음 목적지를 향해 이동을 해야 했다.

이른 아침, 간단한 식사를 마치고 짐을 정리한 다음 방 열쇠를 반납하기 위해 로비로 내려왔다. 다음 목적지로 떠나기 위해 체크아웃을 하고 타슈켄트 역으로 가려고 택시를 세웠다. 타슈켄트에서는 아무 차나 세우면 택시가 된다. 내가 탄 승용차는 아주 오래된 차였다. 나는 뒷좌석에 앉아 있었는데 실내로 가스가 스며들어 왔다. 내가 기사에게 "왜 이렇게 가스냄새가 나느냐"라고 묻자, 그는 "얼마 전 사고가 났는데 돈이 부족해 수리하지 않앉더니 냄새가 난다"라고 변명했다.

호텔에서 차를 타고 역으로 가는 동안 티무르 동상과 타슈켄트 시계탑이 보였다. 과거 공산주의시대에도 도시 중앙에는 시계탑이 있었다고 한다. 높은 시계탑은 누구나 볼 수 있도록 만들어졌다. 그 당시에는 손목시계를 누구나 가질 수 있는 환경이 아니었기 때문이었다. 내가 시계탑과 법원, 티무르 동상 등 많은 설명을 듣고 있는 동안 택시는 타슈켄트 역에 도착했다.

나는 타슈켄트 역 건너편에 내렸고, 역을 향해 도로 한 가운데를 횡단했다. 도로 중앙에는 전차가 다녔고 양 옆에는 버스와 승용차 도로가 있었다. 사람은 횡단보도를 통해 건너가야 하는데 아무 곳으로나 건너가도 괜찮다고 한다. 나는 신호를 보거나 아니면 신호가 바뀐 다음 건너가야 되지 않느냐고 현지인에게 말했지만, 그는 괜찮다며 따라오라고 했다. 우즈베크에서는 신호를 지키는 것이 더 이상하다는 눈치였다. 우즈베크 사람들이 한국을 다녀 온 뒤에 이상하게 여기며 묻는 것이 있다. "왜 파란 불이 켜질 때 떼를 지어 길을 건너느냐?"다. 이는 문화적 차이였다.

타슈켄트 역, 길게 늘어선 객차는 손님을 태우고 떠날 준비를 거의 마치고 있었다. 우리가 기차를 타고 객실을 찾은 다음 짐을 선반에 올려놓자 곧바로 기차는 타슈켄트 역을 출발했다.

2. 우즈베크 사람들

공항에서 만난 우즈베크 사람은 나에게 먼저 이민수속을 받으라며 양보했다. 내가 한국인이라는 것을 알고 있어서 그랬나보다. 그렇지만 먼저

온 사람이 우선이기에 그 양보를 정중하게
거절했다. 우즈베크 사람들의 민족성은 매우
순박하다고 한다. 그러나 거짓말을 잘한다고
한다. 순박함과 거짓말, 참으로 대조적인 단
어다. 우즈베크 사람들이 순박하다는 평가에
대하여 나는 조금 의아해 했지만, 나와 동행했던 사업가는 많은 우즈베크
사람들을 만나 본 결과 순박하다는 것을 부인하기 어렵다고 말했다. 그들은
생계를 위해서는 아무런 표정도 없이 천연덕스럽게 거짓말을 한다고 한다.

또한 이들은 공공장소에서 담배를 마구
피워댄다. 공항 이민국이나 짐을 찾는 곳은
공공장소이지만 그들은 담배를 연거푸 피워
댔다. 우즈베크 사람들은 담배를 매우 좋아
한다. 건강에 매우 해로운 것임에도 그들은
담배를 그렇게 좋아한다는 것이다. 나는 흡
연을 많이 하는 국가와 그렇지 않은 국가 간
에는 차이가 있다고 생각한다. 첫째, 국가 경
쟁력과 경제적 수준이 낮으면 낮을수록 흡연
인구가 많다. 둘째, 국민들의 의식수준이 높은 나라는 건강과 환경을 먼저
생각하기에 흡연인구가 낮다. 셋째, 심리적으로 불안할 때 흡연인구가 많다
고 평가 된다. 흡연은 스트레스를 많이 받을 때 일어나는 현상중 하나다.

3. 이례적 한파로 수백 명 사망

우즈베크를 비롯한 중앙아시아 전 지역에 불어 닥친 한파로 인해 키르
키즈스탄(Kyrgyzstan, 이하 키르키즈)에서는 120여명이 동사하는 사고가

발생했다. 우즈베크 동쪽 지역에서는 수백
마리의 양들이 동사했다는 소식이 들려왔다.
중앙아시아 각 국에 걸쳐 수백 명이 사망하
는 등 그 피해가 심각하다. 키르키즈 내무부
대변인은 2008년 1월26일, 최근 한 달 동안

영하 25도 이하의 날이 계속되면서 거리나 주택가 주변에서 추위를 녹이려
다 사망한 채 발견된 사람들이 1월24일까지 120명이 넘는다고 밝혔다. 그
만큼 강추위가 중앙아시아 전 지역을 휩쓸고 지나간 것이었다.

금번 추위로 가장 피해가 심각한 곳은 타지키스탄(Tajikistan 이하 타
지크)으로 최악의 한파에 따라 오래된 송전망이 정상적으로 작동하지 않아
주민들의 심각한 추위에 고통을 받고 있는 것으로 알려졌다. 수도 두샨베
(Dushanbe)에 거주하는 카킴 라키모브씨는 "전기가 들어온다 해도 물을
끓이는 것조차 힘든 수준이다"라고 말했다.

두샨베 지역 일부 주변은 하루 종일 전기가 들어오지 않는 곳도 있으
며 전기가 들어오더라도 전압이 너무 약하다고 주민들은 항의했다. 타지크
당국은 전력난으로 국가 비상사태를 선포할 수 있다고 말하면서 병원은 전
력난의 피해를 받지 않았다고 주장했다. 하지만 일부 병원에서는 전력공급
이 원활하게 이루어지지 않아 유아실에 있던 아이들 중 몇 명이 사망 했다
고 전했다.

중앙아시아는 한 여름에는 50도까지 올라가는 곳이다. 우즈베크의 서
쪽 지역과 투르크메니스탄(Turkmenistan, 이하 투르크메니아)[2]에서도 올
겨울 한파가 계속되면서 아무다리야(Amu Dar'ya)강이 얼어붙었다. 투르크
메니아 쪽의 아무다리야 강둑은 터질 위험에 놓여 있으며 1월 중순에는 이
강에 떠다니던 얼음덩어리들로 인해 강위를 지나는 교량이 부분적으로 파
손되기도 했다. 실제로 나는 부하라(Bukhara)를 떠나 우르겐치(Urgench)
에서 누카스로 가는 길에서 세차게 불어 닥치던 눈과 바람을 만났었다. 우

르겐치에서 누카스로 가는 길과 아무다리야 강은 꽁꽁 얼어붙어 있었다.

　　중앙아시아의 투르크메니아는 풍부한 에너지 자원을 자랑하지만 금번 한파로 인해 전력사용량이 증가함에 따라 종종 정전 사태도 빚어지고 있었다. 이 지역에 거주하는 토일리씨는 "히터를 이용해 추위를 달래고 있지만 정전사태가 발생하면 어쩔 도리가 없다"라고 말했다. 우즈베크에서는 값싼 전기난로 사용이 급증하면서 일부 지역에서는 정전이 발생하고 있다. 우즈베크의 지작시에서는 시민 수십 명이 거리로 나와 정부에 항의하는 소동을 벌이기도 했다.

　　금년, 우즈베크의 날씨는 1968년 이후 40년 만에 가장 춥다. 이번 추위로 각 지역 간의 긴장이 고조되고 있었다. 몇 주 전 우즈베크와 투르크메니아는 자체 전력수요 충족을 위해 타지크에 대한 전력 공급량을 대폭 줄였다고 한다. 우즈베크의 경우는 타지크에

▶타슈켄트 역

대한 가스 공급도 중단하기도 했다(두샨베(타지크) AP news).

　　올 겨울, 내가 방문했던 우즈베크는 몹시도 추웠다. 얼굴과 몸 전체가 얼어붙은 것처럼 느껴지는 곳에서 며칠을 지내야 할 판이다.

3 우즈베크 들여다보기

UZBEKISTAN

우즈베크는 BC 4세기경 알렉산더대왕이 정복했던 곳이며, 투르크 문명이 활발하게 형성된 곳으로 알려져 있다. 8세기경에는 아랍문명이 지배하였고, 12-13세기에는 칭기즈 칸의 침입을 받았던 곳이다. 그 이후에는 티무르가 제국을 세워 지배했고, 제정 러시아시대를 거쳐 1991년 독립함으로 오늘의 우즈베크가 되었다. 우즈베크의 면적은 44만,7400㎢로 한반도의 2배가 된다. 인구는 2007년 말 기준으로 2,659만 명으로 중앙아시아 국가 중 최대다. 국민 1인당 GDP는 469달러이며 주요 천연 자원은 천연가스, 석유, 금, 면화 등이다.

1. 우즈베크의 형성

고대 그리스 로마시대에 아랄 해 부근 아무다리아 강 삼각주의 호레즘(Khorezm) 지역에서는 비교적 넓은 농경지를 바탕으로 정주문명이 형성되었다. 아무다리아강 중류와 상류 근처에는 스텝형 오아시스 도시들이 형성되었다. 특히 우즈베크는 중앙아시아에 위치해 있다. 중앙아시아는 우즈베크, 카자흐스탄[3], 키르키즈, 타지크, 투르
크메니아 등으로 형성된 곳을 말한다. 이들
은 모두가 "스탄"이란 이름을 갖고 있다. 특
히 우즈베크의 공식 국가 명칭은 우즈베키스
탄공화국이다.

우즈베크는 12개의 주와 1개의 자치 주로 이루어져 있다. 정치 구조는
복수정당제, 양원제, 대통령중심제다. 경제는 자유시장 경제를 도입하고 있
다. 우즈베크 사람들은 순수할 뿐 아니라 근면한 국민성을 갖고 있다. 광활
한 지역을 소유하고 있어 지하자원이 매우 풍부하여 경제개발 잠재력이 매
우 큰 나라다. 우즈베크는 과거 동과 서양을 이었던 실크로드의 중심지다.
1991년까지 약 70여 년간 러시아 통치를 받았기 때문에, 문화적으로 기존
의 이슬람 문화 위에 러시아 문화가 융합된 독특한 분위기를 갖고 있다.

우즈베크의 고대 역사에는 이미 4,000년 전에 청동기 문화가 출현한
것으로 알려져 있다. 당시에는 수로를 이용한 관개 농경이 보급되었는데 현
재도 우즈베크에는 도시와 농촌에는 수로가 있다. 당시 중앙아시아 지역은
박트리아, 소그디아나, 호레즘의 일부였다. BC 6세기에는 고대 페르시아의
영토였다가 BC 4세기에 마케도니아의 알렉산더대왕에게 정복되었다. 고
대 중앙아시아의 원주민들은 페르시아인들과 같은 이란계 민족으로서 자
랴프산 계곡의 고대 소그드인이나 아무다리야 강 하류에 거주하던 호레즘
인들이었다.

우즈베크의 봉건사회는 알렉산더가 세운 박트리아 왕국과 인도에서
일어난 쿠산 왕조에 의해 멸망되었다. 쿠산왕조는 다시 에프탈리테에게, 에
프탈리테는 돌궐에 의해 멸망하였다. 돌궐제국은 고대 투르크족 지도자 부
민(Bumin)을 중심으로 서기 545년에 성립하였다. 부민의 사망 후 아들 무
칸(Muqan)과 이스테미(Istemi)가 동서로 나누어 돌궐을 지배했다. 6세기
중엽에는 돌궐제국이 중앙아시아를 지배하였는데 그 당시 칸을 세습하는

봉건 제도를 구축하였지만 왕권세습이 명확히 확립되지 않아 왕권을 둘러싼 부족 간의 갈등이 빈번하였다.

이러한 외세의 침입과 더불어 중앙아시아는 급속히 이슬람화 되었다. 8세기 아랍인들은 호라산 총통 이븐 무슬림의 지휘 하에 중앙아시아에 진입하였다. 그들은 호레즘을 정복한 다음 이슬람을 전파하였다. 현재 우즈베크의 사마르칸트, 타슈켄트, 코칸트, 부하라, 히바 등은 이슬람의 중심지가 되었고 또한 동서 무역의 중심지로 번성하게 되었다.

칭기즈칸(Chingiz Khan)의 침입과 차가타이 칸국 건설도 있었다. 칭기즈칸이 아시아 이슬람 세계의 패자 호레즘과 교역하려고 파견한 사절단이 살해되었다. 이것을 계기로 그는 서정에 올랐다. 몽골 군대는 오트랄, 부하라 등의 도시를 공략하였다. 제베와 수부타이가 인솔한 별군은 호레즘 국왕 무하마드를 카스피 해의 작은 섬으로 몰아냈다. 그곳에서 호레즘의 국왕은 굶어 죽게 되었다. 그 후 중앙아시아는 칭기즈칸의 둘째 아들 차가타이에 의해 계승되어 차가타이 칸국이 건립되었다.

차가타이는 아버지로부터 4,000명의 군대를 얻고, 칸국의 영지 비시발리크에서 사마르칸트에 이르는 천산의 계곡을 지배하였는데, 그 본영을 알말리크에 두었다. 그러나 차가타이는 투르키스탄에 웅거한 서부 칸가가 동서로 분열되는 아픔을 겪었다.

14세기 후반, 차가타이 칸국의 신하였던 티무르가 사마르칸트에 도읍을 정하고 티무르 왕조를 세웠다. 티무르는 투르크멘 족으로 알려져 있으나 스스로 칭기즈칸의 자손이라 하고 몽골제국의 부흥을 내세우며 사방을 점령해 나갔다. 티무르는 일 칸국이 무너진 다음, 혼란에 빠진 이란과 이라크 지방을 아우르면서 14세기 말에는 차가타이 칸국, 킵차크 칸국까지 정복하여 세 칸국의 대부분을 손아귀에 넣었다. 티무르는 계속하여 북인도, 소아시아까지 정복하여 1402년에는 오스만 튀르크의 군대를 앙고라 전투에서 격파하고 바야지드 1세를 사로잡았다. 그 후 티무르는 원나라를 멸망시킨 명나라를 징벌하러 가던 중 갑자기 병이 나서 죽었다.

2. 우즈베크의 이슬람화와 티무르 제국

우즈베크의 이슬람화에는 티무르[4]의 역할이 매우 컸다. 티무르는 이란인과 투르크인이 거주하는 지역을 통일한 사람으로 오늘날에도 명성이 높다. 그는 이란-이슬람 문명이 중앙아시아로 들어오는 큰 역할을 했다. 이슬람-투르크 문명의 대표적인 도시가 오늘의 사마르칸트(Samarkand)다. 티무르제국[5]은 티무르가 죽은 뒤에도 얼마동안 몽골제국의 서쪽을 지배하였다. 그러나 결국 내란과 분쟁으로 인해 망하고 말았다. 티무르 제국이 망한 뒤에는 이란에는 사파비 왕조, 중앙아시아에는 부하라 칸국, 히바 칸국, 코칸트 칸국이 일어났다. 특히 부하라는 이슬람 세계의 교육, 문화, 예술의 중심지로서 바그다드나 이집트의 카이로와 어깨를 겨룰만한 도시로 성장하였다. 또한 여기서 서구 과학기술 문명의 형성과 발전에 큰 영향을 끼친 이슬람 문명의 중요한 업적들이 탄생하였다.

8세기에 전래된 이슬람은 중앙아시아 각 종족들의 정신과 가치를 지배하기에 이르렀다. 이슬람화의 결정적인 계기는 콰레즘, 부하라, 그리고 사마르칸트가 무슬림이었던 페르시아 통치자 우마이야 왕조 쿠타이바 이븐에게 점령당함으로 비롯되었다. 특히 쿠타이바 이븐은 이슬람 전파에 대한 각별한 소명의식을 가지고 있었다. 부하라와 사마르칸트를 점령한 이후 그곳에 이슬람 사원을 건설한 정도였다. 그러나 이슬람의 확산에도 불구하고, 우마이야 왕조 시기까지 중앙아시아 지역의 투르크족은 아랍 무슬림의 침략과 정복에 저항했었다. 그들은 이미 해당지역에 존재한 이란계 민족, 중국 당나라 등의 지원을 통해 아랍 무슬림의 침략을 방어했었다.

이 지역의 계속되는 전쟁과 종족간의 싸움에도 불구하고 전환점은 일어났다. 그것은 압바스 칼리프의 등장과 751년 그의 탈라스 전쟁에서의 승리가 결정적이었다. 반아랍 투르크족을 도와 준 당나라가 티베트 정벌과정에서 벌인 잔인한 약탈행위와 타슈켄트 왕의 살해는 투르크메니아 지역민들에게 강한 반발을 불러일으켰다. 이 사건을 계기로 중앙아시아 투르크족은 티베트족과 함께 아랍 압바스의 동맹군이 되어 중국과 위구르 연합군에 대항하여 트란속시아나의 지배권을 두고 벌어진 탈라스 전투에 참여하게 되었다. 탈라스 전투에서 아랍동맹군의 승리는 중앙아시아의 이슬람화에 결정적인 계기로 작용하게 되었다. 이 전쟁의 패배는 아랍의 헤게모니를 장악하는 길을 터주게 되었다.[6] 중국의 패배는 이슬람 세력의 동진, 즉 이슬람의 중앙아시아 내륙으로의 전파를 가능하게 하였다. 그 결과 8세기 말에는 현재의 북 카자크를 제외한 우즈베크, 키르키즈 남부, 타지크 일부를 포함한 중앙아시아 전 지역이 이슬람화의 영향권에 들어갔다.

그러나 이슬람의 급속한 팽창, 즉 8-9세기에 걸친 압바스 칼리프의 전성기, 그 뒤를 이은 페르시아계 이슬람사만조, 카라 칸국의 전성기인 9-10세기에 중앙아시아는 이슬람 문화의 중심지로 황금의 시대를 누렸다.[7] 그러나 13세기 칭기즈칸의 몽고제국이 등장하고, 그에 의해 셀주크 제국이 정복된 이후 중앙아시아의 이슬람은 침체되기 시작했다. 당시 대부분 몽고지배자들은 네스토리우파 기독교와 불교를 믿었다. 당시는 몽고 특유의 통치전략으로 인해 중앙아시아는 혹독한 반 이슬람 정책 하에 놓이게 되었다. 그러나 수피주의 선교사, 상인들의 끊임없는 활동으로 인해 이슬람은 중앙아시아 오지까지 전파되었고 그 세를 더욱 확장해 나갈 수 있게 되었다. 이와 같은 상황은 몽고제국의 붕괴 후 등장한 티무르 제국의 이슬람문화 중흥정책으로 더욱 발전하게 되었다. 티무르제국의 건설은 이슬람의 부흥을 가져왔는데 특히 부하라와 사마르칸트는 이슬람 문화의 중심지가 되었다. 이제 이슬람은 중앙아시아를 넘어 그 인근의 몽고 칸국이 위치한 크리미아, 남러시아와 카스피 해의 북부, 서시베리아까지 영역을 확장하게 되었다. 16

세기 후반 티무르 제국의 멸망과 함께 중앙아시아는 특별한 지배 제국이 없었다.

아무튼 중앙아시아의 이슬람 확장은 커다란 무력 충돌 없이 비교적 짧은 기간에 신속하고 자연스럽게 진행되었다. 그 원인은 투르크멘족들의 생활습관이 이슬람을 받아들이기에 아주 좋은 근거를 가지고 있다는 것이 이 지역 연구자들의 공통된 견해다. 그리고 중앙아시아에 확산된 이슬람의 최대 종파로 하나피(Hanaf)파, 수피(Sufi)파가 있다. 하나피 파는 이슬람의 어떤 종파보다 관대함, 온건한 특성을 갖고 있을 뿐 아니라 신앙과 실천을 명확히 구별한다. 알라와 무함마드를 수용하기만 하면, 이슬람의 다섯 기둥인 종교적 의무를 수행하지 않아도 이단이 아니라고 할 정도다. 그들의 예배도 아랍어가 아닌 다른 언어로 해도 무방하다. 또한 이슬람법의 원칙적 해석보다는 율법 해석의 편의성을 더 중요시 여긴다. 하나피 파의 비폭력적 온건성은 순응주의라는 비판을 받기도 한다.

한편, 중앙아시아의 수피주의(Sufism)는 페르시아에서 형성되어 중앙아시아에 널리 전파된 이슬람의 분파다. 이슬람이 투르크 민속신앙, 기독교와 결합된 형태를 지닌 것이 특징이다. 수피주의는 현세적 지향을 탈피한 신비주의적 경향을 갖고 있으며, 마술적 행위와 노래 허용, 토착적 신앙, 개인적 차원의 형제애를 허락하는 기독교적 요소를 첨가하고 있다. 이슬람의 율법과 엄격성보다는 대중에게 친근하게 접촉하는 특성을 갖고 있다.

나는 우즈베크의 서쪽 지역을 다녀본 결과, 그곳은 모든 이슬람 종파 가운데 온화하고 가장 관용적인 종파가 있는 곳이 아닌가하는 생각을 갖게 되었다. 그리고 이슬람 국가라고 하는 우즈베크를 돌아보면서, "어떻게 중앙아시아 지역에서 이슬람이 다시 일어나고 있는가?"라는 질문을 하게 되었다. 1991년 구소련의 붕괴와 중앙아시아 5개국의 독립에 즈음하여 중앙아시아에서 나타난 가장 주목할 만한 변화는 바로 이슬람의 강력한 부흥운동이다. 중앙아시아 5개국은 종교 활동과 조직 결성이 합법화되었고, 종교적 축제일을 지키는 것이 공식화되었다. 국가의 공공 기관과 기업체, 학교 등에 이슬람 기도처가 별도로 마련되었다. 이슬람 부흥운동을 가장 함축적으로 보여주는 것이 바로 모스크 수의 증가다. 타슈켄트에서는 이슬람 청년들의 수가 날로 증가하고 있으며, 타종교의 활동을 절대적으로 억제하는 정부당국의 조치를 보아도 알 수 있다. 매주 금요일마다 열리는 모스크기도회에는 많은 차량과 인파가 몰려들고 있다. 무엇보다 모스크의 증축과 신설, 리모델링이 정부의 주도하에 이루어지고 있다. 1992년을 시점으로 하여 우즈베크의 사원은 3,000개에 이르렀는데 매년마다 증가 추세에 있다. 타지크는 2,000개의 사원이 정부에 등록될 정도다. 키르기즈는 1,700개의 사원이 정부에 등록되어 있다. 기독교와는 비교가 되지 않을 정도로 차이가 난다. 투르크메니아의 수도 아슈하바트(Ashkhabad)에도 사원이 건축되기 시작하였고 아랍어 학습이 열기를 더해가고 있다.

이문영은 "중앙아시아 지역의 이슬람 부흥운동은 구소련 붕괴와 체제 변환의 과도기가 불러일으킨 위기의식과 정체성의 상실로부터 비롯된다[8]"라고 말한다. 아울러 구소련의 붕괴와 더불어 민주적 시장경제도 이슬람 부흥에 한 몫을 했으며, 정치적인 상황도 영향을 주었다. 국가 지도자의 정치적 의도, 즉 이슬람 재건 사업이 국가의 허가와 주도적인 합법화에 의해 이루어지고 있다. 대부분의 중앙아시아 국가 지도자들은 이슬람의 부흥에 긍정적이다. 특히 우즈베크의 공산당 강령에는 "보편적인 인간적 가치의 증진을 위해 종교 조직과 협조하는데 열린 자세를 가지고 있으며 종교조직이 사회-정치적, 문화적 삶에 참여하는 것을 지지한다"라고 밝히고 있다.[9] 스탄 나라의 지도자들은 취임식 때 헌법과 함께 이슬람의 꾸란에 손을 올려두고 국민 앞에 서약을 하고 있다. 우즈베크의 이슬람 카리모프 대통령은 1993년 사우디아라비아를 방문할 때 메카를 방문한 후 메디나를 순례함으로 국민들에게 이슬람 신앙에 대한 신뢰를 보여주었다. 국가 지도자들의 이슬람 부흥운동에 합법적인 승인과 참여는 주변 이슬람 국가와의 전략적 증진을 위한 것임을 알 수 있다. 그리고 이슬람 사상의 원리주의 확산이 이슬람 부흥에 영향을 주고 있다. 그런데 우리가 놀라지 않아도 되는 것은 중앙아시아 이슬람은 모두 과격한 폭력이나 극단주의의 형태를 취하지 않는다는 점이다. 그렇지만 아프가니스탄(Afghanistan, 이하 아프간)의 탈레반의 존재가 부흥의 원인을 제공하고 있다. 또한 이슬람 원리주의가 분명한 정치 세력화를 이루면서 해당 지역에서 이슬람 부흥을 주도하고 있다. 이는 이슬람을 대중의 의식 속에 뚜렷이 각인하는 역할을 담당하고 있다.

3. 이슬람의 향후 전망

그러나 우즈베크의 이슬람 향후 전망은 어떨까를 생각해 보았다. 지역마다 이슬람의 영향이 차이가 있어 보인다. 즉 이슬람교의 순수한 종교는 하나의 정치적, 제도적이라는 점이다. 이슬람의 근본신앙보다는 관습과 마을의 전통적인 부분을 더 많이 수용한다는 느낌이 들었다. 그리고 "이슬람 근본주의는 중앙아시아 정부들의 가장 큰 공포 대상이다. 특별히 구(舊)소비에트 연방의 중앙아시아 정부 가운데 공산주의 정권에 통치되고 있는 나라들이 다양한 종교 단체와 그들 사이의 미묘한 차이를 구별하지 못함으로 인해 모든 종교를 제한하는 정책을 펼치게 되었다. 비록 이들 국가의 대부분이 양심의 자유를 보장하는 헌법을 갖고 있지만, 정부 관리와 특히 지방 관리들이 종종 헌법의 그러한 조항을 무시하거나 또는 그러한 조항의 존재를 모르고 있다. 또한 이슬람 근본주의 와하비주의자들(Wahabist, 이슬람 형법인 샤리아법을 옹호하고, 이슬람 성전 지하드를 지지하며, 반(反)유대적이고, 반(反)기독교적 성격을 띠는 이슬람 급진주의자들, 역주)은 가정집에서 만나고 소규모 모임(cell group)을 형성하는 것이 보통이다. 그러므로 복음주의자들이 가정교회에서 만날 때, 정부 당국자들은 복음주의자들과 정부를 타도하기 위한 목적을 가진 극단주의 무슬림 단체들을 연관 지어 생각한다. 우즈베크와 투르크메니아에서는 가정에서 이루어지는 종교적인 모임이 불법이다. 카자크에서도 헌법이 종교 모임을 보호하고 있음에도 불구하고, 지방 공무원들은 정부에 등록되지 않은 가정에서 모이는 종교 모임에 벌금을 물려왔다.

이러한 장애물을 극복하기 위해 몇몇 가정교회들은 건물 중심의 교회로 등록하였다. 중앙아시아 사회에서는 가정에서 사람들이 크게 모이는 것이 흔한 일이므로, 그리스도인들의 모임을 다른 사회적인 행사와 구별 짓는 것은 힘든 일이다. 가정에서 모임이 열리는 경우 정부 당국으로부터 불시 검문을 받기도 하는데, 이는 비밀경찰이 그리스도인 모임을 우연히 발견하는 경우보다는 기독교 모임에 불만을 품은 이웃의 신고에 의한 경우가 대다수다.[10] 그만큼 중앙아시아 이슬람근본주의자들은 그들만의 공동체로 활동하면서 타종교의 활동은 제재하는 편이다.

또한 이슬람의 신앙은 도시와 농촌, 농촌과 산간지역은 약간의 차이가 난다. 이들의 신앙적 차이는 구소련으로부터 70년 동안 무신론 교육과 자유로운 종교적 활동을 하지 못하였기 때문에 중동지역보다는 종교 관념이 일정부분 약화되어 있다. 이문영의 연구 보고에는 카자크와 키르기즈의 무슬림 중 20%만이 종교적 관습과 의무에 비교적 충실하고, 60%에 가까이 되는 무슬림이 사원에 나가거나 종교적 의무를 지키고 있다고 한다. 그런데 의아한 것은 무슬림의 2/3에 해당하는 사람들이 음주에는 관대하다는 점이다. 어느 이슬람 국가보다 복장과 식생활에서 자유로워 보였다. 아마도 이슬람 국가를 표명하나 세속주의를 더 선호하는 것 같았다. 이들은 가난하고 힘든 삶에 대해서도 짜증을 낸다. 삶의 여정 속에 부유함을 선호하고, 부자는 이슬람 명절에 소와 양을 잡아 가난한 사람들에게 베풀어야 한다는 의식이 강해 보였다. 우즈베크 지방 사람들은 이슬람 정치적 세력화에 머리를 흔든다. 이런 현상은 이슬람의 하나피파와 수피파의 영향이 크다고 한다.

이들은 세속적인 정치권력을 존중하고 이슬람의 정치 개입을 반대하는 하나피파와 동일하다는 것이다. 또 다른 측면은 이슬람의 원리주의와 과격주의가 일으키는 폭력사태와 납치, 살인 등이 이슬람의 걸림돌이 되고 있다. 우즈베크 사람들은 선하고 마음이 매우 포근한 민족이기 때문에 이런 폭력성에 대해 별로 관심이 없을 뿐만 아니라, 현재 먹고 살기 힘든 상황이기 때문에 더욱 이슬람 폭력에 대한 선호도가 낮은 것으로 보인다.

4. 이슬람의 부흥과 사역 전략

아무튼 우즈베크 이슬람의 미래는 구소련 지배의 유산과 이슬람의 고유성, 정치권력의 특성, 경제 상황, 지역 국가의 내적 관계와 주변국의 이해 등 수없이 많은 변수에 의해 좌우된다.[11] 이슬람의 재건과 부흥은 기독교 선교에 어려움을 가져올 것이다. 이런 상황에서 기독교 선교사는 몸을 낮추고 현지 문화에 맞는, 전환된 사고로 사역을 시도해야 할 것이다. 다시 말하자면 현지인 눈높이에 맞춰, 현실에 맞게 현지화를 추진하는 사역을 해야 한다. 그리고 차음부터 너무 많은 것을 이루려고 하거나 업적위주의 사역은 지양해야 한다. 그리고 문제가 있을 경우에는 사역의 기초부터 고쳐나가는 전략이 필요하다. 선교사가 사역하는 곳은 이슬람 국가이거나 지역이다. 이들 지역에서의 선교적 전략은 "현지 문화와 정서를 존중하고 현지 상황을 잘 파악"하는 것이어야 한다.

사역의 중심인물도 현지인으로 훈련하여 세우고, 사역의 리더십을 이양해 주어야 한다. 현지인들에게 사역 리더십을 이양하면서 성도들에게 예배나 찬양 사역만이 아닌, 성경 안에서 창의성을 발휘하라고 권하고 싶다. 현지인에게 리더십을 이양하는 것은 매우 어렵지만 선교의 장기 사역을 위해서는 매우 중요하다.

그리고 선교사들은 글로벌 플레이어(Global Player)로 거듭나야만 지속적인 사역이 가능하다. 이를 위해서는 사역 장소의 '선점' 전략이 필요하다. 남보다 빨리, 더 많은 지역을 리서치하면서 나가야 수월하게 기독교인을 확보할 수 있다. 즉 선교사는 도시에만 거주하지 말고 자주 여행을 하면서 현지인을 만날 수 있는 접촉점을 찾으라는 것이다. 그렇게 하면 현지인을 만나는 수가 증가하게 될 것이다.

선점전략에는 지리적 고려가 필수적이다. 경제, 정치, 문화적으로 거주지와 인접한 곳을 집중 공략하면 눈에 보이지 않는 시너지(synergy) 효과를 볼 수 있다. 이를 위해서는 트라이앵글 네트워크를 형성하라고 권하고 싶다. 트라이앵글은 이들 지역에서 필요로 하는 것, 즉 직업, 교육, 신앙의 수요가 급증하도록 하는 것이다. 그러면서 현지 인력을 양성하고, 파트너십을 꾸준히 유지하므로 전략적 선점을 이루어야 한다.

지금까지 선점전략에 중점을 두었다면 이제는 현지화 전략에 집중해야 한다. 선교사의 한국적 기존 테두리를 벗어나 현지인을 적극적으로 만나고 공략하는 전략적 변화가 있어야 한다. 현지인을 믿고, 믿게 하고, 믿도록 하는 것을 말한다. 이를 위해서는 현지인을 대상으로 한 인턴십(internship)을 운영하고, 지역전문가를 양성하는 한편 현지인에 대한 본국 연수를 통해 사역의 강화를 극대화할 수 있다. 이들을 지도하는데 힘이 든다면 실버사역자들을 현지에 파견 배치하여 차별화된 국제화 전략을 추구하는 것이다.

이러한 전략의 극대화는 섬김의 정신이 가장 큰 의무라고 생각해야 한다. 현지인을 섬기고 좀 더 좋은 신앙생활을 위한 환경을 제공하기 위해 애를 쓰고 항상 나보다 현지인을 앞세우고자 노력하는 것이다. 스스로 챙기는 한국적 사고방식과 문화의 틀보다 남을 섬기는 섬김 문화를 함께 나누려할 때 믿음과 신뢰가 형성되고 선교가 성공적으로 이어진다.

예수는 일생을 살면서 남을 섬기는데 헌신했다. 십자가에 못 박혀 죽으시기 직전, 최후의 만찬석상에서 조차 무릎을 꿇고 제자들의 발을 씻어 주셨다. 그는 섬기는 모습을 보여주기 위해 이 세상에 오셨다. 예수 당시의 문화에서 남의 발을 씻어 주는 것은 가장 미천한 행위였다. 하지만 예수는 이러한 일을 하시므로 스스로를 낮추셨다. 예수는 섬김을 받으러 오신 것이 아니라 섬기려고 이 땅에 오셨다. 우리의 죄를 위해 목숨까지 내어 주셨다. 선교는 남을 섬기려는 의지에 따라 열매가 열린다. 선교사 정신은 곧 섬김의 정신이다. 기독교 선교사는 이슬람이 부흥하는 곳에서 현지 문화에 맞는 삶을 통해 더욱 섬김을 보여주어야 한다.

5. 유목민 우즈베크 민족

우즈베크를 방문한다는 것에 대한 기대가 나에겐 매우 컸다. 그들은 어떤 민족이었을까, 그들은 무엇을 하며 사는가에 대한 의문이 많았다. 그러나 그들을 만나고 대화를 나누면서 발견한 것은 우즈베크는 혼합 민족, 즉 여러 민족이 함께 어우러져 사는 국가였다.

역사적으로 우즈베크족의 기원은 11세기로 거슬러 올라간다. 당시 드네프르(Dnipro)와 흑해의 북쪽 해안지역에서 이르티슈(Irtish)강과 발하슈(Balkhash) 호수의 동쪽과 호레즘을 비롯한 광활한 지역에 다쉬치 킵차크(Kipchak) 종족이 살고 있었다. 이들 이름은 동쪽에 살던 킵차크에서 유래하여 러시아어로는 폴로프치(Polovtsy), 비잔틴에서는 쿠만(Kuman)이라고 불렸다. 이 종족은 투르크계통의 언어를 사용했으며 그 지역에 수 백 년을 살면서 여러 종족과 하나로 통일되었다.

가장 대표적인 종족은 칭기즈칸의 후예들이다. 칭기즈칸과 그의 아들, 손자들과 함께 다쉬키 킵차크에 왔던 몽골족은 투르크유목민의 언어와 전통, 습관을 받아들이면서 동화되었다. 15세기 말경 몽골족 가운데 일부분은 투르크화 되었다. 그들은 자신들을 노가이라고 부르면서 스텝지역에서 유목민 생활을 하다가 시르 다리아(Syr Darya) 지역에 정착하였다. 14세기 말엔 샤이반 울루스(Ulus)에 편입되었던 다쉬치 킵차크 동부지역에 거주하는 투르크와 투르크화 된 종족들이 자신을 우즈베크라고 불렀다.

현재 우즈베크의 민족을 우즈베크인(Uzbekiyn)이라고 한다. 우즈베크는 과거 마베레나흐르 지역을 영토로 하였다. 이 지역의 우즈베크 민족은 여러 종족 가운데 하나에 불과하다. 수 백 년이 지난 지금 우즈베크는 투르크, 투르크화 된 민족, 이란, 그리스, 중국, 아랍, 몽골, 킵차크 등에서 이주해온 사람들과 그 땅의 원래 토착민들로 형성되었다.[12]

15세기경의 우즈베크 종족은 투르크어를 사용했다. 유목민 우즈베크 국가에 편입된 종족들은 탕구트, 쿤그라트, 두르만, 우타쥐, 쿠쥐치, 나이만, 쟈트, 투바이, 키타이, 위구르, 카르룩, 우이순, 망그트, 키야트 등이다. 이 종족들은 술탄이라고 부르는 칭기즈칸 후손의 통치를 받았다. 유목민인 우즈베크 국가의 술탄들은 칸에 복종하였다.[13] 여러 종족으로 혼합된 우즈베크 유목민들은 후에는 여러 유목국가로 분열되었다.

우즈베크라는 단어는 집단의 명칭으로 처음 등장한 것은 아마 Hamd Allhah Qazvjni가 저술한 "Tarjkh-i guzjda"라는 책에서 우즈베크 칸의 치세중인 회력 736년(서기 1335년)겨울 이란의 일 칸국 영내를 침입한 킵차크 칸 국의 군대에 관해서 설명한다. "우즈베크인,혹은 우즈베크의 나라(mamlakat-I Uzbek)"라는 표현을 사용한 것이 아닐까 싶다. 우즈베크인들은 우즈베크 칸을 추종하는 사람들 혹은 우즈베크 칸의 지배를 받는 사람들이라는 정도의 의미로 해석한다. 우즈베크 민족이라는 것은 우즈베크 칸의 지배하에 있는 지역이라는 의미로 받아들이는 편이 더 정확할 것이다.[14] 아무튼 우즈베크 집단에 속하는 부족은 92개로 알려져 있다. 특히 부족의 이름에서 33개가 몽골계에 속한다. 나머지는 투르크계에 속한다. 92개의 부족 중에서 대략 45개 부족이 현재 우즈베크에 거주하고 있다.[15] 우즈베크의 형성은 3칸국 시대이며 히바칸국, 부하라 에미레트, 코칸드 칸국은 우즈베크 집단의 하부 부족들이 세웠다. 그 영향력은 지금도 그 지역 내에 남아 있다. 그리고 현재도 우즈베크 사람들은 자신들을 하나의 민족성으로 인정 하지 않을 뿐 아니라 페르가나(Fergana) 우즈베크인들은 일반적으로 Kokandist라고 부른다. 그러나 the Zarafshan Kashka Earya and Sukhan Darya 사람들은 우즈베크[16]를 인정하지 않는다.

따라서 우즈베크의 부족은 3칸국 지역 간의 관계와 원주민 집단 간의 관계를 보여 준다. 이것은 몇 가지 시사하는 바가 있다. 첫째, 원주민 집단 은 우즈베크라고 말하는 우즈베크 사회주의 공화국에 대한 반감을 갖고 있 다. 둘째, 3칸국의 지배계층의 하부 부족들은 자신들의 헤게모니가 상실되 어 하나의 단위로 통합되는 것을 반대한다. 셋째, 구소련시대의 저항운동으 로 인해 공화국내의 부족 간에 대립이 나타난다.

1) 정치적 상황

그러나 우리는 유목 우즈베크 종족만을 생각하기 보다는 정치적 상황 에서 씨족 순환적 행태가 어떤 것인가를 살펴야 한다. 중앙아시아 지역인 우즈베크의 정치 문화가 서구의 것과 다른 것이 몇 가지 있다. 먼저는 권력 (power)과 후원(patronage)이다. 권력은 개인을 전제로 한 것이고 후자는 씨족과 지역을 토대로 한 것이다.[17] 이 두 가지를 성취하면서 정치적 상황을 극복하려면 개인은 출신 씨족과 지역의 정치인들로부터 후원을 받아야 한 다. 이는 정치적 비판을 모면하는 방패막이가 된다. 또 다른 하나는 지역 엘 리트 후원 네트워크(elite patronage network)를 바탕으로 인재를 양성한 다는 것이다. 이런 조직은 우즈베크에 5개가 존재하는 것으로 알고 있다. 씨족 행태를 바탕으로 영향력을 확대해 나가고 있는 자는 이슬람 카리모프 (Islam Karimov)이다. 그의 씨족과 정치적 상황에 대한 역사관은 크게 씨 족을 바탕으로 하는 지역주의에 대한 경고, 둘째는 민족주의적 통합을 강조하고 있다. 이는 다분히 정치적 논리를 대변한다. 특히 우즈베크에서 민족주의자들은 우즈베크어를 사용하면서 자신의 정체성을 언어로서 찾는다. 그러나 카리모프의 역사관에 대한 우즈베크인들의 인식은 비판적이다. 왜냐하면 그의 역사관은 일관성이 없으며 자신의 권력을 유지하기 위한 권력의 합리화라고 보기 때문이다. 물론 이슬람 카리모프가 지역주의 파벌에 대해서 집권초기에 통제를 가한 것은 사실이다. 이는 자신의 정치적인 정적제거와 통제를 할 수 있는 정당성을 얻는 길이 되었다. 카리모프의 장기 독재는 국민들에게 지지를 받았으나 최근에는 경제적 어려움으로 인해 그 인기가 하락하고 있다. 이슬람 카리모프는 우즈베크의 안정적 발전을 위해 몇가지 해결해야 하는 과제를 안고 있다. 그것은 합리적 분배, 물리적 충돌 방지(씨족간), 그리고 외부세력이 개입하지 못하도록 하는 것이다.

2) 이상한 대선

2007년 12월 23일부터 눈 내린 우즈베크의 수도 타슈켄트 하늘은 온종일 잿빛으로 낮게 깔려 있었다. 이런 하늘이 이날 대선투표에 나선 유권자들의 마음을 짓누르는 듯했다. 권경복 특파원은 어느 유권자와의 대담을 전했다.

> 그는 "니치보 니마구 스카자치"(아무것도 말할 수 없다)고 라고 말했다. 그리고 "이슬람 카리모프 대통령을 뽑지 않으면 정부가 어떻게 아는지 가족들이 해를 당한다"라고 하자, 함께 있던 그의 어머니는 주변을 살피며, "이지크 모이 브라크 모이"(입조심해)라며 아들의 소매를 끌어당겼다.[18]

이러한 기사를 통해서 이곳 정치 상황이 어떤가를 짐작할 수 있었다. 이슬람 카리모프 대통령은 우즈베크에서 최장기 집권자다. 그는 1989년 공산당 서기장 시절부터 현재까지 19년째 집권하고 있다. 현지의 소식통에 의하면 대선후보로 나선 4명도 그의 측근이라는 말이 있다. 그들은 정치적으로 유명하지 않은 자들이며, 한결 같게 말하기를 "카리모프의 괄목할만한 업적을 중시하고 계승하겠다"라는 것이다. 더 재미있는 것은 버스정류장 등에서 "선거에 참여하자"라고 외치고 있지만, 실제적으로 4명의 후보들에 대한 벽보는 상점의 쇼윈도에서 볼 수 있을 정도란다. 그만큼 선거는 한 사람을 위한 선거이며 거리유세는 찾아보기도 어렵단다. 현재 우즈베크의 경제적 상황은 매우 어려운 실정이어서 카리모프만 알면 되지 다른 사람은 알 필요가 없다고 할 정도다. 이들 한 달 월급인 11만 숨(som, 약 8,000원)으로 먹고 살기도 힘들다는 것이다.

아무튼 우즈베크의 대선은 국민의 눈과 귀를 막은 선거라는 것이 대부분 사람들의 생각이다. 하지만 이런 불만에 대하여 누구도 항변할 수 없다. "1인 장기 집권하는 카리모프 앞에 누가 경쟁을 할 수 있겠는가"라며 비관적이다. 아무래도 우즈베크의 민주화는 아직 요원할 뿐이다. 그러나 우즈베크는 하나님께서 축복하신 땅이라고 본다. 왜 그런가? 여름이 되면 많은 과일과 풍요로움이 있기 때문이다. 언젠가는 변화하는 국가가 될 것으로 기대한다.

3) 경제적 상황

나는 우즈베크를 방문하며 피부로 느낀 것이 있다. 첫째, 국민들의 경제적 수준이 매우 어렵다는 것. 둘째는 농촌과 소도시민일 수록 정부정책에 실증을 느끼지만 아무도 이에 대해 언급하지 않는다는 것. 셋째, 겨울철에는 가스공급 부족과 채소공급의 부족으로 서민들의 삶이 매우 어렵다는 것이다. 실제로 우즈베크의 경제적 상황은 개발만 잘하면 호전될 수 있다. 우선 천연자원 개발의 분배문제를 잘해야 할 것이다. 둘째는 목화 수확과 판매의 개선이 필요하다. 우즈베크의 목화는 전 국토에서 생산되고 있다. 내가 부하라에서 우르겐치로 가는 동안 내내 본 것은 목화재배(면화)하는 모습이었다. 정부는 목화 수확물을 싼 값에 구입하여 외국으로 비싸게 판매하고 있다. 농촌의 주 수입원이 목화인데, 지방 관리들은 목화에 대해서는 정부에게 거의 항의하지 못하고 있다.

아프간 국경을 마주 한 테르메스에는 면화 공장이 있다. 이곳은 아프간과 가까워 탈레반 세력과 난민 유입이 많은 곳이기 때문에 철책선이 있고 국경초소에 탱크가 배치되어 있다. 이곳에 방적 공장이 있어 우즈베크의 경제를 돕고 있다. 우즈베크는 세계 5위 면화 생산국이면서 수출 2위 국가다. 무엇보다 우즈베크를 비롯한 중앙아시아 5개국에서 연간 8만 톤(2억 달러)의 면화를 생산하고 있다. 셋째, 우즈베크에서의 환전문제인데 나는 어떻게 환전을 하는지 잘 모르고 다녔다. 우즈베크에서 달러 환전의 제한은 자국의 무역수지 적자를 가져올 뿐 아니라 암시장의 활성화를 가져왔다. 아무튼 환전이 자유롭지 못해 외국인 투자가 급격히 줄어든 것이 사실이다. 더 놀라운 것은 우즈베크에 입국하기 위해서는 공항에 달러 신고를 해야 한다. 우즈베크에서 출국할 때도 달러 신고를 해야 한다. 가져올 때의 돈보다 많으면 문제가 발생할 수 있다. 이러한 경제 구조는 투자와 개발을 이루기 매우 어렵다는 것을 알았다.

이러한 틈을 탄 이슬람의 정치 세력화는 우려를 자아낸다. 우즈베크나 스탄 형제국에서 씨족을 벗어나 공동체(움마) 또는 집단을 만들 수 있는 매개체는 이슬람이다. 우즈베크에서 경제와 정치가 안정적이지 않을 경우, 국민들은 새로운 대안으로 원리주의적 성향을 갖지 않은 이슬람 정치 세력에게 지지를 보낼 수 있다.[19]

결론적으로 유목 우즈베크의 모든 국민은 씨족의 구성원으로 보면 된다. 이 같은 현상은 도시보다는 농촌에서 더 강하다. 그리고 이들은 상호의존적이고 통제적이며, 관료들의 부패 심화와 국가의 안정을 요구하며 삶의 질을 요구하는 소리를 발하고 있다. 아무튼 우즈베크에서의 사역을 위해서는 씨족사회에 대한 이해와 사회구조적 영향이 무엇인가를 현실적으로 이해하는 것이 필요하다.

우즈베크는 경제가 어려워 서민들이 아우성을 친다. 작년 12월 26일 조선일보[20]에 의하면 "독재도 참아 줄 테니 제발 경제도 살려 달라"라는 기사가 실린 적이 있다. 이 소식에 의하면 서민들은 민주화의 꿈을 접고 체념한 상태다. 그러면서 그들은 "독재를 용인했으니 제발 경제만이라도 살려 달라"고 했다는 것이다. 얼마나 살기 힘들면 그랬겠나. 우즈베크는 자국민의 실업률이 0.8%라고 한다. 그러나 이를 믿는 사람은 없다고 한다. 세계은행도 인구 2,660만 명 중 실업자가 30–50%일 것으로 추정한다. 베르누이스호 인력시장에는 실업자가 천명이 넘는다고 한다. 그만큼 살기가 힘들다는 얘기다.

우즈베크는 천연가스 추정매장량 6조 5,500억㎥(세계 10위), 원유 추정매장량 5억 2,000만 톤을 보유한 에너지 강국이다. 그러나 원유 70%는 탐사도 되지 않았고 1인당 국민소득은 469달러에 불과하다. 이 같은 수입으로는 가족이 살 수 없어, 인근국가로 400만 명이 가량이 취업하기 위해 이동했다. 이들이 국내에 송금하는 액수는 우즈베크의 GDP(국내총생산)의 13%(18억 달러)에 이른다고 한다. 우즈베크는 에너지 외에도 면화 수출 세계 2위, 금 매장량 4위, 우라늄 10위 등 자원이 많은 나라다. 이러한 자원을 계발하고 국영기업을 민영화하면 인근 카자크를 따라 잡을 수 있다고 한다. 정말 그렇게 되기를 소망한다.

최근 한국정부는 우즈베크에서 초대형 가스전을 확보했다. 한국 컨소시엄 3년 7개월 치 소비량을 체결했다.[21] 우즈베크 수르길 지역에 위치한 매장량 약 4조 7,000억 입방피트(TCF)규모 가스전을 확보한 것이다. 지금까지 한국정부가 확보한 가스전 중 최대 규모인 미얀마 가스전(4.5조–7.7조)에 맞먹는 규모다. 액화천연가스(LNG)로 환산하면 약 9,600만 톤으로 3.7

년 치에 해당한다. 한국과 우즈베크가 합작 법인에 대하여 세금 혜택을 주기로 한 것이 협상타결에 결정적인 영향을 주었다. 우즈베크와 한국의 자원 개발을 통한 교류협력이 다른 분야까지 확대되길 기대해 본다.

6. 우즈베크의 위치는 어디인가?

우즈베크는 실크로드의 중심지이며 아시아의 심장부에 자리 잡고 있다. 중앙아시아의 투르크메니아, 키르키즈, 타지크, 카자크 등의 나라와 국경을 접하고 있다. 남쪽으로는 아프간과도 접하고 있다. 국토의 전체가 육지일 뿐 바다는 없다. 중앙아시아의 다른 지역보다는 풍부한 수자원과 다수의 오아시스가 있다. 지리적 특성상 과거에는 실크로드의 중심지였지만 현재는 교통의 중심지로 타슈켄트 공항에서 터키(Turkey), 카자크의 알마티(Almaty)로 가기 위해 머물거나 항공기를 바꾸어 타는 곳이다. 또한 역사, 문화, 정치적으로 중요한 지역이다.

우즈베크는 우즈베크 족이 사는 땅이다. 스탄은 땅이라는 뜻이다. 자기 민족이 사는 땅이란 뜻이다. 그리고 중앙아시아를 비롯한 서남아시아(파키스탄, 아프간)의 스탄 국가들 간에는 "스탄 형제들"이라고 부른다. 이들 나라들은 우즈베크에서 가까운 곳에 위치하고 있다.

7. 우즈베크의 지형학적 이해와 두 개의 강

우즈베크는 구소련 국가 중 다섯 번째로 영토가 큰 나라다. 국토는 동서로 1,425km나 되고 남북으로는 약 925km나 된다. 남한의 약 4.5배의 면적을 갖고 있다. 그러나 전체 영토의 70%가 사막 또는 산지로 이루어져 있다. 특히 우즈베크의 중앙 지역은 사막으로 되어 있어 나무나 농사일을 할 수 없다. 우즈베크는 보통 높지 않은 소금광산이 많다고 하며 장미의 골짜기, 흙속의 진주라고 불리는 곳이 있으며, 기후는 사막형 대륙성 기후에 속한다. 국토는 연중 건조하고 여름은 열대성 기후로 매우 덥다고 한다. 여름에는 비가 내려도 말라버리는 마른비가 내리는 곳이다. 겨울에는 우기로 비와 눈이 자주 내리기도 한다.

우즈베크에서 가장 유명한 강은 시르다리야 강과 아무다리야 강으로 아랄(Aral) 해까지 흘러 들어간다. 이 두 개의 강이 우즈베크의 수자원과 도시들을 윤택하게 만들어 주는 역할을 하고 있다. 특히 이 두 개의 강으로 형성된 도시, 오아시스는 유목민과 실크로드를 여행하는 사람들의 쉼터가 되기도 한다. 그리고 두개의 강은 우즈베크의 국책 사업인 목화 농사에 큰 힘이 된다. 두 개의 강물을 통해 전국토의 목화 농사에 큰 영향을 주게 되고 이로 인해 국가 경제가 발전하게 된다는 것이다. 반면, 두 개의 강으로부터 물을 공급받은 아랄 해는 한 때 세계에서 4번째로 큰 내륙호였고 내륙에 사는 사람들에게 어장과 가축을 기를 수 있는 초원을 제공해 주었지만, 최근에는 오염으로 인한 기후의 변화, 질병, 생태계의 파괴로 몸살을 앓고 있다.

8. 우즈베키스탄의 지방 행정단위

우즈베크는 다양한 인구로 형성된 곳이다. 우즈베크의 인종은 학자에 따라 다르지만 보통은 120-130개의 종족으로 이루어진 다민족 국가다. 전체 인구 가운데 우즈베크 민족이 80%를 차지할 정도다. 그러나 이들은 우즈베크의 지방 행정 단위에 흩어져 살고 있다. 우즈베크는 1개의 자치 공화국과 12개의 주로 이루어져 있다.

1개의 자치공화국은 카라칼팍(Karakalpak)으로 공항과 모든 것은 자치적으로 하지만 군사, 경제 등의 주요한 것은 중앙정부의 지도를 받는다.

수도는 누쿠스(Nukus)이며 인구는 20만 명으로 추산하고 있다. 타슈켄트에서 1,255km나 떨어져있고 비행기로 이동을 하면 쉽게 갈 수 있는 곳이다. 그 외에 12개의 주는 나보이 주, 호레즘 주(우르겐치), 부하라 주, 사마르칸트 주, 지작 주, 카쉬카다리야 주(카르쉬), 시르다리야 주(굴리스탄), 수르한다리야 주, 타슈켄트 주, 나만간 주, 안디잔 주, 페르가나 주 등이다.

이슬람의 진주 도시 사마르칸트

UZBEKISTAN

4

1. 토시켄트(Toskhent: 돌로 된 도시) 역에서

▶토시켄트 역

이른 아침 일어나 시편을 읽었다. 다윗의 시로 "내 마음이 주를 향한다"라는 말씀이 나의 영혼을 흔들었다. 이슬람 지역을 탐방하는 가운데 있지만, 하나님께서도 나의 마음이 주를 향하고 있음을 알고 계시리라 확신했기 때문이다. 샤워와 면도를 한 후 엘리베이터를 타고 1층으로 내려갔다. 호텔 레스토랑에는 몇 사람만이 식사를 하고 있었다. 중앙아시아 문화답게 아침 식사 메뉴는 간단했다. 우유, 사과, 빵과 치즈, 커피 등... 입에 당기지 않았지만 일정을 위해 먹어야만 했다. 간단히 아침 식사를 마치고 짐을 정리하여 먼 길을 떠나기 위해 호텔 문을 나섰다. 호텔 앞에 서서 손을 들자 꽤 오래된 자가용차가 멈추어 섰다. 그 차는 역전까지 1,500원을 달란다. 승용차는 세단이었지만 너무 낡아 가스 냄새가 매우 심하게 났다.

승용차를 타고 이동하면서 "왜 눈이 많이 옵니까"라고 묻자, "자연에게 물어 보세요. 자연은 자기가 하고 싶은 대로 하지요. 그러니 사람이 어떤 것으로 답을 줄 수 있나요."라고 답했다. 그렇다. 그리고 또 질문을 해 보았다. "모든 사람들이 왜 검은 옷을 입고 다니는지요?" "그 건 먼지가 많고 추워서 그래요." 기후와 환경이 그렇게 좋지 않다는 얘기였다. 여름에는 흰옷을 입고, 빨강색 옷도 입지만 겨울에는 그렇지 않다는 얘기였다. 나를 태워다 준 사람은 우즈베크인이었고 타슈켄트에서 출생하여 지냈다고 했다.

나는 토시켄트 역에서 내렸다. 큰 광장 앞에 역전이 보였다. 도로 중앙에는 전철이 다녔다. 내가 도로 중앙으로 건너가자 전철이 멈췄다. 여기서는 횡단보도가 아니어도 건너면 되었다. 교통경찰이 길 건너편이나 내 앞에 있어도 무단으로 횡단 할 수 있다. 이런 풍경은 이 도시의 생활화된 모습이다. 잠시 후 역전 안으로 들어가 객차 안으로 들어갔다. 객차 안에 들어서니 타지크와 우즈베크 사람들의 냄새가 났다. 나는 긴 기차 안으로 들어가 4인승 침대칸에 앉았다. 우리가 앉은 좌석 뒤편에는 화장실이 있어 사람들이 수시로 왕래하기 때문에 문 닫는 소리로 편한 여행을 하기가 좀 힘들었다. 하지만 우리 앞에 앉아 있는 두 명의 타지크 여성과 여행을 하게 되었다. 그런데 이들은 타지크 언어는 하지만 러시아어를 잘 모르기 때문에 통역하는 분과 커뮤니케이션이 이루어지지 않았다. 타슈켄트는 현대화 된 도시이면서 종교적인 냄새가 나지 않는 곳이다. 한마디로 이슬람 냄새가 나지 않는 곳이지만 계속해서 이슬람 사원을 건축하는 중에 있다.

역방향의 좌석에 앉아 여행하기 때문이었는지 어지러움 증세가 있어 침대에 누워 잠시 잠을 잤다. 약 한 시간정도 잠을 자고 일어났지만 차창 밖의 설원은 끝없이 이어졌다. 옆 좌석에 앉은 사람도 우즈베크의 날씨가 40년 만에 최고로 추운날씨라고 말한다. 이들에 의하면 3년 전만 해도 겨울에

수영도 하였고, 낮에는 반팔을 입고 다녔다고 한다. 그런데 2007년 12월 24일 이후 계속적으로 눈이 내리고 추운 날씨가 계속되고 있다고 한다.

　나는 타슈켄트에서 사마르칸트까지 가는 동안 키진쿤(깎은 모래)을 거쳐 울리스탄(꽃동네라는 뜻)과 쥐자크 동네를 지났다. 사마르칸트는 타슈켄트에서 서남쪽으로 270km의 거리에 위치해 있다. 도로는 아스팔트로 잘 포장되어 있었다. 그런데 도시가 발전하다 만 느낌이었다. 파미르 고원의 서쪽 끝에 해당하는 해발 270m의 사막 평원 오아시스에 자리 잡고 있다.

사마르칸트는 중앙아시아 철도의 중심지라고 한다. 또한 농산품 가공업, 피혁공업, 방직공업이 발달된 곳이다. 과거 2,500년의 영화가 있는 곳이라 그런지 계속적으로 관광자원을 개발하고 있다. 사마르칸트는 여름에 여행하는 것이 아주 좋다고 한다.

　사마르칸트의 역사는 아주 혼란스럽고 외세의 침입을 많이 받은 곳으로 알려진다. 기원전 500년경 다리우스대제에게 정복당하기도 했다. 그 뒤로 오랫동안 페르시아의 지배아래 있었고 기원전 329년에는 마케도니아 출신의 알렉산더 대왕에 의해 다시 정복되는 고통을 겪어야만 했다. 8세기에는 아랍에게 점령되어 이슬람이 전파되었고 1220년경에는 칭기즈칸이 이끄는 몽골군에게 의해 도시가 완전히 폐허가 되었다. 13세기경의 티무르가 사마르칸트를 재탈환한 이 후 세계의 중심으로 삼겠다는 야심을 키우기도 했다. 현재 사마르칸트의 유적들과 건물들은 티무르시대의 것으로 전해지고 있다. 그는 아주 특이한 성격을 갖고 있는데 전쟁 혹은 원정을 가게 되면 예술가와 건축가를 데리고 다닌다고 한다. 그래서 사마르칸트 시내의 구리미르무덤(티무르), 샤히진다(귀족들의 공동묘지), 레기스탄(모스크사원)이 이때 세워진 것이다. 지금은 자신들의 민족적 정체성 회복, 사마르칸트의 자주적 자존심을 세우기 위해 유네스코로부터 지원을 받아 유적지를 발굴한 후 리모델링을 하고 있다. 내가 레기스탄을 방문했을 때도 보수 중이었다.

2. 타슈켄트와 사마르칸트의 주택 경기

사마르칸트(고대 그리스 시대의 "마라칸다Marakanda")는 중앙아시아에서 가장 오래된 도시다. 이 도시는 기원전 5세기까지 거슬러 올라가는 역사를 가지고 있다. 소그디아나(Sogdiana) 왕조 때 도시의 인구는 오늘날의 인구보다 더 많았다고 한다. 기원전 392  년에 알렉산더 대왕은 마라칸다를 정복하면서 "내가 그동안 마라칸다에 대해서 들어왔던 모든 것들은 진실이다. 단 한 가지 다른게 있다면 이곳이 내가 상상했던 것보다 아름답다는 것이다"라고 감탄을 했다.

사마르칸트는 고대 역사에 있어서 가장 문명이 발달한 곳이다. 수많은 민족 집단의 고향이고, 이 도시의 주인은 300년마다 바뀔 정도로 명성이 나 있는 곳이다. 마게도니아. 터키족, 아랍족, 페르시아어를 사용하는 사만 사람들(Samanis), 몽골 사람들, 카라히타이족(Karahitays), 하르젬샤족(Harzemshah)의 수도였다. 1220년 칭기즈칸이 침략하기 전에는 모래바다 가운데서 빛을 발하는 보석과 같은 도시였다고 한다. 그만큼 아름답고 위대한 도시였다.

사마르칸트는 오랜 시간이 흘러 타메를  란의 손자 울루그벡(Ulug Beg)이 통치하던 1449년에는 과학, 예술, 문학의 거대한 중심 도시가 되었다. 이 아름다운 도시는 하얀 눈

으로 뒤덮여 있었고, 뼈 속까지 파고드는 추위로 활동하는데 어려움을 주었다. 가끔 세차게 불어오는 바람으로 인해 더 이상 걸을 수 없을 정도였다. 사마르칸트 도로 옆 주택은 하얀 눈으로 덮여 있고, 가로수는 나뭇잎 하나 없는 상태로 서 있었다. 사마르칸트에서 활동은 봄과 여름이 좋다고 한다. 실크로드의 중심 사마르칸트 도시는 메데레사와 커다란 등대가 돋보이는 곳이었다.

몇 년 전만 해도 10,000불이면 30평정도의 아파트를 구입할 수 있었는데 이제는 아파트 가격이 급등하여 2만불~4만불까지 한다고 말한다. 그만큼 경기가 좋아진 것인지 아닌지는 모르지만 수요가 증가하고 있다는 얘기다. 주택 가격의 상승요인은 여러 가지가 있지만, 주택가격의 상승에 대한 대응책은 매우 미흡한 것으로 알려져 있다.

3. 이슬람 카리모프 대통령 정부

현재의 대통령은 2007년 12월 27일 선거에서 재선되었다. 내가 우즈베크에 도착하던 날 그는 모스크바에 갔다고 한다. 그는 독립시점부터 현재까지 장기 집권을 하고 있다. 카리모프 대통령은 2008년 2월 25일 이명박 대통령 정부의 초청을 받고 한국을 방문하여 자원외교를 했었다. 그의 정부는 다양한 국가정책을 수행하고 있다. 우선 먼저 인구 억제정책을 펴고 있다. 대표적인 것으로 타슈켄트 지역 이외의 사람들이 도시로 유입되는 것을 철저하게 막고 있다. 다시 말하면 다른 지역 사람들이 타슈켄트로 이주하는 것은 불가능하다는 것이다. 우즈베크인이라고 할지라도 타슈켄트로 여행할 때는 3일간만 거주할 수 있다고 한다. 만약 3일이 지나도록 타슈켄트에 거주하다가 경찰에게 적발되면 감옥에 가야 한다. 아무튼 시골 사람들은 법적으로 억제를 받고 있는 셈이다. 다만 도시에 거주하는 사람들은 그런대로 살 수 있도록 하기 때문에 유동인구는 230만 명에 불과하다.

둘째, 현 정부의 국가 정책은 국가의 미래나 백성을 위한 정치라기보다는 정권 유지를 위한 것이다. 만약 현 정부의 정책에 반대되는 행위를 할 경우에는 추방되거나 그 사회로부터 제약을 받게 된다. 이와 같은 정책은 정치, 경제, 교육 등 모든 것의 중심이 타슈켄트이기 때문에 이루어지고 있다. 그리고 대통령이 출근을 하거나 외출을 하게 될 경우에는 교통이 통제된다. 예를 들어 대통령이 출근하는 시간에는 도로가 통제되어 불편을 겪는다. 그러나 타슈켄트는 대통령의 출퇴근 시간을 제외하고는 약속시간에 도착할 수 있는 이점도 있다.

4. 우즈베크 사마르칸트의 기후

앞에서 언급했듯이 40년만의 강추위는 사람들의 행동을 둔하게 만들었다. 날씨가 추워 가슴까지 시려오는 것을 경험했다. 바람도 없고 태양도 떠 있는데 나의 볼은 빨갛게 얼었다. 그만큼 춥다는 얘기다. 우즈베크에는 6월에서 11월까지는 비가 내리지 않는다. 3월이 우기철이라 많은 비가 내리기도 하지만, 우즈베크에는 항상 물이 부족하여 초원의 풀들은 6월이  되면 시들어 버린다. 이러한 기후현상은 우즈베크에서 두 번째로 큰 도시인 사마르칸트에서도 일어나고 있다.

사마르칸트는 실크로드의 중심지일 뿐 아니라 이슬람 세계의 진주라고 불렸다. 우즈베크는 바다와 강 또는 육로를 통하여 고대 문명국들과 문물교환을 했었다. 이 길들은 상업과 외교, 종교적인 경로, 군사적인 것으로 사용되었다. 그 중에서 가장 중요하게 쓰인 길이 바로 실크로드다. 배양선[22]

은 실크로드의 형성을 두 가지로 보고 있다. 하나는 중앙아시아에서 유럽까지, 둘째는 중앙아시아에서 중국까지다. 그러니까 그리스-마케도니아의 중앙아시아 진출 이전에도 유럽 사람들은 동부 이란까지 가는 길을 알고 있었으며, BC 2세기말에는 한 나라의 장건이 외교적인 업무를 위하여 중국에서 중앙아시아까지 왕래[23]하므로 실크로드가 형성되었다고 본다. 실크로드는 상업적인 교역로이면서 종교 전파의 통로였다. 이 길을 통해 불교, 기독교, 조로아스터교, 이슬람교, 마니교가 전래되었다. 종교는 항상 길을 따라 전파된다.

특히 실크로드를 통한 기독교 전파는 아주 독특한 것으로 알려져 있다. 먼저 서부 시리아에 있는 그리스 정교에서 네스토리안(Nestorian)이 출현하였으나 431년 에베소회의에서 이단으로 정죄되어 박해를 받았다. 이로 인해 네스토리안들이 시리아에서 중앙아시아를 거쳐 중국까지 험난한 실크로드를 걷게 되었다. 그리고 실크로드를 따라 8세기에 이란에서 시작된 마니교가 중앙아시아를 거쳐 중국까지 간 것으로 알려졌다. 실크로드는 불교와 이슬람의 통로로 활용되었다. 배양선은 "실크로드는 외교와 군사적으로 긴밀하게 활용되었는데 주로 고대그리스인, 로마인, 파르티아 인, 중국인, 흉노족, 페르시아 인, 아랍인, 셀죽 투르크인, 몽골인, 아미르 티무르 군대 등이 이용"하였음을 말한다.[24] 실크로드는 국가적인 유익과 종족이동의 통로가 되어 모든 사람이 협력하여 사는 길이 되었다.

지금의 사마르칸트는 세계의 중심이라고 불리지는 않지만, 여전히 이슬람 세계의 진주라고 불릴 정도로 아름다운 곳이다. 이렇게 좋은 이름을 가진 사마르칸트에서 나는 어둡고, 인도(人道)에는 눈을 치우지 않아서 얼음 된 길을 종종 걸음으로 걸어야만 했다. 내가 태어나서 가장 추웠던 경험을 한 곳이 바로 사마르칸트다.

5. 우즈베크의 교육

현재 우즈베크의 교육환경은 매우 열악
하다. 현지인들에 의하면 대학교육을 받는
것은 하늘의 별따기라고 말한다. 시골지역의
학교에는 학생은 있으나 선생님이 없다. 학
교에는 물론 책도 없고 선생님도 없으니 아
이들은 길거리에서 놀고 있을 뿐이다.

어린아이들의 교육 제도가 제대로 되지 않아 농촌 사람들의 불만도 점
점 높아지고 있다고 한다. 만일 국민들이 정부에 대한 불만을 갖게 된다면
무력으로 진압하게 될 뿐 아니라 모든 정보도 차단하고 만다. 농촌 사람들
은 세계정세나 국가의 새로운 뉴스를 들을 수도 없다. 반정부 운동을 하게
되면 정보가 아예 차단된 상태에서 지내게 된다. 한마디로 정부는 우민화
정책을 실시하고 있는 셈이다.

정부가 국민들을 향해 의무교육을 하지 않는 이유는 여러 가지가 있
다. 교육을 받지 못해 생각을 깊이 하지 못하는 사람은 정부 정책에 대하여
책임을 묻지 않기 때문이다. 국민의 의식 수준이 높아지는 것을 정부가 두
려워한다. 그래서 지방에서 일하는 외국단체 혹은 NGO들의 활동도 억제
한다. 외국인들이 지방 사람들을 만나면 의식화가 이루어질 가능성이 높기
때문이다. 그러므로 지방에 거주하는 외국인을 신속하게 추방하는 것이다.
만약 외국인이 지방에 거주하려면 분명한 목적이 있어야 한다. 외국인이 지
방대학에 소속을 두고 소수 종족연구를 하게 된다면 거주가 가능해 진다.
그래서 외국인들이 우즈베크에서 3개월 이상의 비자를 얻기가 어렵다.

결과적으로 외국인이나 NGO단체 활동이 국가의 힘 있는 사람들에게
는 도움이 되지 않는다. 왜 그런가? 국민교육에 대한 관심이 낮기 때문일

것이다. 국제단체나 NGO의 구호활동은 국가가 하지 못하는 것을 하니까 존재할 뿐이다. 국제단체의 활동이 자국의 이익과 도움이 된다고 생각하지 않는 것은 백성들에게 아무런 도움이 되지 않는다고 생각하기 때문이다.

타슈켄트에는 국립대학을 비롯하여 여러 개의 대학이 있다. 사마르칸트에는 7개의 대학교가 있어 나름대로 국가 인재 개발을 하고 있다. 그런데 대학교에 입학하려면 두 가지의 조건을 갖추어야 한다. 하나는 권력층의 자녀이거나 둘째는 돈이 많을 경우에 입학이 가능하다.

우즈베크의 많은 대학들은 9월 15일이 되면 농장에 가서 목화를 따야 한다. 대학생들은 농촌 봉사대원으로 목화를 따기 위해 시골로 내려가게 된다. ○○대학교 학과별로 목화 수확의 책임량이 주어지게 된다. 대학교 별로 시골지역을 분할하여 맡게 되는데 스스로 숙식을 해결해야 한다. 시골의 학교를 빌려 숙소로 만든다. 남자와 여자의 숙소가 구분되지만 밤에는 춤과 노래를 부를 수 있는 공간도 마련된다.

대학생들의 경우는 개인당 목화 수확에 대한 책임량이 주어진다. 남학생은 50kg, 여학생의 경우는 25kg의 목화를 수확해야 하루 일과가 끝이 난다. 그러나 목화를 거두는데도 어려움이 있기 마련이다. 목화가 완전히 결실하여 벌어진 것은 뽑아내기만 하면 되지만 그렇지 않은 것은 빼내서 수확을 해야 하기 때문에 어렵다고 한다. 아무튼 우즈베크의 대학은 매년 9월 15일에서 11월까지 목화수확 기간 동안 휴강상태라고 보면 된다.

대학생들이 목화를 따는 시기의 날씨는 대체적으로 낮에는 덥고 밤에는 무척 춥다고 한다. 낮과 밤의 일기차가 높아 학생들은 건강관리에도 신경을 써야 한다. 그래서 일부 대학생들은 병원에서 건강검진을 받아 참여하지 않거나, 돈을 내고 쉬거나, 여학생은 결혼하여 목화수확에 참석하지 않기도 한다. 여학생들은 대학에 입학하자마자 곧바로 결혼하는 경우가 많다고 한다. 우즈베크 사람들의 결혼 적령기는 대체적으로 남자의 경우는 18-20세, 여자는 16-18세다. 남자와 여자가 결혼을 하게 되면 생활비는 부모가 책임을 진다. 물론 남자 측에서 생활비를 전체적으로 지원해 주지만 여자 측에서도 도움을 준다.

우즈베크 내의 대학교 등록금은 얼마나 될까? 2004년-2005년과는 차이가 있다. 3년 전에는 1년 등록금이 400원정도 했다고 한다. 그러나 최근에는 5,000-6,000원 정도라고 한다. 대학등록금 인상률이 상당히 올랐다. 그러나 대학교에는 두 종류의 학생이 존재한다. 하나는 뷰제트 학생이다. 이 부류에 해당하는 학생은 풀 장학생으로 공부를 하면서 학교로부터 매월 3만 원(한국 돈으로는 2만 5천 원)의 장학금을 받는다. 그러나 뷰제트 학생이 대학을 졸업하게 되면 국영기업이나 국가의 지정기관에서 의무근무를 해야 한다. 그 기간은 5년이다. 둘째는 카트라크 학생이다. 이 부류는 학교에 등록금을 내고 공부하지만 학교로부터 일정액의 장학금을 받지만, 대학교를 졸업한 후 정부지정 기관에서 의무적으로 근무하지 않아도 된다. 우리는 여기서 한 가지 중요한 사실을 알아야 한다. 우즈베크에서 대학생이 되려면 권력자의 힘을 빌린다든지 아니면 경제적으로 돈이 많아야 된다. 그래서 일반인들의 자녀가 대학생이 된다는 것이 어렵다. 아무튼 우즈베크의 교육제도는 12학년제와 대학교로 되어 있다.

6. 우즈베크의 언어

우즈베크는 구소련의 지배 하에서는 러시아어를 사용했다. 그러나 1991년 독립이후에는 러시아어를 학교에서 가르치지 않았기 때문에 30대 미만의 젊은이들은 러시아를 잘 모른다. 이로 인해 세대 간의 대화가 단절되는 어려움을 겪기도 한다. 거리의 간판도 예전엔 키본, 즉 러시아 방식을 사용했으나 최근에는 라틴 식(현대어)으로 되어 있어 영어를 할 줄 아는 사람이면 누구나 읽을 수 있도록 되었다. 이 두 개의 간판 표식도 상호간의 의

사소통 부재를 가져왔다. 구시대의 사람들과 현대인들 사이에 문화적 괴리가 발생한 것이다. 그리고 카리모프 정부는 우즈베크의 공용어로 우즈베크어를 사용한다. 이는 우즈베크인 민족성과 정체성, 국가에 대한 정확한 구분을 위한 작업이다. 그러나 우즈베크 내에는 120개 종족들이 모여 살기 때문에 주변 어(語)들이 많다. 대표적으로 카자크 어, 키르키즈 어, 타지크 어, 러시아 어 등이 사용되고 있다. 실제로 나를 가이드 하는 분도 러시아어를 했지만, 젊은이들과 대화를 나눌 때는 의사소통이 되지 않는 것을 보았다. 앞으로 10년이 지나면 노인 세대와 젊은이들 사이에 더 많은 언어적 혼란이 일어날 것으로 짐작된다.

5 우즈베크의 민간신앙

전 세계적으로 가장 많은 신자를 보유하고 있는 민간종교는 샤머니즘 (Shamanism)[25]일 것이다. 샤머니즘은 곧 민간신앙이라고도 한다. 샤머니즘은 주술-종교적 직능 자를 중심으로 하는 종교현상, 형태의 복합이라고 할 수 있다. 특히 샤먼은 중앙아시아의 여러 종족에 따라 명칭이 다르게 쓰인다. 줄크계 종족의 경우는 캄(Kam), 부랴트, 칼무크 족은 부(bo), 야그트 족은 윤(ojun), 여성의 경우에는 몽고어로 우다간(udagan)이라는 명칭이 있다. 아무튼 중앙아시아의 우즈베크에서도 샤먼들은 주술-종교적 직능 자를 일컫는 말일 것이다.

카자크, 우즈베크, 투르크메니아, 아제르바이잔, 키르키즈, 타지크에 흩어져 살았던 서돌궐은 그들의 종교였던 샤머니즘을 버리고 이슬람교로 개종하였다. 그러나 동돌궐이 지배했던 지역은 지금도 샤머니즘의 영향을 받으며 삶을 영위하고 있다. 이들 지역에 대한 다양한 종교, 즉 기독교, 조로아스터교, 이슬람교 보다는 민간신앙을 알아보는 것도 선교 탐사의 핵심이라 할 수 있다.

1. 공동묘지 지날 때 "아멘"

우즈베크에 거주하는 사람들은 공동묘지 옆을 지날 때 양손을 펼쳐 모은 다음에 얼굴을 쓸어내리면서 "오빈"이라고 외친다. 이 말은 식사할 때, 그리고 그 후에도 하지만 무덤을 지날 때도 사용한다. "아멘"을 우즈베크어로 "오빈"이라고도 하는데, 이는 "신께 감사 한다"라는 뜻이다. 그렇다면 무덤을 지나면서 왜 오빈이라고 할까? 그 때는 "신께서 나에게 긴 생애를 주소서"라는 뜻을 담아 외친다. 우즈베크 사람들은 은연중에 "오빈"을 외치므로 자신의 미래가 보장된다고 믿는다. 이 같은 신앙은 우즈베크 사람들이 조상신을 섬기는데서 기원했다. 19세기경부터 조상신 숭배가 감소되기는 하였으나 우즈베크 사람들은 여전히 아무다리야 삼각지역에서 조상신에게 제물을 바치는 의식을 하기도 한다. 이는 원시 신앙으로서 조상신과 알라를 동시에 섬기는 것이며, 성경과는 상당히 모순되는 신앙적 행위다. 성경 여호수아 23장–24장에는 우상과 이방신을 섬기는 자들에 대한 강력한 경고가 나온다. 그럼에도 이들 지역에서는 조상신을 향해 제물을 바치는 다양한 의식이 있다고 한다. 조상신 숭배의식은 이슬람 명절에도 행해지는데, 우즈베크인들의 원시 신앙과 이슬람 신앙이 혼합되어 나타나는 전형적인 것이다. 그러나 이러한 의식은 이슬람 통과의례와는 별도로 행해지고 있다. 이들은 조상신을 "아르보크"(arvokh)라고 부른다.

2. 다니엘의 무덤

우즈베크에 가면 다니엘의 무덤이 있다. 이 무덤에 관해서는 오래 된 역사적 전승이 있다. 티무르가 지배할 때, 페르시아의 다니엘 무덤에서 오른쪽 다리와 팔을 가져다가 지금의 사마르칸트에 무덤을 만들었다. 티무르는 페르시아와 이라크, 우즈베크를 통치하면서 거대한 국가를 건설한 것으로 알려져 있다. 그 당시 사람들은 다니엘의 오른쪽 다리와 팔을 가져다가 무덤을 세운 후부터 전쟁이 끝나고 평화로운 시대가 열렸다고 믿었다. 이 민간신앙을 우즈베크인들은 지금도 믿고 있다.

다니엘의 무덤은 길이가 18m나 된다. 무덤 안에서는 뮬라(이슬람의 무당)가[26] 앉아서 기도하러 오는 사람에게 기도를 해준다. 약간의 주문식이기는 하지만 많은 사람들이 이 기도를 받기 위해 다니엘의 무덤에 찾아온다. 사람들은 대체적으로 먼 길을 여행하게 될 때, 자식이 시험을 보게 될 때, 병으로 인해 고통을 겪을 때, 그리고 가정의 화목과 아름다운 미래를 위해서 다니엘의 무덤의 뮬라(mullah)[27]에게 기도를 받는다.

다니엘의 무덤 모양은 긴 대리석(이란에서 가져온 돌)으로 되어 있다. 무덤위에는 신성함을 위해서 천을 덮어 두었고 양 옆에는 의자를 놓았다. 사람들은 무덤에 앉아 뮬라의 기도를 받은 다음 주문을 외우며 무덤을 몇 바퀴 돈다. 중앙의 무덤을 중심하여 시계 반대 방향으로 세 바퀴를 돈 다음, 뮬라에게 돈을 주거나 헌금통에 넣는다. 그런데, 사람들은 다니엘의 무덤을 방문하면서 한 가지 놀라운 사실은 100년에 72cm가 늘어난다고 믿고 있었다.

다니엘의 무덤을 나와 오른쪽으로 가면 피스타취라는 나무가 서 있다. 이 나무의 수령은 대략 650년이나 되었다고 한다. 사람들은 이 나무 가지에 자기의 소원을 적어 매달아 놓으면 그대로 이루어진다고 믿는다. 마치 한국의 성황당과도 같은 모습이라고 한다. 내가 방문했을 때는 3-4개의 천 조각만 나무 가지에 매달려 있었다. 그 옆에는 커다란 맷돌이 놓여 있고 맷돌

안에는 소원을 적어 놓았던 천들이 묶여져 있었다.

피스타취 나무 옆으로 3m 정도 걸어가자 굴이 나온다. 토굴 입구에는 나무 문형의 문이 열려 있었다. 토굴 안으로 들어가자 갖가지 연장들이 어지럽게 널려 있었다. 토굴 안에는 높은 천정과 메카를 향한 분향단이 놓여 있었다. 다니엘의 무덤에 있는 뮬라는 나에게 굴에 대한 정황을 자세하게 설명해 주었다. 그가 설명하는 동안 아주 흥미로운 이야기를 들려주었다. 누구나 토굴에서 40일 동안 거주하면서 기도를 하면 득도(得道)하게 된다는 것이다. 보통 40일을 기도하는 동안 병도 나을 수 있고 각종 고민과 문젯거리가 해결된다는 것이다. 더 놀라운 것은 이 토굴에서 40일을 기도하면 선지자가 된다는 것이다. 그러나 현재는 기도하는 사람도 없고 이곳에 찾아오는 사람도 없다고 한다. 만약 현대인들이 이 토굴에 와서 기도하게 되면 병이 들게 될 것이고 더 많이 아프게 될 것이며, 오늘날 이 토굴에서 40일 동안 기도하는 사람이 있다면 그는 정신병자일 것이라고 한다.

3. 욥의 우물을 믿는 신앙

욥의 우물(Memorlik Yo Dgorligi Chashma-Ayub Maqiarasi XII-XVI Asrlar Davlat)은 부하라 시에 있다. 부하라는 전통적인 이슬람 도시다. 실크로드의 관문이기도 하지만 이슬람 신학교가 있고 가장 많은 사람들이 모여 사는 곳이기도 하다.

나는 겨울 궁전을 벗어나 볼로 하우스 마스지드를 거쳐 20분 동안 걸어서 욥의 우물이란 곳에 도착을 했다. 역사적으로 내려오는 전승에 의하면 이곳에는 많은 사람들이 모여 있었다. 그들은 목이 말라서 물을 달라고 아우성을 치고 있었을 때 "욥"이라 이름하는 사람이 지나가게 되었다. 그가 사람들이 모여 있는 자리에 막대기를 꽂으니까 그곳에서 물이 나오기 시작했다는 것이다. 그로부터 지금까지 물이 계속해서 나오고 있어 "욥의 우물"이라고 부른다. 현재는 커다란 건물이 세워져 있는데 그 안에 욥의 우물이 있다. 욥의 우물 지붕위에는 네 개의 큰 돔이 있는데 100년마다 하나씩 만들었다고 한다.

또 다른 전설에 의하면, 욥이란 사람은 성경에 나오는 자를 말한다. 욥이 부하라 근처로 지나갈 때 사람들은 그에게 물을 달라고 했고, 욥이 막대기를 이곳에 꽂자 물이 나오게 되었다는 것이다. 구약성경 욥기 1:1절에는 "우스 땅"의 "욥"이라 이름하는 사람이 있었다고 기록되어 있다. 그는 순전하고 정직하여 하나님을 경외하며 악에서 떠난 자였다. 그러나 이곳 사람들은 욥이 살았던 우스가 부하라 근처라고 믿고 있다. 즉 키르키즈의 "오쉬"가 두 번째 도시였는데 이곳이 그의 고향일 가능성이 크다는 것이다. 그런데 더 놀라운 것은 욥의 우물이 있는 건물을 세 바퀴 돈 다음에 소원을 빌면 그 소원이 이루어진다고 믿는 사람들이 많다는 것이다.

4. 이스마일 사모니(Ismoil Samoniy)의 묘

욥의 우물이 있는 곳에서 조금 걸어가면 이스마일 사모니 파크가 있다. 이곳에는 이스마일 사모니의 무덤 건물이 있다. 이 무덤 건물은 부하라에서 제일 오래된 것으로 알려져 있을 뿐 아니라 가장 아름다운 것으로 정평이 나 있다.

이스마일 사모니의 무덤으로 들어가는 정면, 즉 문에는 다양한 모양의 조각들이 붙여져 있다. 문 위에는 둥근 모양의 조각들과 네모난 것들이 함께 어우러져 있는데 둥근 모양은 조로아스터교의 영향을 받아 만들어진 것으로 전해진다. 특히 이스마일 사모니의 묘
의 벽돌은 각각 다른 특색이 있다. 외벽에 붙
인 벽돌의 깊이가 각각 달라 해가 뜨거나 해
가 움직일 때마다 다른 모양으로 변하면서
입체감을 띤다. 정사각형으로 지어진 네 면
의 벽돌 모양이 서로 다르게 나타나 예술적인 조형미를 나타내기도 한다.
이스마일 사모니의 묘를 설계하고 건축한 사람은 아랍 사람으로 알려져 있
다. 이 건물을 중심으로 자기의 미래나 문제, 소원을 갖고 세 바퀴를 돌면서
빌면 모든 것이 이루어진다는 것이다.

그리고 부하라의 이슬람 지도자 가운데 아주 훌륭한 이맘이 있다. 그
는 "막호이자 낙시반트" 이맘이다. 그는 평소에 훌륭한 이맘으로 무슬림들
의 존경을 받았다. 그는 날마다 예배하는 삶을 살았고 꾸란을 읽고 잘 지켰
을 뿐 아니라 가는 곳마다 알라 신을 이야기하는 훌륭한 이맘이었다. 그가
죽었을 때 수많은 무슬림들이 이스마일 사모니의 무덤 크기로 건물을 건축
했다. 그가 죽을 때 자신을 위해 제사나 예배를 하지 말라고 금지했음에도
불구하고 오늘날 많은 무슬림들이 그를 경배하고 있다. 오늘날 부하라 사람
들은 그의 무덤 건물에 몰려와 기도하거나 예배를 하면서 돌에 입을 맞추기
도 한다는 것이다. 혹자는 막호이자 낙시반트의 무덤을 방문하면 메카를 가
지 않아도 될 정도라고 말한다. 그는 중앙아시아 지역에서 가장 위대한 이
맘이며 많은 무슬림들에게 영적인 영향을 준 자다. 그러나 순니 이슬람에서
는 돌, 나무에 입을 맞추거나 경배하는 것을 허락하지 않고 있다. 무슬림들
이 돌과 나무, 무덤에 입을 맞추고 믿음을 표현하는 것은 이슬람의 신앙고
백과는 전혀 다른 신앙행위다.

5. 우즈베크 사람의 집 문간에 붙여 놓는 "이스륵"

우즈베크 사람들은 대부분이 무슬림이다. 하지만 이들의 마음은 정통적인 이슬람 신앙으로는 채워질 수 없나보다. 무슬림들의 집에 가보면 대문에서 정면으로, 혹은 사람이 집에 들어갈 때 정면에 양(羊)머리, 빨간 고추, 마늘을 걸어 놓는다. 이러한 것들을 출입문에 걸어 놓는 이유가 무엇일까? 그들의 답은 한마디로 "나쁜 영이 집안에 들어오지 못하게 하는 것"이라고 한다. 세상 밖에서 돌아다니는 악한 신이 양 머리와 빨간 고추, 마늘을 보고 무서워서 집 안으로 들어오지 못하도록 하기 위함이다. 그렇다면 왜 그들은 이 같은 물건들을 문 위에 걸어 놓을까? 양머리는 알라에게 바치는 제물이고, 빨간 고추(마른 것)는 피의 상징이기 때문이란다. 마늘은 본래 매운 것을 상징한다. 이 같은 것은 그들에게는 매우 의미 있는 민간 신앙이다.

6. 아스라스 밧 또는 이스륵

부하라나 사마르칸트, 타슈켄트 등에서는 보통 출입문 정면에 붙어 있는 것들을 "이스륵"이라고 한다. 그러나 까라깔라(카라칼팍) 지역에서는 "아스라스 밧"이라고 부른다. 이스륵은 문 위에 매달아 놓는 식물 종류다. 이는 우즈베크 전 지역에서 생산되는 풀의 한 종류다. 이것을 꽃과 입, 줄기가 있는 것을 말려서 문 위에 걸어 놓는다. 까라깔라에서 이스륵 신앙은 여러 가지 상징적 의미가 있다. 첫째, 이스륵이란 풀에 불을 붙이면 연기가 나는데 이 연기를 마시면 감기에 걸린 사람이 치료를 받는다. 병에 걸리거나 병균으로 인해 고통을 겪는 사람도 치료를 받는다고 믿는다. 둘째, 이 풀에 불을 붙이고 난 후 연기가 집 안에 가득차면 나쁜 영들이 도망간다고 믿는다. 예를 들어 집시(주기: 우즈베크어/ 세간: 러시아어)같은 사람이 연기 나는 이스륵을 그릇에 담아 흔들면서 다니면 악한 영이 사라진다고 믿는다. 집안의 선반, 자동차, 장사하는 가게 등에 이스륵의 연기를 흔들고 다니기도 한다. 이들은 전문적으로 이스륵 연기를 갖고 치료하는 자들이며 돈을 요구하기도 한다.

내가 우르겐치에서 누쿠스로 이동하는 길에도 이스륵을 파는 사람들이 있었다. 이스륵은 다양한 용도로 사용한다. 이스륵은 풀과 같은 것으로 진한 연기와 향이 있는 것이 특징이다. 이스륵의 효험은 매우 높아 까라깔라이나 그 외의 지역에서 귀한 식물이다. 특히 감기에 걸린 사람이 이스륵의 연기를 마시면 낫는다고 한다. 카자크 사람들은 아드라스 밧이라는 것을 차량뒤편에 매달고 다닌다. 이슬람과 함께 사람의 눈동자 모양의 장신구를 달고 다니면 악한 영으로부터 지켜준다고 믿는다. 카라칼팍 사람들의 영혼도 지켜준다고 믿는다. 어쩌면 이슬람의 진(Jin) 사상에서 나온 것과도 유사한 점이 있다.

이슬람에서는 사람의 눈동자와 같은 것을 문 입구에 매달아 놓는데, 이렇게 하므로 나쁜 영이 들어오지 못한다고 믿고 있기 때문이다. 이때 나쁜 영의 눈이 이스륵과 함께 매달아 논 눈동자(꼬륵문초)[28]와 마주치게 되면 힘을 잃어버리고 사람에게 영향을 주지 못한다고 믿고 있다. 아드라스 밧에는 이스륵, 호두 2/3, 녹두, 팥을 넣어서 만들기도 한다. 특히 깔랑불(고추)도 함께 매달기도 한다.

카작 종족들은 아기가 태어났을 때 손, 발, 목 등에 꼬록문초의 줄을 묶어 주기도 한다. 어린 아기에게 꼬록문초를 매달아 주는 것은 몇 가지 이유가 있다. 첫째는 어린 아기가 예쁘기 때문이다. 둘째는 아이의 눈을 악한 영이 직접 바라보지 못하게 하기 위함이다. 즉 나쁜 영이 아이에게 다가서지 못하도록 막아주는 역할을 한다고 믿는다. 이러한 이스륵에는 꼬록문초와 깔랑 불을 꼭 매달아 놓는다.

7. 쮸비쩨이크

이 말의 뜻은 러시아어로는 남자 모자, 우즈베크어로는 "깔라뾔쉬"라고 한다. 우즈베크의 "쮸비쩨이크"는 겉은 검정색이고, 안은 빨강색 천으로 되어 있다. 이는 세상의 검은 영들이 신의 피로 씻음을 받았다는 상징적 의미가 있다. 그래서 우즈베크 사람들의 고무신도 겉에는 검정색이고 안에는 빨강색으로 된 것이 많다. 어떤 머리에서부터 발목까지 긴 옷은 이같은 색깔로 되어 있다고 한다. 고대로부터 알라, 즉 고르반 하이트를 지키는 이들에게 피는 '용서'의 의미가 있다고 믿어 왔다. 양을 잡아 피를 문설주에 발랐던 히브리사람과 무슬림들의 전통적인 것에 내려온 것이 곧 쮸비쩨이크 신앙이라고 본다.

또한 부하라에는 조로아스터교의 달 신전(MAGOKI ATTORI)이 있다. 7세기 전에 아랍 세계가 우즈베크와 중앙아시아 일원을 점령하면서 여러 종교가 유입이 되었다. 조로아스터교, 기독교, 불교 등도 유입되었다. 그런데 그 당시에 "달 신을 섬기는 카라반" 사람들이 왔는데 이 사람들은 밤에 달빛을 보고 이동했다. 그들은 달이 자신들을 지키고 인도하는 신이라고 믿었다. 그러나 이곳은 우상을 만들어 파는 신전이었다. 그러므로 아랍 사람들이 부하라에 와서는 이 모든 것을 우상이라며 제거해 버렸다.

8. 낙타오줌 받기

내가 우즈베크의 사마르칸트를 여행하는 동안 날씨는 무척 추웠다. 실크로드의 중심지라고 하지만 낙타 한 마리 구경할 수 없었다. 사마르칸트 박물관 앞에 세워둔 낙타 동상만 보았을 뿐이다. 낙타를 보려면 사마르칸트를 벗어나 농촌이나 누카스, 부하라에 가면 얼마든지 볼 수 있단다.

우즈베크에서는 날씨가 따뜻한 새해가 되면 괴상한 일이 일어난다. 사마르칸트 지역에서는 낙타의 오줌이 상당히 소중한 것이다. 그래서 사람들은 플라스틱 양동이를 들고 낙타 주변에 몰려들어 낙타 오줌 받는다. 이런 풍습은 실크로드 때부터 있어왔던 전통이라고 한다. 왜 그들은 낙타 오줌을 받을까? 민간신앙에 따르면 낙타 오줌 안에 있는 강한 암모니아 성분이 갖가지 피부 질환에 탁월한 효험이 있기 때문이란다.

낙타는 오줌을 자주 누지 않는다고 한다. 사막에는 물이 귀하기 때문에 낙타들도 자신들의 체액을 아주 아껴서 사용하는 특별한 기능을 발전시켜왔다. 실제로 낙타의 몸은 이미 처리한 물을 다시 사용하는 시스템을 가지고 있다. 낙타의 오줌 농도가 상당히 높은 암모니아를 함유하게 되는 것은 아마 이 이유 때문일 것이다.[29] 낙타 오줌을 받는 것은 단순히 전통적인 풍습과 피부에 좋다는 것이 전부이다. 이것이 그들이 믿고 있는 신앙이다. 낙타 오줌을 갖고 피부질환 치료에 얼마나 효과가 있었는지 의학적 분석은 없는 것 같다.

9. 조로아스터교의 불 숭배

1) 조로아스터교의 신앙

조로아스터교는 기원전 6세경에 우르겐치 지역에서 조로아스터가 창시한 페르시아의 고대 종교다. 이 종교는 불을 숭배하는 것을 교리로 하고 있으며 선악의 이원론을 가르친다. 조로아스터교는 7세기경에 왕과 왕비가 불을 피움으로 그 기원이 시작되었다는 설도 있다. 그러나 이것에 대한 확실한 역사적 근거는 희박하다. 조로아스터교의 경전은 아베스타라고 한다. 한국어로는 배화교(拜火教)라고 부른다.

조로아스터교의 아베스타에는 세 가지의 생활 윤리가 적혀 있다. 첫째, 올바른 생각, 둘째, 올바른 말, 셋째, 올바른 죽음이 아베스타 교리의 핵심이다. 이 종교의 신자들은 깊은 산중에 모여 신앙생활을 하는 것으로 알려져 있다. 사원에서는 순결을 상징하는 흰색 옷을 입은 사제가 "우리는 아후라 마즈다(조로아스터교의 유일신인)에게 기도하기 위해 이 성스러운 자리에 모였다. 우리는 또 닉바노우(Nikbanou)와 아랍침략자들에 의해 선조들이 당한 일을 기억하기 위해 모였다"라고 연설한다.

▶조로아스터교탑

최준석 기자의 보도 가운데 조로아스터교에 대한 재미있는 예화가 있다.[30]

> 신흥종교 이슬람 신자들인 아랍인들의 기세는 무서웠다. 포위망이 좁혀 오자. 닉바노우[30]공주는 아후라 마즈다 신에게 살려달라고 빌었다. 그때 기적이 일어났다. 산이 벌어지며 공간이 생겼고, 닉바노우는 몸을 피할 수 있었다. 바위는 다시 닫혔고, 닉바노우 공주가 들어간 쪽 암벽에는 알록달록한 색깔이 남았다. 신자들은 공주가 입고 있던 옷이 화석화했다고 믿고 있다. 이같은 전설은 오늘날 조로아스터교의 사제들의 상징적 옷이 되었다.

2) 조로아스터교의 기원

조로아스터교는 사산조 페르시아 당시 이란의 국교였다. 조로아스터교의 창교(創敎)시점은 불분명하다. 기원전 1,000년으로 보는 견해도 있다. 교조 조로아스터는 독일 철학자 니체의 책에 "차라투스트라"(Zarathustra)

라는 이름으로 나온다. 다리우스 대제(Darius the Great) 때(기원전 549-485년)에도 조로아스터교는 페르시아의 주요한 종교였다. 그리고 사산조에서 전성기를 누렸다. 사산조가 이슬람을 믿는 아랍의 침략을 받고 문을 닫으면서 조로아스터교도 함께 끝났다. 조로아스터교는 페르시아 국교였다가 7세기 아랍의 침략을 받고 쇠퇴하여 오늘날 전 세계적으로 20만 명 미만인 것으로 알려져 있다. 신자들이 많은 곳으로는 이란과 인도(印度)다. 우즈베크는 거의 소멸되어 가고 있는 것으로 알고 있다. 인도의 조로아스터교 신자는 "파르시"라고 불린다. 사산조 페르시아가 이슬람 세력에 멸망한 뒤 종교 박해를 피해 인도로 떠난 사람들의 후손이다. 인도에 정착한 시기는 정확하지 않은 것으로 알려져 있다. 역사가들은 8-10세기로 추정하고 있다. 현재 뭄바이에 다소 거주하는 것으로 알려져 있으며 인구수는 6만 901명(2001년 인구조사)이다.

인도 내 유명한 파르시로는 인도 재계의 최대 그룹인 타타의 CEO인 라탄 타타(Tata)의 회장 집안과 주빈 메타(Metha) 전 뉴욕 필 오케스트라 상임지휘자, 록 그룹 '퀸'의 프레디 머큐리(Mercury), 인도 핵의 아버지 호미 바바(Bhaha) 박사[32]등이 있다.

3) 조로아스터교의 문화

특히 조로아스터교에서는 결혼식을 할 때 신랑이 자기 집에 들어가려면 신부를 들쳐 매고 불 근처를 세 바퀴 돌아야 집에 들어갈 권리가 부여된다. 이 같은 민간신앙은 우즈베크 사람들에게 하나의 전통으로 내려오고 있다. 아랍종교 가운데도 이러한 민간 신앙이 지켜지고 있다. 이란에서는 조로아스터교의 전통이 일부분 인정된다. 이란에서는 남녀가 춤을 출 수 없으나 조로아스터교 신자들에게는 이를 허용하고 있다. 사원 등 특별한 곳에서는 신에 대한 경배의 일환으로 음악을 연주할 수 있다.

우즈베크에서 투르크메니아를 지나가면 이란이다. 우즈베크와 이란 은 먼 곳에 있지 않다. 다만 이란에서 거주하던 사람들이 실크로드 길을 따라 우즈베크에 오고가면서 머물게 되고 그들이 조로아스터교를 숭배한 것으로 알려지고 있다. 그러나 이란 사회에는 조로아스터교가 유행했던 이슬람 이전 시기의 문화적 전통이 강하게 남아

있다. 페르시아 달력으로 1월1일에 벌어지는 "차하르-샨베수리" 축제 때는 조로아스터교의 유산을 확인할 수 있다. 이날 이란 사람들은 거리에 횃불을 밝히고 불을 뛰어 넘으며 춤을 춘다.

조로아스터교 최고 사제인 아르데쉬르 코르시디안(Khorshidian)은 "이제는 조로아스터교 신자가 많지 않으나, 우리의 의식은 이란인 속에 뿌리 박혀 있다"라고 말한다.[33] 이란인의 정신에 조로아스터교는 불을 숭배하는 민간신앙으로 남아 있을 뿐이다.

인간이 만든 신은 영원할 수 없으며, 인간의 내면을 결코 만족하게 채워줄 수 없다. 조로아스터교도 구소련시대에 이미 붕괴되었으며, 이란에서는 팔레비 왕조 때까지 탄압받다가 1979년 이슬람 혁명 후 그나마 차별이 개선되기도 했다. 단지 인도의 뭄바이 지역에서만 조로아스터교 신자가 경제적 우위를 누리고 있을 뿐이다.

10. 땅과 물, 공기를 존중하는 신앙

부하라 지역의 사람들은 하늘과 땅, 물을 귀중하게 여기는 전통적 관

습이 있다. 이러한 역사적 전통의 출발은 7세기경으로 거슬러 올라간다. 당시에 사람은 물, 공기는 매우 신성하다고 믿었다. 사람이 숨쉬고, 물을 마시고, 땅에서 나는 곡식을 먹는데 이것이 오염이 되는 것은 있을 수 없다고 생각했다. 그래서 사람이 사망하면 매장을 하지 않고 조장을 했다. 이는 선반이나 바위, 야산에 시체를 놓아 짐승과 새들이 와서 시신의 살을 먹도록 한 다음 뼈들을 모아 항아리에 담아 땅에 묻은 장례의식이다. 이같은 의식과 민간신앙은 왕궁과 일반인들 사이에 널리 전승되어 왔으며 부하라와 우르겐치 지역에 널리 퍼져 있다.

11. 부하라의 전설

부하라 시내에는 다양한 높은 망대가 있다. 그 탑에 대한 전설이 있다. 어느 부자의 가정에 네 명의 딸을 둔 아버지가 있었다. 아버지는 어느 날 딸 네 명을 카라반에게 시집을 보냈다. 딸을 시집보내고 난 후 그는 매우 허전하고 외로운 삶을 살았다. 그런데 어느 날 그 부자는 각기 다른 네 개의 탑을 세웠다. 사람들이 지나가면서 각기 다른 탑의 의미를 묻자 그는 "내게 네 명의 딸을 두었는데 모두가 아름답기 때문이요. 그녀들의 각각의 아름다움을 온 세상에 자랑하기 위함이요"라고 대답했다고 한다. 그리고 이를 구경하는 사람이 많게 되자 여관 같은 것을 세웠다고 한다.

12. 조상을 소중히 여기는 무슬림

　　우즈베크는 독립이후 무슬림 인구가 급격히 증가했다. 과거로부터 무슬림들은 알라 외에는 다른 신을 믿지 않는다. 이것이 그들의 전통적인 교리이며 신앙이다. 그러나 그들은 꾸란과는 전혀 관계없는 행위들을 한다. 먼저는 조상의 묘를 존중히 여기는 것이다. 어느 무슬림이든 조상의 무덤에 가거나, 지날 때 무덤에 손을 찍고 자기 이마를 찍고 간다. 이는 "나도 언젠가 죽을 것인데 우리 조상을 서운하게 해서는 안 되지 않느냐"라는 의미에서 하는 행위다. 이같은 사상은 부하라, 사마르칸트, 우르겐치, 히바 등에서 성행하고 있다. 그래서 그들은 무덤을 잘 짓거나 무덤에 가서 그런 행위를 하는 것에 대해서 죄의식을 갖지 않는다. 나는 무슬림에게 "그것은 꾸란에 위배되는 것이 아니냐?"라고 물었다. 그는 "그렇지 않다. 우리가 조상을 존경하고 소중하게 여기는 것은 아무런 죄가 되지 않는다"라고 답했다.

　　무슬림들의 행위 가운데 또 다른 하나가 있다. 그들은 무덤에 가서 양손을 벌린 다음 그 손을 모아 자신의 이마에서 턱까지 쓸어내린 다음 다시 무덤에 손을 펼쳐서 놓는 행위를 한다(사마르칸트지역). 이러한 행위는 무덤에 있는 사람에 대한 존경의 표시라고 말한다. 이들은 이러한 행위를 하면서 아무런 죄의식이나 꾸란을 위배한다는 생각을 갖지 않는다. 그들 안에 내재되어 있는 어떤 영에 대한 존경일 뿐이라고 한다. 참으로 무슬림들의 신앙관이 의심스럽다. 저들은 무엇이 진리이며 신앙인가를 잘 알지 못하는 것 같다. 나는 저들의 신앙에 대하여 다시 생각해 보았다. 이같은 전승적인 생각들은 사마르칸트, 부하라와 히바에서 동일하게 나타났다.

13. 슈르빠를 먹는 의식

우즈베크 사람들의 전통적인 관습과 내면적 신앙에는 슈르빠를 먹는 것이 있다. 이들이 슈르빠를 먹는 의미는 "아들이 건강하게 군 임무(여행)를 마치고 온 것을 기념하기 위함"이라고 하는데, 이는 한 가정의 자녀, 즉 아들이 장성하여 군에 가게 되거나 제대했을 때 하는 의식적 행위이다. 이것은 우즈베크 사람들의 통과의례라고 할 수 있지만, 민간신앙적 냄새가 많이 난다.

먼저, 이들은 아들이 군에 가게 되면 집에 빵(논)을 걸어 놓는다. 빵을 걸어 놓는 것은 아들에게 좋은 일만 있어라. 혹은 먼 길을 여행하는 사람에게도 좋은 일만 있게 해달라는 의미다. 그리고 이들의 행운을 빌기 위해 카펫을 벽에 붙여 놓기도 한다. 이 때 "후도이"라고 하는데 후도는 "알라"란 뜻이다. 알라가 이들을 지켜 줄 것이라는 신앙이다. 만약 집안의 아들이 군 생활을 잘 마치고 제대하거나, 여행객이 먼 길을 무사히 다녀오게 되면 슈르빠를 하게 된다. 이때는 양한 마리를 잡는다. 양 한 마리를 잡은 후 고기를 잘게 썰어서 큰 솥에 넣고 끓인다. 이때는 양고기에서 나오는 국물을 많이 내고 죽을 끓이듯이 해서 가까운 친척과 이웃들을 불러 잔치를 한다. 보통 잔치에 초청되는 사람은 100~150명이 되며, 이들은 한 접시만 먹고 축하한다고 말한 후 뒤돌아간다는 것이다. 슈르빠에는 감자, 당근, 양파, 양고기를 넣고 오랫동안 끓이면 된다.

14. 사다카 의식

부하라 지역 사람들이 전통적으로 지켜오는 의식과 신앙은 바로 사다카다. 이는 자신이 하루 일과를 마치거나 여행 중에 일어난 사건에서 살았다는 기쁨에 잔치를 하는 의식을 말한다. 만일 그가 운전사라면 하루 종일 사고가 없는 것은 매우 행복한 일이지만, 불의의 사고로 인하여 죽음을 모면하고 살게 되었다면 양 한 마리를 잡아 잔치를 벌인다. 과거에는 낙타나 말 위에서 떨어졌다가 다치지 않고 살기만 해도 양을 잡았다고 한다.

우즈베크인의 전통에는 살았다는 것, 내가 존재하고 있다는 것, 가족의 일원으로 공동체에 남아 있게 된 것만으로도 양을 잡을 수 있었다. 나는 살았고, 가족과 기쁨을 나눌 수 있다는 것 자체가 알라의 보호이기 때문에 잔치를 베푼다는 것이다. 마치 탕자가 먼 곳에 갔다가 돌아온 후 아버지가 "잃어버린 내 아들을 찾았노라"며 기뻐하고 잔치를 베푼 것과도 같다. 이러한 관습은 과거로부터 지금까지 우즈베크 사람들의 삶에 깊이 자리하고 있다.

15. 자카트를 해라

이슬람의 신앙 다섯 기둥은 무슬림들의 삶의 관점을 완전히 지배한다. 그들의 삶은 언제나 자카트를 해야 하는 부담감이 있지만 즐겨한다고 한다. 만일 그들이 1년 동안 많은 돈을 벌었다면 그 가운데 4%는 남을 위해 써야 한다고 한다. 예를 들자면, 1년에 천만원의 수입이 있었다면 그 수입의 1/4일을 나누어 주어야 한다. 맨 먼저 친척에게 주고 친척이 없으면 가장 가까운 이웃(가난한 자)에게 주어야 한다.

16. 우즈베크에 민간신앙이 존재하는 이유

나는 우즈베크를 여행하는 가운데 몇 가지 느낀 점을 언급하려 한다. 우즈베크는 130개의 다민족으로 구성된 국가다. 이들은 유목민이면서 전쟁으로 이주해 온 민족이 대다수라 해도 과언이 아니다.

첫째, 전쟁과 이주, 유목생활을 하면서 독특한 신앙적 전통을 지니게 되었다. 동서 문명의 교차 지점인 중앙아시아는 이슬람과 동방으로부터 불교 유입, 조로아스터교를 받아들였다. 그러나 하나님을 상실한 채 어려움을 겪었다. 중앙아시아 사람들은 영적인 실패에 대한 책임을 느끼지 못하는 것 같다. 하나님의 창조와 심판에 대해서 전혀 모르는 것 같다. 이는 "내 집은 황무하였으니 너희는 각각 자기의 집에 빨랐음이니라"(학 1:9)는 말씀과도 같다. 하나님의 축복의 증거가 인식되지 않고, 영적 생활에 활기가 없고, 영적으로 둔하고 메마르게 되면 삶의 우선순위에 반드시 문제가 발생하게 된다. 일반적으로 공의, 자비, 성실보다는 자기중심적인 생각에 사로잡혀 개인, 가족 또는 물질적인 것에 우선순위를 두게 된다(마 23:23; 미 6:8). 하나님의 임재를 발견하지 못하기 때문에 자연과 우상 앞에 머리를 숙일 수밖에 없는 것이다.

둘째, 두려움에 대한 무기력한 상태가 샤머니즘에 빠져 들게 한다. 하나님을 경배하는 것에 대한 무지, 창조자와 심판자가 누구인지를 알지 못하는 상태가 두려움을 가중시킨다. 하나님에 대한 두려움을 느끼지 못하고 하나님에 대한 경외심과 존귀함을 발견하지 못할 때 두려움에 대한 무기력 상태에 진입하게 된다. 하나님은 인간들에게, 세상 모든 것에 위협이 있어도 두려워하지 말라고 했다.

셋째, 비전의 중요성 상실이다. 사람은 환상이 있어야 하고 좋은 생각, 좋은 꿈을 가져야 한다. 시대의 징조와 반대로 우즈베크를 돌보시는 하나님의 신실하심에 대한 환상들과 우즈베크에 임재하시는 하나님에 대한 확신을 갖는 것이 중요하다. 성경을 보면 하나님의 백성들은 임재하실 하나님에 대한 확신을 갖고 살았다. 하나님의 백성들은 선지자들이 자주 보여주는 큰 그림으로 격려를 받았다. 그러나 우즈베크는 하나님의 큰 비전을 보지 못한 것 같다. 메카를 향한 비전은 보았는지 모르지만, 길이요 진리가 되신 하나님의 비전은 본 것 같지 않다. 우즈베크 사람들의 잘못된 비전은 그들 자신을 민간신앙에 매달리도록 만들었다. 보다 더 근본적인 진리가 무엇인가?

참된 비전이 무엇인가를 발견해야 하는 데 말이다.

　마지막으로 개인적인 불완전한 사고가 민간신앙으로 기울어지게 하고 있다. 하나님은 이방도시, 즉 바벨론을 떠나게 한다. 우리는 우상의 세계에서 시간을 허비할 필요가 없다. 민간신앙은 거룩하지도 않다. 영적이지도 않으며 무가치한 존재이다. 나는 우즈베크에 하나님의 단비가 내려 주길 바란다. 우상과 민간신앙의 채색 옷을 벗고 하나님의 아름다운 옷을 입고 하나님을 바로 섬길 수 있는 날이 오길 희망한다. 우즈베크의 대표적인 도시 타슈켄트, 사마르칸트, 부하라, 우르겐치, 누카스 그 외의 지역에 영적 갱신의 바람이 일어나길 원한다. 마치 에스라와 느헤미야, 그리고 말라기 시대에 일어났던 거룩한 역사가 특수주의를 통하여 확산되길 바랄뿐이다. 우즈베크 내 소수의 그리스도인들을 통해서, 하나님의 사랑을 의심하고 봉사를 경멸했던 것을 벗어버리고 하나님의 언약규정을 지켜 나갈 수 있는 방안을 보아야 한다.

　첫째, 이들 지역에 교회 개척은 가능한가? 물론 가능하지만 시간과 수고, 경비가 있어야 하고 교회를 설립하고 돌볼 수 있는 토양 검사가 필요하다. 그리고 이들 지역의 족속과 어떤 사람을 통해 팀을 이루고 그 사회를 변혁시킬 수 있는가를 생각해야 한다.

　특히 민간신앙이 매우 강한 곳에서 교회설립을 위해서는 인구통계상의 필요, 실제적인 필요, 가정문서 선교, 전도단의 효과적인 활동 등을 살펴봐야 한다. 그러나 먼저 교회나 민간신앙과 그들의 문화적 변화를 고려하기 위해 수용성(receptivity)을 고려해야 한다. 과연 이들 지역에서 사람들이 복음을 잘 받아들일 것인가를 살펴야 한다. 이들 지역에 사는 소수의 기독교인들로부터 정보를 파악하고, 복음을 전해 보아야 한다. 사람들이 하나님을 알고 있는지, 아니면 알라를 더 소중하게 여기는지, 사람들이 하나님의 말씀듣기를 원하는지 알아보아야 한다. 또한 복음에 수용적인 유형의 사람들을 찾아야 한다. 그 지역 교회들이 얼마나 빠른 성장을 보이는가도 매우 중요하다. 여기서 수용성은 복음전도와 복음 메시지를 전하는 사람에 대하여 열려진 상태를 말한다. 수용적인 사람은 사회적 혼란과 개인적인 위기가 있을 때 성령의 내적역사에 대하여 적극적인 반응을 보인다. 그들은 그리스도의 복음을 들을 뿐 아니라 마음의 문을 열고 듣고 순종하는 사람들이다.

둘째, 민간신앙이 강한 곳을 전략적 요충지로 삼아야 한다. 선교사는 전도된 곳만 찾아가는 것이 아닌 가장 복음화가 덜 된 곳을 찾아가야 한다. 이 지역의 복음화를 위해 사전 답사를 섬세하게 진행해야 한다. 현지의 세계관, 복음의 수용성, 현지인 접촉점 발견, 소수의 그리스도인들을 통하거나 친구들을 통해서 변화를 시도해야 할 것이다. 리빙스턴은 "변화의 대행자들은 일반적으로 그들과 문화적으로 가까운 사람들과 의사전달의 간격이 가장 좁은 곳에서 사역을 하여야 할 것"을 강조한 것과 같다.

셋째, 민간신앙이 강렬한 지역의 사역자를 찾아야 한다. 하나님의 부르심에 분명한 확신이 있는 자, 열방의 모든 영혼을 사랑할 수 있는 자라야 한다. 특히 민간신앙이 활성화된 곳에서는 적극적인 사람, 희생정신과 더불어 사는 사람, 일을 스스로 찾아서 할 수 있는 사람, 필수적인 지식을 가진 사람, 일의 윤리와 정서적으로 안정된 사람이 필요하다.

넷째, 현지인의 토착 언어나 공용어를 할 수 있어야 한다. 사역대상지역의 언어를 습득하는 것은 필수적이다. 새로운 언어를 배우는 것은 어렵지만 현지 토착어는 복음전파의 극대화를 가져다준다. 사람들의 본토 언어는 마음의 언어이며 감정이다. 예수의 복음전도를 위해서는 마음의 언어와 자기 이해와 존재가 각 부분에 스며들 수 있다. 따라서 사역지의 언어를 배우고 대화할 수 있는 것은 사역 이상의 것을 전달할 수 있기 때문이다.

우즈베크는 민간 신앙이 매우 활성화되고 활발하다. 그 이유는 첫째, 일부 무슬림들은 전통적 신앙에 보다 근접한 삶을 갖고 있다. 무슬림들의 물라가 영적 충족을 채워주지 못한 것도 원인이다. 둘째, 사회경제적 환경의 어려움과 의료혜택의 빈곤이다. 셋째, 정치적 불안정이다. 국가의 정보

정치에 의한 국민 생활통제, 우즈베크 민족에 대한 우대 정책 등이라 할 수 있다. 보다 근본적인 문제 해결은 현지에 거주하는 자들의 과제이지만 우리 모두가 고민하고 도와야 할 부분이다.

17. 우즈베크의 정령숭배, 그리고 토테미즘

　　나는 고대 우즈베크 역사와 시베리아 알타계 부족들의 가지고 있는 샤머니즘과 애니미즘과 토테미즘, 천신사상 등에 대한 깊은 고찰을 하지 못했다. 타슈켄트에서 사마르칸트, 부이, 부하라, 우르겐치와 누카스를 탐방하는 가운데 정령사상이 상당히 많다는 것을 느꼈다. 산, 나무, 강, 바위, 계곡, 태양, 달, 별 등 자연물에 정령이 존재한다고 믿는 신앙이 많음을 보았다. 이들은 이슬람교를 신봉하는 자이지만 애니미즘에 대한 의존이 높다는 것을 발견하게 되었다. 그래서 그들은 정령을 예르-수(Yer-Su)라고 부른다. 이는 땅과 물이란 두 단어가 합성된 것이다. 땅과 물, 즉 자연신이란 뜻이다.

　　그러나 부하라에서 우르겐치로 이동하는 동안 토테미즘의 흔적도 있음을 보게 되었다. 고대 원시부족이 가졌던 성(性)적인 상징의 대부분이 토테미즘의 근간임을 알 수 있었다. 그것은 토간(Togan), 독수리, 아슬란(Arslan), 사자, 코츠(Koch), 숫양 등을 문간이나 대문에서 정면의 벽에 부착하는 것을 보아도 알 수 있다. 나는 현지 운전사의 설명을 들으며 토테미즘 사상이 삶의 영역을 지배하고 그것으로 인해 행복해지려는 모습들을 발견하였다. 특히 그들 가운데는 고대 부족들이 섬겼던 독수리 신앙을 흠모하기도 했다. 그리고 알타이계 부족들은 동물 희생제(양, 염소)를 통해 신앙적 표현을 하였다. 흉노와 돌궐족은 자신들의 인생과 삶의 방향에 대하여 튀르크계 부족들은 원정의 성패를 달, 별자리 모양으로 점치는 점성술을 이용했다[34]고 한다.

또한 우즈베크에는 천신(天神)사상이 투르크족들 사이에 자리 잡고 있었다. 텡그리 즉 천신은 하늘의 신을 의미한다. 특히 돌궐족들의 천신 숭배 기원은 하늘의 뜻을 거역하는 것은 용납하지 않았으며 하늘의 뜻을 따라 백성을 다스리고 국가통치를 해야 한다는 것이다. 천신사상은 새벽을 열며, 나무를 성장하게 하면서 인간의 생명을 주관하는 신이라고 믿었다. 그들은 천신을 모든 잡신들 위에 뛰어난 신으로 받아들였다.[35] 이들은 하늘과 땅은 성스러운 것으로 믿으면서 거룩한 것으로 믿었다. 최한우는 천신사상을 중국의 이원론적인 음양설의 영향인 것으로 보고 있다. 아무튼 이 지역을 탐사하는 동안 토테미즘과 애니미즘이 매우 강했다는 인상을 받았다.

나는 우르겐치로 이동하면서 다양한 민간신앙에 대한 설명을 들으면서 표현할 수 없는 참담한 심정을 느꼈다. 이들에게는 하나님을 아는 지식이 있는가를 생각하게 되었다. 성경에는 신앙을 촉구하거나 결의하는 장면들이 많이 언급되어 있다. 인간이 죽음 직전에 과거를 회고하면서 성실과 진심으로 하나님을 섬기라든가(수 24:14), 하나님의 역사를 시인(24:17)하고 그를 마음 깊은 곳에 받아드리라고 명령하고 있다. 하나님은 모든 열방과 민족들에게 하나님만 섬기라고 명령을 내린다(24:16). 나는 선교지 탐사를 하면서 늘 경험하는 것은 어리석은 것이 인간이란 점이다(삿 3:1–6). 이유는 이방신에 대한 올무와 자신을 발견하거나 알지 못할 뿐 아니라 하나님을 알지 못한다는 점이다. 우리가 살 수 있는 길은 모든 영광은 하나님께 돌리는 것이다. 나 자신이 주께 사용된 것을 찬양하고(삿 5:1–10), 하나님의 일로 인하여 찬송을 드리고, 구원의 능력으로 인하여 찬송할 때 민간신앙으로부터 자신을 보호하게 된다. 아무래도 우즈베크에 의로우신 하나님께서 통치하시고, 사랑과 영원한 능력으로 간섭하길(삿 5:11–15) 기도할 뿐이다.

6 사마르칸트의
레기스탄 이슬람 신학교

사마르칸트와 부하라는 알렉산더 대왕, 칭기즈칸, 티무르 왕이 머물렀던 도시다. 실크로드를 여행하던 대상(隊商, 카라반)과 낙타가 쉬어가던 도시다. 사마르칸트는 이방인의 얄팍한 호기심을 비웃는 듯 화려하게 빛나고 있는 곳이다.

사마르칸트 중심지, 그리고 실크로드 길 옆에는 레기스탄[36] 이슬람 신학교[37]가 우뚝 서 있다. 14-15세기경에 건축된 것이다. 이 세 동의 건축양식은 동과 서의 혼합적인 요소를 가지고 있지만 매우 웅장한 것이 특징이다. 중앙 건물 위에 우뚝 서 있는 기둥과 돔은 이슬람의 상징이다. 좌측 건물은 15세기 것으로 마드라사(신학교라는 뜻)[38]다. 이곳은 신학교와 기숙사로 동시에 사용되었던 곳으로 현재는 관광지가 되어 있었고, 1층 건물에는 이슬람관련 의상과 장식품들을 판매하는 상점이 들어서 있었다. 건물은 2층으로 되어 있고, 건물의 양 옆에는 큰 기둥이 서 있어 신학교 건물의 위상을 높이고 있었다.

중앙 건물은 딜락고리 (금으로 장식된 건물) 신학교이다. 이 건물 안으로 들어가자 메카쪽 건물에는 높은 돔 양식과 채플실이 있었다. 돔 천정에는 금으로 장식이 되어 있었고 채플실 벽은 금으로 장식되었으나 시민들이 떼어가고 현재는 금색으로 칠을 해놓았다.

딜락고리 신학교 건물에는 라마단 기간에는 많은 사람들이 메카를 향해 기도하거나 광장에는 수많은 사람들이 모인다고 한다. 건물 앞 광장에는 16세기 투르크 왕국의 무덤이 있기도 하다.

동편에 위치한 셀도레신학교(SHERDOR MADRASAI)가 있는데 이곳

역시 2층으로 꾸며져 있다. 1층에는 작은 방과 정사각형 건물로 되어 있다. 이곳에서는 꾸란을 읽거나 기도함으로 심신을 단련하고 이슬람 지도자로 훈련을 받았다고 전해진다.

셀도레 신학교 출입문 위에는 혼합적인 문양들로 되어 있다. 이 건물은 17세기 것으로(1619-1636) 두 마리의 사자상이 눈에 띄게 모자이크 되어 있다. 보드레 건물의 외벽은 포르도테레 사람이 전통 종교로 변형하여 건축했다고 전해진다. 즉 페르시아 신앙이 우즈베크의 전통 신앙으로 변형되어 지은 것이라 한다. 사자 등 위에는 힌두교의 크리슈나, 불교, 조로아스터교 등의 혼합된 양식으로 되어 있다.

1. 철거된 십자가와 문화센터

사마르칸트 시내의 인구는 30-40만 명 정도이지만 다인종이 섞여 사는 곳이다. 다인종사회이지만 그들 나름대로의 문화를 형성하며 사는 곳이다. 그런데 이 도시에는 다양한 종교가 섞여 있는 것도 특이하다.

사마르칸트에는 기독교, 유대교, 정교회, 아르메니아정교회, 러시아침

례교회, 속사도 교회, 이슬람, 힌두교의 크리슈나가 공존하는 도시이다.

나는 사마르칸트의 이슬람신학교를 방문하였고, 건물 옆의 실크로드 길에서 낙타동상 옆에서 사진도 찍었다. 길옆에 서 있는 동안 엄청난 추위를 느끼며 우리를 안내할 차량을 기다리고 있었다. 나는 사마르칸트 기독교회를 방문하기로 하고 이동을 했다.

사마르칸트기독교회는 큰 도로에서 골목길로 들어가 좌측에 위치하고 있었다. 이 교회는1995년 건축을 시작하여 1996년 완공하였다. 멀리서 바라본 건물은 틀림없이 교회 건물이지만 옥탑에는 십자가가 철거되어 없었고, 철대문에는 십자가 대신 한자로 목자가 새겨져 있었다. 사마르칸트기독교회 건물은 종교적인 냄새가 전혀 나질 않았다. 대문 안으로 들어가 계단을 밟고 건물 안으로 들어가려 하자 오른쪽 벽에 고려인 문화센터라는 글씨가 보인다. 이 교회 건물은 문화 센터로만 사용할 수 있도록 되어 있다. 문화센터에서 운영하는 프로그램은 한글학교, 노래교실, 춤 교실 등이 전부다.

사마르칸트기독교회는 예배 처소로 사용하지 못하고 있다. 다만 과거에 예배했던 본당 안에는 강대상, 커다란 테이블 2개와 장의자 2개가 놓여 있었으며 좌측에는 성가대석이 그대로 있었다. 강단 정면의 십자가는 떼어졌고 십자가를 붙였던 자국만 남아 있다. 교회 한 쪽 편에는 에어컨과 피아노가 그대로 놓여 있었다. 본당 입구 양 옆에는 성가대실과 교사(敎師)실이란 간판은 그대로 붙어 있었다. 교회 본당 위층에는 병원이 있었는데 날씨가 추워서 운영하지 않고 있다고 한다.

사마르칸트기독교회는 모처에서 다민족이 모여 주일날 예배를 드리고 있다고 한다. 교인은 140명 정도가 모여 찬양하면서 조용히 복음을 전하고 있다. 이들의 최종 목표는 하나님 나라가 건설되는 것이고 믿음의 동지들이 많이 일어나는 것이다.

2. 난방도 되어 있지 않은 가톨릭교회

　　나는 사마르칸트기독교회를 벗어나 시내를 걸어서 다녔다. 추운 날씨지만 걷는 것도 나에게는 도움이 되었기 때문이다. 한 참을 걸어 동방정교회(러시아정교회)를 찾아갔다. 눈길을 걷고 있을 때 온 몸에는 추위가 엄습해 왔고, 콧물은 윗입술까지 흘러 내렸다. 바람은 불지 않았지만 너무나 추워서 얼굴을 드러내놓고 다닐 수 없을 정도였다. 추위로 인해 시내 길을 걷고 싶지 않았다. 그러나 사마르칸트에서 길을 걷는 동안 미끄러지기도 하고, 또 다른 민족들을 볼 수 있는 묘미도 있었다.

　　도시에는 다양한 종족들이 모여 살고 있다. 우즈베크어를 비롯한 아랍어, 터키어, 페르시아 등 여러 가지 언어의 복합현상이 있는 곳이 이 도시의 특징이다. 나는 여러 형태의 모습을 보면서 정교회까지 갔다. 러시아 정교회는 철문이 굳게 닫혀 있었으며, 아무도 교회 안으로 들어갈 수 없었다. 정교회 마당에는 두 마리의 개가 방문객을 향해 사납게 짖고 있었다.

　　정교회의 특징은 이콘(Icon)이다. 이콘은 인간과 절대자의 영적 통로·기적의 매개체로 "공경", 아름다움에 신앙이 겹쳐져 정교회에서는 "신비체의 현시"를 나타낸다.

　　비잔틴문명에서 발달한 이콘도 하늘과 땅을 영적으로 이어주는 소통수단이자 공경의 대상으로 만들어졌다. 오늘날 많은 관광객들이 미술관에서 이콘을 단순한 미술작품으로 감상하는 동안, 동방정교회 신도들은 이콘을 여전히 거룩한 성물(聖物)로 공경하며 실제 예수와 성인들을 대하듯 그 앞에서 경건한 태도로 기도를 드린다. 심지어 이콘에 따라서는 기적을 일으키는 이콘이라 하여 그 미스터리를 인정하고 기적의 체험을 추구한다. 따라서 이콘을 제대로 이해하는 것은 조형적인 아름다움뿐 아니라 이런 종교적 태도와 신앙을 함께 이해할 때 비로소 가능한 것이다.

이콘은 그리스어 에이콘(eikon)에서 왔다. 에이콘의 뜻은 "상, 꼴" (image)이다. 그러니까 상을 그린 그림이라는 얘긴데, 상의 대상은 예수나 마리아, 성인 같은 거룩한 존재와 십자가 같은 성물이다. 이콘의 기원은 초기 기독교 시절로 거슬러 올라간다. 현존하는 가장 오래된 것으로는 6~7세기에 제작된 게 30여점 전해져 온다. 물론 이콘이 제작되기 시작한 시기는 그보다 더 오래되었다. 조형의 측면에서 그 뿌리를 찾아가면 기독교 이전 지중해 일대의 이교도 성상화에 이른다. 이집트나 시리아에서 발견된 다산의 신이나 군신(軍神)을 묘사한 2세기 말경의 나무판 그림들이 그 예다.[38]

나는 정교회의 다양한 이콘을 보면서 또 다른 상념에 젖어 있었다. 정교회의 시각에서 볼 때 이콘은 사람이 손으로 그린 데서가 아닌 신이 직접 자신의 상을 드러낸 데서 비롯되었다고 믿는다. 이를 뒷받침하는 이콘이 "손으로 그리지 않은 구세주의 상"이다. 여러 세대에 걸쳐 많은 성상화가들에 의해 반복적으로 그려진 이 이콘의 기원을 알아보면 이렇다.[40]

> 예수 생존 당시 에데사의 왕 아브가르라는 중병에 걸려 고생을 하고 있었다. 그래서 자신의 병을 낫게 해 달라는 편지를 써서 예수에게 보냈다. 그때 화가를 딸려 보내 예수의 초상을 그리게 했는데, 불행하게도 화가는 예수의 초상을 정확하게 묘사하지 못했다. 그 모습을 보던 예수는 아마포를 들어 땀에 젖은 자신의 얼굴을 닦았다. 그러자 그의 이미지가 그대로 천에 새겨졌다. 신하에게서 이 천을 건네받은 에데사의 왕은 그 자리에서 씻은 듯 병이 낫는 기적을 체험했다. 이렇게 해서 인간의 손으로 그리지 않은 예수의 상이 세상에 전해졌고 이것이 이콘의 기원이 되었다.

동방정교회의 이런 설명은 그 사실 여부를 떠나 이콘과 관련한 교회의 두 가지 중요한 생각을 전해준다. 첫째 이콘은 신으로부터 기원해 이콘을 공경하는 것이 우상 숭배가 될 수 없다. 둘째 이콘은 때로 놀라운 기적의 매개체가 될 수 있다는 사실이다. 정교회의 신학적 견해로는, 모든 이콘은 거룩하고 신비로운 것이다. 그럼에도 그 가운데 특별히 신의 선택을 받은 그림이 있다. 신은 그 이콘을 통해 기적의 역사를 베푼다. 이런 이콘은 성유를 발산하거나 병든 이를 치유한다. 혹은 적의 공격으로부터 도시를 방어해 주고 백성들을 지켜 준다. 그 대표적인 이콘의 하나가 "블라디미르의 성모"라고 한다.

이 이콘은 콘스탄티노플 화파의 한 화가가 그린 것으로, 1131년 콘스탄티노플의 총대주교 크리소베르게스가 키예프 러시아의 대공 유리 돌고루키에게 선물한 것이다. 돌고루키의 아들 보골륩스키 대공이 1155년 블라디미르로 가져와 "블라디미르의 성모"라는 이름을 얻었다.

이 이콘이 크게 명성을 떨치게 된 것은 1395년 티무르의 모스크바 침입 때다. 이콘을 블라디미르에서 모스크바로 급히 옮겨온 뒤 대공 바실리 1세는 그 앞에서 밤새 울면서 기도했다. 그러자 티무르 군대가 전투 한 번 치르지 않은 채 퇴각해 버리고 말았다고 한다. 기적에 놀란 모스크바 사람들은 이 이콘을 블라디미르로 돌려주기를 거부했고, 결국 모스크바가 계속 간직하게 됐다. 이 이콘을 통한 성모의 보호 역사는 1451년과 1480년 타타르 무리의 침입 때도 반복적으로 나타났다. 심지어는 1941년 독일군이 모스크바로 진격해 왔을 때 스탈린이 이 이콘을 비행기에 실어 주변 상공을 비행하도록 하자 며칠 뒤 독일군이 퇴각했다는 이야기도 있다.

정교회는 이런 기적이 하나의 그림으로서 이콘 자체가 행하는 것은 아니라고 말한다. 사람들이 이콘을 공경하는 것은 그림 속의 성인을 영예롭게 하기 위한 것이지 그림을 영예롭게 하기 위한 것이 아니며, 기적이 나타나는 것도 성인들의 기도를 통해 신이 역사한 것이지 그림 자체가 역사한 게 아니라는 것이다. 그럼에도 "블라디미르의 성모"를 끝내 돌려주지 않은 모스크바 사람들의 태도가 시사하듯이, 이콘은 단순한 기적의 매개 수단을 넘어 그 자체가 기적의 중요한 근거가 되곤 한다. "블라디미르의 성모" 사례에서 보듯, 다른 이콘을 놔두고 굳이 특정한 이콘에 집착하는 것은 그만큼 그것이 더 "영험"하다고 믿기 때문이다. 그런 점에서 이콘을 향한 신도들의 열정은 그림 속의 예수와 성모, 성인들을 향한 열정일 뿐 아니라, 이 험하고 불안한 세상에서 나를 지켜 줄 구체적이고 물리적인 증표에 대한 열정이기도 한 것이다.

정교회 못지않게 교회를 성상들로 장식해온 가톨릭교회 역시 성상 공경이 성상 자체가 아니라 예수와 성인들을 공경하는 것이라는 입장을 지니고 있었다. 다만 성상의 기능과 관련해 기적보다는 교육적 역할에 더 큰 관심을 쏟았다. "가난한 자들을 위한 성서"라는 가톨릭교회의 표현이 시사하듯 성화나 성인 조각상은 글을 읽지 못하는 신자들을 위한 훌륭한 교육 수단이었다.

기적의 매개물로는, 가톨릭의 경우 성상보다 성인들의 유해를 비롯한 성유물을 훨씬 더 중요하게 다루었다. 유럽의 성당이나 수도원은 옛부터 예수의 수의, 십자가 조각, 못, 아기 예수의 음경 포피, 모세의 지팡이, 성인들의 유해 등 갖가지 성유물을 적극적으로 수집했다. 그 열기의 과격성은, 중세부터 서유럽 시장에 넘친 예수의 십자가 조각들을 다 합하면 로마 거리를 포장하고도 남을 거라는 주장이나, 1231년 튀링겐의 성 엘리자베트가 죽었을 때 마르부르크 시민들이 유해 쟁탈전을 벌여 성녀의 머리카락뿐 아니라 손톱, 손가락, 귀, 젖꼭지까지 잘라 갔다는 기록에서 생생히 확인할 수 있다.

이콘은 아름답다. 아름다움은 감동을 낳는다. 사람들이 이콘으로부터 기적을 기대하는 것은 신앙적 열정뿐 아니라 그 아름다움과 감동에 의해 강한 정서적 자극을 받은 탓이 크다. 이런 이콘을 앞에 놓고 기적의 사실 여부를 따지는 것은 어쩌면 무의미한 일일지 모른다. 그보다는 거기에 쌓인 수많은 영혼들의 간구와 소망, 눈물이 우리가 응시해야 할 가장 중요한 그 무엇이 아닐까.[41] 이주헌의 이콘에 대한 평론처럼 정교회는 온통 이콘으로 장식되었다. 출입문에서부터 교회의 사면에 크고 작은 이콘들이 붙어 있었다. 정교회의 이콘을 구경하고 난 다음 교회 밖으로 나왔다. 저녁때의 찬 기운이 세차게 느껴지지만 다시 가톨릭교회로 발길을 돌렸다.

　나는 다시 로마 가톨릭교회가 있는 곳으로 이동하여 갔다. 마침 교회 문은 열려 있었고, 미사를 드리고 있었다. 가톨릭교회 안에는 10명의 신도와 2명의 신부가 강단에서 설교를 하고 있었으며 2층에서는 1명의 피아니스트가 성가를 연주하고 있었다. 그러니까 나와 현지인 가이드를 포함해 총 15명이 미사 시간에 있었던 것이다. 나는 가톨릭교회의 미사 집전 모습을 처음으로 보았다. 우리 장로교회처럼 말씀 중심이 아닌 의전중심의 예배였다.

　가톨릭교회당 안에는 난방이 전혀 되지 않았다. 그러나 누구도 춥다거나 불평하는 자가 없었다. 교회의 일군들이 소리 없이 봉사를 하고 있었고, 신부님은 우리에게 선물로 작고 가는 초를 주었다. 신부님의 배웅을 받고 교회 밖으로 나오자 주변은 어두워지기 시작했다.

　가톨릭교회에서 5분 거리에 아르메니아정교회가 위치해 있었다. 교회 외벽은 연두색깔로 칠해져 있었고 건물 바로 위에 십자가가 세워져 있었다. 교회 마당으로 들어서자 왼쪽에 관리인 집이 있었고, 문을 두드리자 인기척이 들렸다. 잠시 후 관리인이 반갑게 맞아 주면서 교회 문을 열어 주었다.

교회 당 안에 들어서자 로마 가톨릭교회와는 분위기가 달랐다. 내가 2007년도 러시아 정교회를 방문 하였을 때와 또 다른 모습을 보게 되었다. 강단 앞에는 작은 의자들이 놓여 있었고, 강단에는 지성소로 커튼이 쳐져 있

었다. 강단 중앙에는 법궤 같은 것이 놓여 있었다. 그 위에는 성경이 놓여 있는 것이 특이했다. 출입구 양 옆에는 초를 태우는 모래 상자가 놓여 있었고 출입구 앞에는 헌금함이 있다. 뒤편에는 아르메니아에서 가져온 교회 모습의 그림과 흙이 봉지에 담겨져 판매되고 있었다. 교인들은 고향에 가지 못하지만 고향의 흙을 만지면서 향수를 달랜다고 한다.

3. 티무르 왕(1336-1405)

그는 죽어서 말한다. "내 무덤이 눈부시지 않는가?" 사마르칸트 대학교 건너편, 티무르 왕이 묻혀 있는 "구리 아므르"(왕의 영묘靈廟)를 먼저 찾았다. 나도 몇 번이나 이곳을 방문하려고 했지만 시간을 맞추지 못해 담 밖에서 사진 촬영만 했다. 티무르가 묻혀있는 구르 에미르는 푸른색 돔이 아름다움을 더해 주었다. 1941년 소련의 인류학자들이 티무르의 관 뚜껑을 열었을 때 "내가 이 관으로부터 나갈 때 세계는 혼란에 빠질 것이다"라는 글을 발견했다고 한다. 흥미로운 사실은 티무르의 관 뚜껑이 열린 며칠 후 히틀러가 소련을 침공했다는 소식이 소련의 영토였던 사마르칸트에 들려 왔다고 한다.

▶ 티무르의 가족이 묻혀있는 묘

티무르는 수도 사마르칸트를 세계 제일의 아름답고 화려한 도시로 만들기 위해 정복지역의 건축가나 예술가들을 닥치는 대로 끌고 왔다는 것이다. 유난히 푸른색을 좋아했던 티무르는 유약을 발라 구운 푸른색 모스크(이슬람 사원)와 메드레세(신학교 & 수도원)의 돔을 장식했다. 그래서 오늘날 사마르칸트를 푸른 도시라고 부른다. 2001년에는 세계문화유산으로 지정되었고 중앙아시아의 로마라고 불리기도 한다.

티무르 왕조는 1370~1507년에 걸쳐 중앙아시아, 이란, 아프간을 지배한 왕조다. 중앙아시아 유목민의 군사력과 오아시스 정주민의 경제력을 기반으로 티무르가 창설하였다.

수도인 사마르칸트는 동서무역의 중심지로 번영하였으나 그의 사후 유목민적 사고에 의한 일족의 분봉제(分封制)와 시대의 실력자가 왕위를 차지해야 한다는 왕위계승제가 존중되어 왕권쟁탈전이 계속되었다. 1405년 티무르의 제3자 미란 샤의 아들 칼릴 샤(哈里沙)는 2대 술탄으로 즉위하였으나, 쿠데타로 티무르의 제4자 샤르흐(沙州哈禿:사합독)가 즉위하여 지금의 아프간 서부의 헤라트로 수도를 옮겼다.

한편 칼릴 샤의 조카 아부 사이드는 사마르칸트를 수도로 마와라 안나프르(아무다리야 이북)를 장악하고 샤르흐 사후에는 헤라트까지 합병하여 티무르시대의 영토 회복을 꾀하였으나 좌절되었다. 그의 사후 제국은 사마르칸트와 헤라트를 각각 수도로 하는 2개 정권으로 분열하여 그 영역은 안나프르와 헤라트 두 지역을 유지하는데 불과하였다. 결국 초원의 새로운 투르크계 유목세력 우즈베크족 샤미바니한의 침입을 받아 멸망하였다.

티무르왕조는 정치적으로 강력한 국가는 아니었다. 티무르를 비롯한 여러 왕들의 학문, 예술 보호로 화려한 궁정문화가 발달하였다. 티무르 왕조 시대는 중앙아시아 최고의 문화 수준을 과시하였다. 미술에는 세밀화로 유명한 비흐자드 차가타이와 투르크어에 의한 문학을 확립한 미르 알리 시르 나바이, 페르시아 고전문학의 완성자인 자미 등이 활동하였다.

또한 사마르칸트와 헤라트에 남아 있는 건축물들은 당시의 문화 수준을 잘 보여주며, 이러한 유산은 사파비조 페르시아 및 바부르가 세운 무굴왕조에 계승되었다.[42]

내가 사마르칸트를 방문하는 동안 느낌은 두 가지다. 하나는 온통 흰 눈으로 덮여 있어 도시는 하얗다이고 또 하나는 파랑의 도시라는 것이다.

▶ 오른쪽은 티무르 왕

이는 무덤이나 사마르칸트내의 무슬림 사원을 방문하면 곧바로 알게 된다. 티무르의 무덤은 지진 때문에 여러 번 무너진 다음 다시 지어져 새 기술을 적용한, 화려하고 복잡한 건물 문양을 자랑하는 것이 특징이다. 금박으로 섬세하게 써 넣은 꾸란의 구절과 푸른색과 어우러지는 별 문양이 건물 안팎을 메우고 있다. 손자와 아들 그리고 존경하는 스승 셰이크 세이드 우마르를 위해 지은 영묘이지만 티무르는 1405년 폐렴으로 갑자기 죽는 바람에 여기에 묻히게 되었다. 티무르가 가장 사랑했던 중국 출신 왕비 "비비 하눔 모스크"도 가까운 곳에 있다.

비비하눔 왕비는 자신을 사모하는 모스크 건축가에게 단 한 번의 키스를 허락했고, 그 키스 자국으로 인해 티무르에게 죽임을 당했다. 해질녘 오렌지색으로 물드는 비비하눔 모스크 맞은편에는 티무르가 그래도 가장 사랑했던 비비하눔을 위해 만든 초라한 묘가 위치해 있다.

그 나라의 과거를 보고자 한다면 박물관으로 가고 현재를 보려면 시장으로 가라는 말이 있다. 비비하눔 모스크 옆에는 사마르칸트에서 가장 큰 재래시장 바자르가 있다. 나는 이곳에 들러 신발과 모자를 구입했다. 사마르칸트의 경제를 한눈에 알 수 있는 바자르는 모든 사람의 행복을 가져다주듯이 행복한 웃음이 넘쳐흐른다. 시장에는 옷, 신발(전통신발), 포도, 호두, 땅콩 등 건과류와 온갖 과일, 그리고 진흙가마에서 갓 구워낸 빵인 논(러시아 말로 리뾰쉬카)을 사고파는 사람들, 양고기를 길거리에 걸어놓고 파는 사람들로 북적댔다.

이곳에서 조금만 이동하면 중앙 광장 격인 레기스탄에서 사마르칸트와 작별하는 장소다. 티무르의 손자이며 위대한 수학자이고 천문학자인 울루그 벡(Ulug-Beg)이 1420년에 세웠다는 신학교도 있다. 울루그 벡 메드레사와 이를 본떠 1636년 만들어진 "세르 도르(사자) 메드레샤"가 아주 웅장하게 서 있다. 두 건물 옆 각각 두 개씩 서 있는 푸른 빛 사막 등대를 보면 미녀보다 아름답다는 탄성이 나온다. 600년전 이 도시에 도착해 여장을 풀었을 인내심 많은 상인들을 상상해 보는 건 아주 흥미로운 일이다.

인류의 역사를 바꾼 커다란 사건들은 알고 보면 대부분 하찮은 일에서 비롯되었다. 기원전 156년에 태어난 한무제는 용과 말이 사랑해 낳았다는 천마(天馬)를 구하기 위해 오늘의 우즈베크인 다반 왕국에 사신을 보냈다. 그러나 다반왕은 무제의 사신을 죽여버렸다. 한무제는 화가 난 상태에서 다반왕국을 치기 위해 타클라마칸 사막을 가로지르고, 텐산 산맥을 넘는 길을 만들어 기어코 서역을 징벌했다. 전설 같은 이야기이지만 천마를 차지하려는 한무제의 욕망이 실크로드를 뚫은 셈이다.

우리는 작은 일을 소홀히 해서는 안 된다. 항상 하나님의 귀중한 사람이라는 것, 겨자씨만한 씨가 떨어져도 역사는 일어난다는 것을 알고 사역을 해야 한다.

7 사마르칸트의 박물관 견학

UZBEKISTAN

1. 천문학자인 울루그 벡 박물관

　　우즈베크 사마르칸트 외곽지역에 아무리찌의 손자 울루그 벡[43]의 기념
관이 있다. 울루그벡은 정치가로 1409~1449년 동안 티무르제국을 통치하
기도 했다. 그가 마베레나흐르를 통치하는 동안 사마르칸트는 엄청난 문예
부흥을 경험하였다. 그의 궁전 주변에는 세속적인 학문인 수학, 역사, 천문
학, 문학발전을 위한 환경이 조성되었고 그의 통치기간 동안 사마르칸트에
는 많은 건축물들이 들어섰다. 그리고 그의 명령에 의하여 두 개의 신학교
가 설립되었다. 하나는 사마르칸트 시내에 현존하고 있는 레기스탄 광장에,
다른 하나는 부하라에 설립되었다. 이 신학교들은 현재까지 보존되어 관광
객들의 발걸음이 계속되고 있다.

　　그러나 우즈베크의 역사를 잘 알고 있는 학자들은 울루그벡 시대의 문
예 부흥에 대하여 약간 다른 시각에서 평가를 한다. 울루그벡 시대의 중앙
아시아 문예 발전은 군사적 우위에 기반을 둔 약탈경제의 기반위에서 일어

난 것이라고 한다. 그러니까 강력한 정복자 티무르에 의해 포로가 된 장인들과 학자들이 한 곳에 모여 학문을 사랑하던 샤루흐, 울루그벡의 보호아래 발전한 문예부흥이라는 것이다. 강력한 군사적 통치력이 상실되었을 때 학문을 사랑하는 군주가 사라졌을 때 문예부흥도 함께 쇠퇴하였다.[44] 사실 무슬림 이맘들은 울루그벡의 학문 장려를 반가워하지 않았는데 그 이유는 그가 학문 탐구에 몰입하여 이슬람을 포교하는 일에 소홀히 하였기 때문이다. 그는 자신에게 종교적 권면이나 조언하는 종교지도자에게는 활동을 금지시킴으로 인해 강제적 복종을 한 것으로 알려졌다. 그의 정치적 타격은 백성들의 원망과 음모로 인해 1449년 10월 27일 사마르칸트 외곽지역에서 아들의 반란(알 랴티브)으로 인해 사망했다. 그

때 울루그벡과 일했던 학자들은 박해를 받아 피난을 하기도 했다. 이때 울루그벡의 천문대가 무너졌고 이슬람주의 영향으로 중세 몽매주의가 시작되어 이슬람은 학문의 퇴보를 걷게 되었다.

　　이와 같은 역사적 가치가 있는 박물관은 도로 옆에 위치해 있는 울루그벡 전시관으로 가는 길은 약간 높은 언덕위에 있다. 길옆의 대리석 계단을 타고 2-3분 정도 걸어서 올라가면 두 개의 건물이 보인다. 하나는 역사박물관 형식의 전시관이고 다른 하나는 천문학을 연구했던 곳이다. 울루그벡 천문대 터에는 천체의 각도를 관측하는 지하시설이 지금도 보존되고 있다. 울루그벡은 1년을 365일 6시간10분 8초로 관측한 울루그벡의 항성시는 오늘날의 정밀기기로 측정한 항성시와 1분도 오차가 나지 않는다. 그만큼 정밀하고 정확한 시간을 알려주고 있으니 대단한 일이라 할 수 있다.

　　이곳은 1420년에 건축되었고 건축양식은 둥그렇게 2층으로 지어져 있었다. 높이 30m이고 기초가 30m, 지름은 46m나 된다. 우주 관측소는 3층 건물로 되어 있으며 한 층마다 10m로 되어 있었다고 한다. 이 관측소가 무

너지기 전까지의 길이는 30m나 되었다. 지금은 지상 31m만이 남아 있다. 그런데 과거에는 지상은 없었고 전체길이가 64m나 되었다고 한다.

울루그벡 당시에 망원경도 없는 가운데 낮에 하늘의 별을 볼 수 있었는가에 대한 의문은 지금도 있다고 한다. 그러나 울루그벡은 지혜롭게 깊은 굴을 파고 굴속에서 하늘의 별을 한 낮에도 보았다고 한다. 지하 굴은 64m나 되지만 천정에 작은 구멍을 통해 한 낮에도 별을 보았다. 지하 굴의 길이가 지하에서 11m이며 전체 높이가 41m 높이로 별을 보기에는 아주 좋았다고 이들은 말한다. 대낮이라도 어두운 곳에서는 하늘의 별을 볼 수 있다는 것이다. 한국은 구름이 많아 별이 보이지 않지만 우즈베크는 하늘에 구름이 없어 별이 잘 보인다고 한다. 울루그벡은 1,818개의 별을 관측했다고 전해진다. 그의 천문학 연구와 관련된 책이 저술되었는데 오라간이한 자선이 쓴 것으로 전해진다.

처음으로 책이 출판된 것은 알라키츠라는 사람이 터키어로 번역하여 출판한 후 다시 영어로 번역되었다고 한다. 1648년에는 영국 옥스퍼드대학교에서 영어로 번역되어 출판되기도 했다. 울루그벡은 천문학을 연구하면서 위도, 경도를 그리면서 별의 지도를 그리기도 했다. 하지만 그는 권력다툼으로 인해 자신의 아들에게 죽임을 당하고 말았다. 당시에는 가끔씩 권력 다툼에 의한 존속살해가 일어나기도

했었다고 전해진다. 울루그벡이 죽고 난 6개월 후에는 그 아들도 죽었다. 그 아들은 마바 후세인의 아들이 죽였다. 압둘리야트(올리브의 아들)바마 후세인이 죽였다는 것이다.

울루그벡의 가족이 비극으로 막을 내리자 천문대도 파괴되었다. 그러나 1908년 러시아 장교인 아르킨 우리야키노가 이 천문대를 발견하고 난 후 1915년부터 다시 재건하여 1965년에 완공하기에 이르렀다. 현재의 모습

은 1965년에 완공된 것이다.

2. 사신도 박물관

　　다니엘 무덤에서 나와 2km지점에 위치한 곳에 사신도 박물관이 있다. 박물관 입구에는 허름한 간판이 서 있고 그 옆으로 철문이 닫혀져 있다. 작은 철문으로 들어가면 정면에 사신도 박물관 전경이 보인다. 박물관은 2층 건물로 되어 있고 정면에는 우즈베크의 도시 형성시기를 알려주는 돌 판이 붙여져 있다. 돌판에는 2750년이라고 되어 있다. 우즈베크의 대표적인 도시, 타슈켄트, 사마르칸트, 부하라(Bukhara)의 도시가 건설된 지 2750년이라고 한다.

　　박물관 안으로 들어가자 50대로 보이는 분이 혼자 나와 사신도 홀의 불을 밝혀 준다. 카메라를 들고 안으로 들어가자 벽화가 보였다. 이 벽화는 7세기말(690년)에 그려진 것으로 알려져 있다. 과거 숀디아 사마르칸트 왕이 중심이 되어 동서의 사신들이 조공을 바치는 장면을 벽화로 그린 것이다. 조공을 바치러 온 서방은 페르시아로부터 인근 국가들이고, 동쪽은 중국과 고구려 사람 2명이 그려져 있었다. 사신도 벽화는 너무 오래되었고, 관리가 되지 않아 벽화 그림을 제대로 감상할 수 없었다. 다만 고구려 사람이 그려진 것으로 보아 명나라 이후에 이곳까지 와서 조공을 바친 것으로 알려져 있다. 이로 인해 한국의 천마총과도 연결된 것이 아닌가 추측하고 있다.

3. 레기스탄 광장 옆 박물관

　　레기스탄 신학교 옆의 박물관 입구에는 몽고바가 세워져 있었다. 박물

관 마당에는 작은 조각물들이 눈 위에 모습
을 드러내고 있었다. 마당을 가로질러 박물
관 안으로 들어가자 경찰들이 나와서 문을
열지 않아서 관람할 수 없으니 밖으로 나가
라고 했다. 나는 박물관 직원들의 불친절함
과 설명도 없이 나가라는 말에 밖으로 나왔
고 실크로드 길에 서서 다음 목적지를 정하
고 이동했다.

4. 사마르칸트의 타직 사람들

　　나는 사마르칸트에서 하룻밤을 머물면서 저녁식사를 했다. 앞에서 언
급한 카림백 레스토랑이다. 택시를 타고 음식점 앞에 도착하자 자가용이 즐
비하게 서 있다. 두 개의 출입문을 통과한 뒤에 안내원의 안내를 받아 첫 번
째 홀에 들어섰다. 식당 안으로 들어서자 타직 여성들 몇이 음악에 맞추어
춤을 추고 있었다. 나는 식당 안으로 들어가 무대 옆 테이블에 앉았다. 타직
여성들이 춤을 추다가 멈추고 자리로 돌아가 앉아 잡담을 하며 나를 쳐다본
다.

　　나는 몇 가지 음식을 주문했다. 홍당무 샐러드, 야채 습(감자, 양파, 쇠
고기 한 조각), 돼지갈비구이, 토마토와 오이 샐러드, 차를 주문했다. 음식
이 나오는 동안 식당 안을 둘러보았다. 모두가 흥겨운 만남, 즐거운 노래,
신바람 나는 춤을 추며 식사를 하고 있었다.

　　나는 식당 안에서 우리 문화와 비슷한 것을 보았다. 남자와 여자가 따
로 앉아 식사를 하는 모습은 전통적인 우리네 모습과 같았다. 타직 사람[45]들
은 많은 양의 음식을 섭취하는 것으로 알려져 있다. 한국 사람의 약 3배는

먹는다고 한다.

타직 사람들은 정서적으로 안정적이었다. 이들은 먼저 춤과 노래를 즐겨 부르는 민족이다. 식당에서 음식을 먹으면서 노래와 춤을 즐긴다. 이들은 음식을 먹는 동안에 스피커 볼륨을 최대로 올려놓고 노래를 부르거나 음악에 맞추어 춤을 춘다. 타직 종족들의 춤은 매우 단조롭지만 흥겹게 추는 것이 특징이다. 스텝은 부드럽게, 엉덩이는 양옆으로 신나게 흔들고 손을 앞으로 혹은 위로 올리면서 흔들며 춤을 춘다. 가끔은 어깨도 들썩들썩하고 빙빙 돌기도 하면서 춤을 춘다.

이들은 음료와 빵 등의 음식을 먹다가도 신바람 나는 음악이 나오면 테이블 옆에서 마음껏 춤을 춘다. 옆 자리에서 일어나 신나게 춤을 추어도 누구도 제재하지 않는다. 이들은 유치원시절부터 춤을 배우고 춤을 추는 것이 생활화되었다. 이것이 타직 종족들의 우수한 특징이다. 사마르칸트 내 타직 민족은 두뇌가 우수하고 상술이 뛰어나 대부분 상업에 종사한다. 하지만 다른 소수민족이 타직 민족을 보는 시각은 별로다. 그들은 타직 민족을 향해 늑대와 같다고 말한다. 그만큼 엉큼하고 자기 유익을 위해 종사하기 때문일 것이다. 우즈베크 사람들은 농사일을 하기에 순박하고 성품이 좋아 순한 양(洋)같다고 말한다. 하지만 우즈베크 사람이나 타직인들은 모두가 부지런하고 겸손할 뿐 아니라 예의가 바른 민족이란 정평이 나 있다.

5. 사마르칸트의 자리나 호텔에서의 아침식사

어젯밤에는 매우 추운 호텔에서 잠을 잤다. 난방이 제대로 되지 않아 침대위에서 추위로 고통을 겪었다. 낮 시간에 메모한 것을 밤이 늦도록 정리했더니 몸도 마음도 무거울 뿐 아니라 몹시 피곤했다. 그래도 일어나 하루를 일과를 시작해야 했다. 아침에 눈을 뜨면 곧바로 성경을 손에 들었다. 시편 60-70편까지의 말씀을 묵상하니 새 힘이 솟았다. 하나님께 하루를 위탁하는 기도를 마친 다음 세면을 하고 다음 일정을 위해 방을 나왔다. 그리고 자리나 호텔 지하실로 들어갔다. 지하실로 가는 문은 매우 좁고 어두컴컴했다.

아침 식사를 위해 지하식당에 가자 우즈베크의 전통악기와 자기(子器), 주판, 카펫, 쟁반, 아코디언 등이 벽에 걸려 있다. 자리나 호텔 사장이 전통문화재를 아낄 줄 아는 사람이란 것이 느껴졌다.

식당 안에 들어서자 나이든 주방장이 나와 음료, 즉, 커피 또는 차이 중 무엇을 마실 것인가라고 물었다. 나는 우즈베크의 커피를 주문하고 음식이 차려진 곳으로 갔다. 아침식사는 아주 간단했다. 식빵, 젤, 비스킷, 계란 2개, 치즈와 소시지가 전부였다. 아침을 먹기 위해 물을 마시려 했지만 물이나 음료수는 눈에 띄지 않았다. 단 주방장에게 주문한 것만 제공될 뿐이었다.

자리나 호텔 레스토랑은 말 그대로 허름한 식당으로 소수의 여행객만이 먹을 수 있는 공간이었다. 식당안의 조명은 어두웠다. 나는 식당 중앙의 테이블에서 현지인과 함께 아침식사를 했다. 내가 식사를 하는 동안 전기불이 나가자 곧바로 지하식당은 암흑이 되었다. 갑자기 정전되자 옆 사람조차

 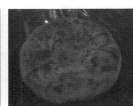 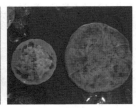

볼 수 없는 식당, 언제 전기가 들어올지 모르는 상황에서 말없이 기다려야
만 했다. 잠시 후 주방장은 미안하다면서 촛불을 들고 나왔다. 작은 촛불에
의지해서 서둘러 아침 식사를 마쳤다.

나는 어두운 식당 문을 열고 마당을 거쳐 다시 숙소로 이동했다. 호텔
중앙 마당에는 우즈베크와 타직 문화를 알 수 있는 각종 전통생활기구들이
여기저기 걸려 있었다. 전통적인 생활가구들은 보기에도 좋을 뿐 아니라 나
를 매우 기분 좋게 해주었다. 어두운 식당을 나와 밝은 햇빛과 마당에 펼쳐
진 다양한 생활 가구가 나를 평안하게 했다.

6. 사마르칸트의 유명한 시인 아이니 (S. Ayniy)

자리나 호텔의 골목길을 벗어나 큰 도로변으로 나오자 길옆에 작은 동
상이 하나 서있다. 등교하는 대학생에게 여기 세워진 동상은 누구냐고 묻
자, 사마르칸트의 유명한 시인 '아이니' 라고 했다. 아이니는 1878년에 출생
하여 1954년 5월에는 너무 많이 아파 두산베 병원에 입원하기까지 했었다.
그리고 그해 7월15일 타직의 두산베에서 사망하였다. 그는 생을 마감하기
까지 시와 문학을 쓰면서 일생을 보낸 문인이었다.

그는 43세에 18세의 살로하트라는 젊은 여인과 결혼하였다. 그 슬하에
1남 2녀의 자녀를 두었다. 두산베에 거주하는 아들은 현재 80세인데 아버
지의 영향을 받아 책을 쓰면서 일생을 보낸다고 한다. 딸도 역시 문인으로
시와 소설가로 활동하고 있다고 한다. 아이니가 사망하고 난 후 그의 이름
을 딴 학교, 거리, 박물관 등이 세워져 오늘날까지 그 이름을 빛내주고 있
다.

아이니가 거주했던 생가의 전통 가옥의 문양(紋樣)은 불교와 힌두교의
전통을 따라 건축되었다. 나중에 안 사실이지만 이것이 사마르칸트, 타직과

우즈베크의 전통적인 가옥양식이라고 한다. 당시의 건축 양식이 불교와 이슬람의 영향으로 인해 혼합되어 있을 수 있다는 것이다. 좀 더 집안으로 들어서자 그를 칭찬하고 격려했던 세계 각국의 대통령과 인사들의 사진이 벽에 걸려 있는 것이 보였다. 전시된 사진을 뒤로 하고 좀 더 안쪽 벽을 보았는데 아이니가 평생 동안 활동했던 모습을 담은 많은 사진들, 심혈을 기울여 출판된 책들이 전시되어 있었다. 아이니는 타직 사람이지만 페르시아어로 글을 썼고, 그것이 키릴언어로 번역되어 출판되기도 했다. 그는 타직의 유명한 시인이었지만, 어려울 때는 일하면서 공부했던 사람이라고 한다. 그가 쓴 작품가운데 오디나(ODINA)는 매우 유명한 것으로 한국어와 일본어로도 번역되어 소개된바 있다.

당시 울루그벡은 우즈베키스탄의 훌륭한 문인이었다. 그리고 카브르블락은 우주에 대한 것을 시로 승화시킨 자로서 이곳을 방문하기도 했다. 그는 러시아의 시인이면서 아이니의 작품을 이해하고 방문한 것으로 알려져 있다. 아이니가 생존해 있는 동안 세계 여러 나라의 문인들이 방문하여 그의 작품 세계에 감탄한 것으로 알려져 있다.

또한 에스키 마크타드(Eski Maktad)는 옛날 학교였는데 아고타직은 타직 문학으로서 처음에는 아랍 언어로 글을 썼고, 후에는 부하라의 이슬람 신학교에서 가르치기도 했다. 따라서 야팀(Jatim; 고아라는 뜻), 다큰다(Daxuivda), 학교(Scoala)등에서 활동하였다. 그의 정원에는 포도나무가 한 그루 있다. 이 포도나무는 수령이 200년이 넘는다. 지금도 매년마다 포도를 따서 먹을 수 있는데 매우 달고 맛있다고 한다. 아이니가 생존해 있는 동안 그를 만나러 온 사람들이 따서 먹기도 했다. 지금도 그 나무는 살아 있으며 여름철에는 포도를 따서 먹을 수 있다고 한다.

아이니의 집 마당을 거쳐 그가 생전에 집필 활동을 했던 거실로 안내되었다. 거실은 매우 오래된 집이었다. 이곳에서 그는 매일 다섯 번씩 메카를 향해 기도했다고 한다. 이 집은 200년 이상 된 것으로 문화적 가치가 있어 잘 보존되고 있다. 거실 안에는 쓰다(조그만 책상의 명칭)와 난로가 있었다. 쓰다 밑에는 작은 통이 있었는데 그곳에 숯을 넣어 불을 피우면 따뜻하게 되어 글을 쓰거나 기도하는데 매우 좋았다고 한다. 아이니가 거주했던 집은 원래 세(貰)를 살던 곳이었다. 주인은 처음에 집세를 받고 빌려주었지만 나중에는 그 집을 아이니에게 팔았다.

1878년 부하라에서 태어난 아이니는 집 근처의 이슬람 사원에 나가 기도를 하였고, 이슬람의 전통신앙 교육을 받았다. 그러니까 옛날 이슬람 학교를 졸업한 것이었다. 그는 다섯 곳의 이슬람 학교에서 공부를 하였고 고등교육을 받은 지성인 이었다. 아이니는 성장하는 동안 이슬람 교육을 받았으므로 선생으로서 다른 사람을 가르칠 수 있었다. 그는 당시 유명한 선생들과 함께 학교에서 가르치는 특권을 누렸다. 그러나 그는 신신학을 가르치는 신학교를 부하라에 세움으로 인해 당시 통치자의 미움을 받아 75대의 곤장을 맞기도 했다. 그는 곤장을 맞기도 했지만 감옥에 갇혀 있을 때 러시아 혁명군들이 들어와 구해 주었다.

그는 감옥에서 출소한 뒤 부하라의 한 병원에서 치료를 받았다. 그의 몸이 회복되자 1917년 3월에 사마르칸트시내로 이주했다. 그는 사마르칸트 어느 아파트에서 6년 동안 살았다. 그리고 1923년에 현재 박물관으로 사용되고 있는 집을 세내어 사용하였다.

그가 마지막 생애를 마감했던 곳에서 처음으로 책을 저술했을 때 정부로부터 돈을 받아 이 집을 샀다. 그 책의 이름은 "부하라의 사형"(부카라스키 빨라춰카시도)이다. 이 책을 저술하고 난 뒤 정부로부터 재정 지원을 받아 출판한 것이었다. 그가 유명한 시인

▼ 아이니의 서재

이요 문학가가 되자 1935년 정부는 그가 사는 집 일부를 증축해 주기도 했다. 그로 인해 아이니는 죽을 때까지 그곳에서 살았다.

아이니가 쓴 작품 가운데는 매우 유명한 것들이 많다. 1896년에 출판한 "빨강 장미"는 우즈베크어와 타직 언어로 되어 있다. 이 책의 내용은 "부하라의 사형"인데 사형 집행인의 죽음에 관련된 것을 기록한 책이다. 우즈베크 언어로 "빨라취"는 "집행인"이란 뜻이다. 두 번째의 책은 "오디나"인데 타직어로 출판되었다. 세 번째는 "에스키 막탑"(Eski Maktab)으로 옛날 학교라는 책이다. 아이니의 첫 번째 소설 "DOXUNPA", 두 번째는 장편소설 "QUILAR"(클라르)는 1825년에서 1936년에 쓴 것으로 종들의 역사에 관한 내용이다. 이 소설은 우즈베크 언어로 쓰여 졌는데 중앙아시아의 역사를 기록하고 있다. 후에는 타직 언어로 번역되어 독자들에게 읽혀지기도 했다. 세 번째의 소설은 "SUDXORNING OLIMI"이다. 이 책은 독일어, 프랑스, 일본어, 아랍어 등 세계 여러 나라의 언어로 번역되었다. 소설의 핵심은 이자놀이를 한 사람의 죽음에 관한 것이다. 당시에 부하라에서 이자놀이는 사람들로부터 좋은 인상을 받지 못했다. 네 번째는 "야찜"(Yatim)은 고아(孤兒)의 이야기로서 아주 유명한 소설이다. 아버지와 어머니가 없는 아이가 아프간으로 갔다가 다시 고국에 돌아온다는 슬픈 이야기라고 한다. 마지막으로 "부하라"는 4권의 책으로 되어 있다. 이는 부하라의 역사, 중앙아시아의 역사를 기록한 것으로 더 유명하다. 이 책을 저술하고 난 후 정부로부터 상도 받았다. 특히 1권과 2권은 후스틴의 역사를 기록했는데 후에 스탈린이 이 책을 읽어보고 책명을 바꾸었다고 한다.

아이니가 거주했던 집은 많은 문인들이 방문하였고 그곳에서 많은 제자들을 배출한 것으로도 알려져 있다. 아무튼 현재 사마르칸트의 유명한 시인 아이니는 젊은 세대로부터 나이 많은 사람들에게까지 유명한 시인이요, 소설가요, 문학가로 알려져 있다. 그는 우즈베크의 문인학회의 회원이었고, 아카데미 과학원의 대표, 타직어 문인협회 초대회장을 역임하기도 했다. 그의 책들은 50개국의 언어로 번역되어 소개되기도 했다. 나는 그의 집을 나서면서 아이니가 쓴 소설책 몇 권을 구입했다.

7. 사마르칸트의 시장

1) 사마르칸트 외국어대학교

아이니의 박물관을 나와 택시를 타고 사마르칸트 외국어 대학교를 방문했다. 이곳은 한국어, 독일어, 프랑스어 등 세계 각국의 언어를 가르치는 대학교다. 특히 한국어과는 매우 인기가 있어 지원율이 높다고 한다. 현재 한국어과 3-4학년 학생들의 경우는 정원보다 많은 학생들이 수강하고 있다. 한 학년의 수강생 숫자는 50명이지만, 3-4학년의 학생들은 기여 입학을 한 학생까지 포함하여 80명이나 된다. 1-2학년의 각 50명의 학생들은 한국어를 공부하고 있다.

한국어과 교수에 의하면 우즈베크 학생들에게 한국어는 매우 인기가 높아 학생수급에는 어려움이 없다고 한다. 특히 한국정부가 외국어 대학교에 대한 지원이 높기 때문에 더 많은 학생들이 지원한다는 것이다. 그러면서 그는 우즈베크에 있는 선교사나 외국에서 선교활동을 하는 사람은 재산이 없어야 안전하다고 힘주어 말한다. 그는 인도네시아 자카르타의 미국인들은 교회가 없이 예배하기 때문에 아무런 문제가 없는데 한국인들은 돈을 거두어 교회를 짓고, 교회내의 내분으로 인해 분열되어 어려움을 겪는다는 것이었다. 더 놀라운 것은 선교사들이 집을 갖게 되면 재산에 대한 욕심으로 본질을 놓치게 된다며 무소유가 좋다고 말했다. 실제로 우즈베크와 같은 곳에서는 재산을 증식하거나 교회 건물을 지을 필요는 없다고 말했다. 그의 말을 들으면서 나도 동감했다. 선교현장에서 교회건물, 아파트를 구입하여 관리하는데 어려움을 겪을 필요가 없다. 선교 현장에서 재산은 소리없는 적이다. 선교사는 새로운 현장의 문을 열고 교회를 개척한다. 영혼을 구원하기 위해 교회의 건물도 짓고 신학교도 세운다. 하지만 프로젝트 복음전도와 교회 설립에 대한 부정적인 영향과 함께 정력이 낭비된다. 교회성장은 이미 회심한 사람의 자녀를 통해 이루어지는 자연적 현상이다. 만약 선교사가 재산을 통한 선교를 감행하려 한다면 관리에 대한 책임이 따르게 된다. 건물에 페인트 칠을 하거나 잔디를 깎거나, 전기 시설 등을 돌보아야 한다. 이렇게 된다면 본질적인 것보다는 외향적인 것에 많은 시간을 낭비하게 되어 사역은 점점 어려워지게 될 것이다. 이같은 일은 선교현장에서 재고되어야 할 문제라고 말한다. 내가 외국어 대학을 방문해서 얻은 귀중한 자료는 어느 노교수의 충실한 충고였다.

2) 사마르칸트 시장구경

사마르칸트를 떠나 부하라로 이동하기 전 두 군데 시장 구경을 했다. 사마르칸트에서 가장 좋은 시장이란 곳을 찾아갔다. 작은 골목길을 따라 들어간 시장은 찬바람이 그대로 불어 몹시 추웠지만 상인들은 열심히 손님을 맞이하느라 정신이 없었다. 이 시장에서 과일과 육류, 고려인들의 한국 음식을 만들어 파는 곳을 둘러보고 백화점으로 이동했다.

사마르칸트의 백화점은 어두울 뿐 아니라, 담배연기가 가득 차 있어 눈이 매울 정도였다. 나는 첫 번째 가게에서 우즈베크 전통 모자를 구입했다. 이곳의 모자는 가죽과 천으로 만든 것인데 보기에도 괜찮았다. 2개의

모자를 구입했는데 한국 돈으로 2만원 정도였다. 모자 안에는 양털 같은 것이 있어 보온 효과가 매우 높다. 모자는 시범적으로 써 보았는데 멋있어 보였다.

모자를 구입한 다음, 나와 동행하던 현지인이 신고 다닐 구두를 사기 위해 뒤편 가게로 갔다. 가죽 구두는 디자인도 괜찮아 보였고 그도 매우 만족해했다. 만약 시장에서 신발을 사지 않았더라면 장거리 여행을 하는데 매우 어려움이 있었을 것이다. 우즈베크의 날씨가 1968년 이후 최고로 추운 날씨여서 몸을 움츠리고 다녀야 할 정도였기 때문이었다.

이제 백화점을 나와 사마르칸트 역 근처의 바자르로 이동하여 물과 빵(논), 귤을 샀다. 시장에서 기차 여행을 하면서 먹을 것을 사들고 역으로 가자 부하라로 가는 기차를 타기 위해 역 앞에 도착했다. 사마르칸트 역 지하 통로를 거쳐 계단을 밟고 올라가자 부하라 행 기차가 기다리고 있다. 객차 맨 앞으로 가 좌석 번호를 찾아 짐을 내려놓고 긴 여행에 들어갔다. 내가 탄 객실은 침대칸이지만 이미 부하라까지 가는 하이다르(남자)와 붓따람(여자) 두 명이 타고 있었다. 이들과 좋은 대화를 나누며 갈 수 있다는 기대감으로 여행을 시작했다. 나는 기차에서 제공되는 점심식사(빵과 다진 고기, 감자)를 하고 난 다음 우즈베크의 이슬람 통과의례 등에 대하여 그들과 대화를 나누었다. 그들로부터 부하라에 대한 설명을 잘 들을 수 있어서 행복했다.

부하라는 Buchara, Bokhara라고도 쓴다. 우즈베크 부하라 주의 중심지이다. 부하라에는 차르미나르 사원이 있다. 이곳은 제라프샨 강 삼각주 샤흐루트 운하 연변의 부하라 오아시스 한가운데에 자리잡고 있다. 1세기

이전에 세워진 도시로 709년 아랍인들에게 점령당했다. 그 때는 이미 교역과 수공업 중심지로 번창하고 있었다. 9~10세기에 샤만 왕조의 수도였으며 후에 카라한 왕조와 카라키타이인에게 점령되었다가 1220년 칭기즈칸에게, 1370년에는 티무르에게 정복되었다. 1506년 우즈베크의 샤이반 왕조에게 점령되어 16세기 중엽부터 그들이 세운 부하라 칸국의 수도가 되었다.

부하라는 샤이반 왕조가 페르시아 북부와 아프간 및 소련에 속했던 중앙아시아 지역까지 영토를 넓힌 16세기말에 전성기를 맞이했다. 18세기 중엽 이 지방 토후였던 모하메드 라힘이 페르시아의 지배에서 벗어나 망기트 왕조를 세웠으나 1868년 부하라 칸국은 러시아 보호령이 되었다. 1920년 부하라의 토후는 소련의 붉은 군대에게 추방되었다. 부하라 시는 부하라 칸국 대신 세워진 부하라 소비에트 인민공화국이 1924년 우즈베크에 흡수될 때까지 인

민공화국의 수도로 남아 있었다. 1950년대 말에 가까운 곳에서 천연 가스 매장지가 발견된 뒤 급속도로 발전하여 오늘에 이르고 있다.

옛 시가지에는 모스크와 마다리스(mad ris : 신학교), 지붕이 평평한 벽돌집, 지붕을 덮은 시장(bazaar) 등 이전의 모습이 아직 많이 남아 있다. 중요한 건축물로는 이스마일 사마니 능묘(9~10세기), 칼리안 미나레트(1127)와 모스크, 울루그베그 신학교(1417), 쿠켈다시 신학교(16세기), 아브둘라지즈한 신학교(1652)와 지금도 소련령 중앙아시아에서 기능을 발휘하고 있는 유일한 이슬람 신학교인 미리아랍 신학교(1536), 부하라에서 가장 오래된 건축물인 아르크 요새 등이 손꼽힌다. 경제는 다양한 경공업 및 식료품 산업에 바탕을 두고 있으며, 카라쿨 양의 양털을 가공하는 큰 공장이 있다. 부하라는 천연 가스 매장지역에서 가장 큰 도시로 차츰 부각되고 있다. 금실 자수와 금속세공을 비롯한 전통적 수공예가 지금도 이루어지며 교

육대학과 극장·박물관등의 문화시설이 있는 곳으로 많은 관광객이 방문한다. 이렇게 역사가 깊은 도시를 방문한다는 기대감에 장거리 기차 여행도 피곤하지 않았다. 나는 이 순간을 하나님께 찬미하면서 간증하고 싶을 뿐이었다.

8 UZBEKISTAN 우즈베크의 이슬람 통과의례

사마르칸트에서 부하라까지의 거리는 300km나 된다. 기차로 이동하게 되면 3시간 정도 소요되는 거리에 위치하고 있는 작은 도시다. 부하라의 인구는 30만 명 정도이며 우즈베크에서 이슬람 신앙이 가장 잘 보존된 곳으로 알려져 있다. 이 도시는 실크로드의 길목으로 카라반들이 지나가던 곳이기에 이슬람이 더 왕성하게 발전했던 도시이다.

내가 듣기로는 고대 이슬람 색채가 뚜렷이 남아있는 아름다운 도시가 부하라다. 부하라는 중앙아시아에서 고대의 이슬람문화의 모습이 가장 많이 남아있는 도시다. 전 세계의 많은 관광객들이 이 고대 도시를 보기위해 몰려들고 있다. 대부분의 기념물은 도시의 동쪽에 위치하고 있는데, 흔히 이곳을 우즈베크의 보물이라고 부른다. 역사적으로 사연이 많은 다양한 건축물들이 관광객을 반기고 있다. 특히 이곳의 가장 유명한 유적은 칼랸 미나레트(Kalyan Minaret)로 고대 부하라의 상징과도 같은 것이다. 칭기즈칸이 이 도시를 파괴할 때, 그는 칼랸 미나레트(Kalyan Minaret)의 아름다움에 매료되어 이곳만은 남겨 놓았다.

부하라는 사마르칸트의 서쪽에 위치하고 있으며, 한때 거대한 실크로드 상업의 중심지였다. 또한 과거에는 이슬람 세계에서 가장 배움의 열기가 높은 도시였다. 당시 약 350개의 이슬람 모스크와 100여개의 신학교를 가지고 있었다. 이러한 명성은 17세기 중앙아시아 대정복 시기까지 계속되었다.

부하라가 얼마나 오래된 도시인가 하는 가는 이곳 유적의 방사능 연대 측정으로 알 수 있다. 가장 오래된 층은 BC 3-4 세기의 것이며 가장 최근의 유적은 9세기부터 20세기로 추정되어 약 2500년을 아우르는 역사를 가진 도시임을 알 수 있게 한다. 특히 이곳이 가진 140여개의 역사적인 건축물은 부하라를 마치 하나의 거대한 박물관으로 만들어 놓았다. 게다가 이러한 건축물들은 만들어진 시기도 각기 달라서 보는 이로 하여금 시간여행을 하고 있는 느낌이 들게 한다.

1997년이 도시 개국 2500년을 기념하는 해였다. 세월이 지났어도 여전히 고대의 아름다움을 간직하고 있다. 건물의 외벽은 인위적인 색을 칠한 것이 아니라 진흙 색깔 그대로를 이용하여 표현하였다. 수세기동안 사막과 함께 조화를 이뤄온 고대 건물 등은 그것 스스로 고대의 문화를 느낄 수 있게 한다.

나는 사마르칸트에서 부하라로 가는 동안 이곳의 역사와 문화 등에 대하여 다양한 대화를 나누게 되었다. 우선 먼저 이슬람의 전통과 통과의례에 대하여 묻기로 하고 질문을 시작했다. 이슬람의 출생과 할례, 결혼과 장례 등에 대하여 묻자, 함께 동석했던 붓따람(여인)[47]이 대답을 하겠다고 한다. 나는 부하라까지 가면서 우즈베크의 통과의례[48]에 대해서 알아보았다.

1. 이슬람에서 어린이 출생

1) 아기 출생과 뻴맷 나누기

무슬림 여성과 기차에서 대화를 나누는 동안 긴장을 해야만 했다. 그는 붓따람이면서 5명의 자녀는 아들 셋, 딸 둘이며 큰 아들은 27세로 우즈베크 여인과 결혼했다. 자신이 아이를 출산할 때는 할머니 산파가 아기를 받는데 천 같은 것으로 산모 주위를 덮는다. 산모는 누워 있는 동안 두 사람이 붙잡는다. 4명의 산파가 흰 천을 산모 위에서 좌우로 흔든다. 이는 알라에게 "산모가 순탄하게 아기를 출산하도록 도와 달라"며 기도하는 것이다. 오늘날에는 병원에서 아기를 낳는 일이 많지만 과거에는 산파를 통해 종교적 의식을 거쳐 아기를 출산했다. 산파의 종교는 무슬림이어야 한다.

이슬람에서 출산 과정은 다음과 같다. 먼저 천을 바닥에 깔고 나면 산모가 그 위에 눕고 산파 4명이 흰 천을 흔들면서 기도한다. 산모가 순산하여 아기가 건강 하라는 뜻에서다. 이때를 "꾸르바헬론"이라고 한다. "꾸르"는 침대를 덮는 요를 말하며, "헬론"은 앉는다는 의미이다. 이렇게 해서 아기가 출생하면 40일 동안 아기와 산모를 시어머니와 친정어머니가 지키면서 보살펴 준다. 산모는 바깥출입을 금지하고 방안에서만 거주해야 한다. 산모가 방안에 거주하는 동안 식구들의 방문은 가능하지만 외부인(남자든 여자든)은 출입이 금지된다.

아기는 출생하면 곧바로 메식(아기 전용침대)에서 2–3세가 될 때까지 지낸다. 메식은 아주 편리하게 되어 있으며 소변과 대변이 밑으로 떨어지도록 설계되어 있다. 최근 들어 병원에서 아기를 낳게 되면 2일 만에 퇴원을 하고 난 후 기념식을 하는 것이 통례다. 이때는 가까운 친구와 아버지, 어머니의 친구도 초청할 수 있다. 그러나 아기는 처음으로 "가보라 반돈"(자기 침대에 올라가는 의식)을 한다. 가보라 반돈 의식에는 산모의 여자 친구들을 초청하기도 한다. 가보라 반돈 의식은 가장 나이 많은 사람이 기도를 하는 것이 관습이다. 때로는 뮬라(이슬람 성직자)가 어린 아기를 위한 축복기도를 해 준다. 뮬라가 기도할 때 첫 번째 말로 "일릴라 에다 알라(알라 외에 신이 없다)"라고 외친다. 뮬라는 아기를 위해 기도한 다음 곧바로 나간다.

산모가 아기를 출산하느라 힘이 들었기 때문에 피해주는 것이라고 말한다.

아기가 출생한 지 1년이 되면 생일잔치를 연다. 반드시 생일잔치를 하는 것은 아니지만 지키는 것이 의무라고 한다. 아기가 출생한지 1년이 되면 머리를 깎아 주는 의식을 한다. 이 의식에는 결혼식과 같이 많은 사람을 초청하여 잔치를 베풀기도 한다. 무엇보다 아기의 출생일을 기념하여 잔치를 하게 되는데 모든 음식은 외할머니가 준비해야 한다. 음식은 보통 50인분을 마련하면 된다. 그리고 손님들이 흥미롭게 놀며 지내도록 음악도 틀어주고 춤도 춘다.

아기가 출생한지 1년 만에 머리를 깎아 주는 일도 있느냐고 물어 보았다. 만약 어린아이의 머리를 깎아 준다면 어떤 의미가 있어서 그런가라고 질문하자, 아주머니는 이렇게 말한다. "아기의 머리를 깎아 주는 것"은 분명한 의미가 있다. 그것은 아이가 처음으로 걷기 시작했다는 의미다. 우리가 볼 때는 별의미가 없어 보이지만 그들은 귀한 의식으로 규정을 짓는다. 그리고 아기가 걷기 시작하면 이웃들과 맛있는 음식도 나누어 먹는다. 둘째는 아기의 출생한지 1년이 되었다고 통보하는 것은 건강하게 성장하고 있다는 의미다. 이와 같은 의식은 이슬람 세계 즉 무슬림 공동체 결속을 굳게 한다.

특히 친정어머니는 아기가 출생하면 주변 사람들에게 나누어 줄 만두(습 만두)를 일곱 가정, 즉 이웃에게 나누어 준다. 여기서 "7"은 무슬림에게 행운의 숫자이기 때문이다.

뻴맷(만두: 여성신체의 일부분이며 만띠라고 부른다)을 만들어 나누어 주는 것은 다산(아이를 많이 낳으라는 뜻)을 상징하기도 한다. 왜 이들은 뻴맷을 아기 생일날 나누어 먹는가라고 다시 묻자 그녀는 대답한다. 뻴맷을 만들어 나누어 먹는 것은 가정에 다산(多産)을 통해 부자가 되라는 의미란다. 어쨌든 자녀든 돈이든 많아지면 좋지 않으냐? 우리는 다산, 다복을 상징하는 의미에서 뻴맷을 만들어 먹으며 기쁨으로 이웃과 친척들에게 나누어 준다는 것이다.

2) 무슬림들의 자녀교육과 꾸란 낭송

　나는 무슬림 여성으로부터 출생과 생일잔치에 대한 설명을 들었다. 그리고 "무슬림 가정교육은 어떤 방법이 있는가?" 질문해 보았다. 이슬람교를 믿는 무슬림이라고 해서 가정교육을 아주 잘하는 것 같지 않았다. 이슬람의 율법과 전통 때문이란 점을 직감할 수 있었다. 그녀는 말한다. 무슬림 가정이라도 교육은 매우 힘들고 어렵다며 약간은 푸념 섞인 듯이 말한다.

　하지만 무슬림 가정에서는 가장 기본적인 삶과 식사 등에 대한 예절교육은 철저하게 지키고 있다며 몇 가지를 소개한다. 첫째, 오른손은 밥을 먹어야 하기 때문에 늘 청결하게 사용하며, 악수나 가슴에 손을 얹는 것도 오른손으로 한다는 것이다. 그녀는 말한다. "우리 종교에 의하면 오른손이 중요하기에 더러운 것은 만지지도 않는다. 더러운 것은 모두 왼손으로 하는 것이 기본이다. 예를 들면, 코를 풀거나, 화장실에서 뒤처리를 할 때 왼손을 사용한다"라고 말한다.

　가정교육의 선생님은 할아버지, 할머니이다. 조부모가 가정에서의 예절교육과 기타 윤리와 도덕과 관련된 것들을 모두 가르치고 나면 젊은이들도 가르침에 동참한다. 오늘날 근대 교육이 발전하여 유치원에 아기를 보낼 경우는 선생님이 교육을 한다. 처음에는 앗쌀람 알라이쿰(당신에게 평화가 있기를)이란 어느 장소, 어느 때든지 인사하도록 가르친다. 만약 어린 아기가 듣지 못해도, 걷지 못해도 선생님은 아기를 향해 이슬람 인사부터 가르친다. 이슬람에서 만났을 때 '앗쌀람 알라이쿰' 라고 말한다. 이 인사말은 지금은 모든 무슬림만이 사용하는 것이 아니라 일반인도 널리 사용하는 말이 되었다.

　집안에서 할아버지와 할머니가 아기를 만났을 경우에도 싸바 홀 카이르 또는 앗쌀람 알라이쿰이라고 말한다. 무슬림 여성에게 두 살 된 어린 아이가 있다. 그녀는 아이에게 "앗 쌀람 알라이쿰"이라고 말했을 때 아이가 듣는 표정을 하면 기분이 매우 좋다고 말한다. 할머니는 꾸란에 손을 얹고 어린 아기를 위해 기도한다. "이 어린이로 하여금 올바른 무슬림이 되게 하고, 꾸란에 나타난 모든 것을 지킬 수 있도록 하고, 꾸란을 존경하며 이웃을 사랑하라"고 알라에게 간구한다는 것이다. 그러면 어린 손자는 성장하면서 훌륭한 무슬림이 된다는 것이다.

그리고 아기가 성장하면 꾸란에 손을 얹고 지키도록 맹세를 시킨다. 우즈베크족의 각 가정에는 꾸란이 있다. 그리고 날마다 꾸란을 읽어야 한다. 물론 자신도 매일같이 읽고 있다며 자랑한다. 그녀는 우즈베크어, 아랍어, 타직 언어를 자유롭게 구사한다.

그렇다면 어린 아기가 꾸란을 읽어도 무슨 뜻인지 알지 못할 때는 어떻게 하는가라고 묻자. 그녀는 "꾸란을 읽을 때 전체적인 내용파악이나 이해가 되지 않아도 무조건 그대로 읽어야 한다"며 꾸란의 중요성을 강조했다. 사실 자신은 꾸란 번역본을 보면 빨리 이해가 되지만 원문으로 읽을 때는 이해가 더디다고 말한다.

그는 꾸란을 읽어서 이해를 하지 못해도 유익이 된다고 한다. 그렇다면 어떤 면에서 꾸란이 자신에게 유익이 되는가라고 묻자 곧바로 대답을 한다. 즉 꾸란을 진심으로 읽게 되면 자신에게 매우 유익하다. 설명은 되지 않지만 "거룩한 말씀"이기에 유익하다는 것이다. 자신은 꾸란을 읽으면 마음이 평안하다. 병든 사람이 꾸란을 읽으면 병도 낫는다. 이 중요한 사실을 당신은 왜 모르느냐고 말한다. 아무튼 꾸란을 읽어 주면 듣는 사람이 건강해진다. 만약 꾸란을 혼자 읽는데 힘이 들 때는 성직자(뮬라)를 불러다가 읽으면 병의 치료를 받을 수 있다며 자신감 있게 말한다. 그리고 꾸란을 읽으면 병을 고치게 되니까 약도 필요 없을 것 아니냐고 질문했다. 그러자 꾸란을 읽으면서 동시에 약도 처방을 한 후 먹는다고 말한다. 난치병, 정신과 병은

약을 먹는 것보다는 꾸란을 읽으면 치료가 된다고 한다. 아무래도 이 무슬림 여성은 근본주의 이슬람 신봉자인 것 같다. 아무튼 이슬람의 경전인 꾸란 낭송이 질병을 치료한다고 믿는 자를 처음으로 만난 것 같다.

2. 할례(Cicumcision)

1) 우즈베크에서 할례의 의미

할례는 남성의 성기 일부 특히 포피를 의례적으로 절제하는 것을 말한다. 여성의 음핵 또는 소음순의 절개도 포함된다. 역사적으로 유대교는 남성의 할례를 가장 엄격한 가운데 실시한다. 구약 창세기 17장에는 하나님과 아브라함의 계약 표시로서 아브라함이 99세, 이스마엘은 13세에 할례를 실시했다. 이때 하나님은 계약의 표시로서 이스라엘 백성은 생후 8일째 되는 날 할례를 할 것을 명령하고 이것을 어기는 자는 계약을 파기하는 자로 간주했다.

유대교의 관례를 따라 기독교에서도 개종의 전제로 할례를 실시하기도 했다. 그러나 바울은 할례 없이도 개종을 인정했다. 이교도들은 50년경부터 할례 없이도 개종이 가능했다. 아무튼 할례는 종교적 의미를 갖고 있다. 그것은 일종의 성년식이라고 할 수 있다.

할례의 목적은 신들에 대한 피의 제물이라는 공회설이 있다. 그 밖에 고통을 견디는 수단, 결혼준비, 성기의 신성화, 성교의 위험에 대한 상징적인 인지를 의미하기도 한다. 그리고 생명을 준 신에게 남성을 보상하기 위해 바치는 것으로 인식하기도 했다.

이러한 역사적 근거를 갖고 있는 할례는 이슬람 사회에서 자연스럽게 전승되어 지키고 있다. 이런 면에서 우즈베크의 이슬람은 할례를 어떻게 하는지 알아보기로 했다. 나와 동행하는 여성은 할례에 대하여 자신의 경험을 바탕으로 설명하기 시작했다.

이슬람에서 남자들에게 할례는 의무 사항이다. 보통 할례는 홀수 해(년도), 홀수 달에 실행한다. 할례의 년 령은 보통 3세, 5세, 7세 순으로 진행한다. 우리가 위생이나 청결을 위해서 포경수술을 한다면 이슬람에서는 종교적 목적을 갖고 할례를 행한다. 진정한 무슬림이 되기 위한 통과의례가 할례다. 할례를 해야 무슬림 기도회에 참석할 수 있으며 깨끗한 손을 가진 것으로 인정을 받는다. 할례는 자식들에게 유일신에 대한 신앙을 전승시키고 축복을 주는 방법이다.

2) 할례 방법

이슬람 사회에서 할례는 반드시 해야 하며, 할례 시에는 일가친척을 불러 모아 큰 잔치를 베푼다. 그리고 할례 대상자인 남자에게는 아름다운 옷을 입히고(전통적인 옷) 난 다음 잔치를 연다. 잔치가 끝나갈 무렵 할례 전문가가 실행한다. 이슬람 사회의 규범을 따라 할례는 실행하고 있지만 오늘날에는 병원에서 할례를 한다. 만약 집과 병원에서 할례를 하게 되면 부모와 친척들은 할례자에게 선물을 준다. 할례는 보통 마을의 전문인이 담당한다. 마치 이발사가 있는 것과 같이 할례 전문가에게 맡기면 된다. 만약 마을에 할례 전문가가 없다면 할아버지, 아버지가 세습하기도 한다.

나는 할례를 할 때 얼마나 아플까라고 질문해 보았다. 할례를 받고 나면 2일간만 아프고 만다는 것이다. 건강한 어린아이들은 2-3일이면 뛰어 다닐 수 있다(전문가가 할례를 할 경우)고 말한다. 어린아이들의 경우는 하루도 누워있지 않고 뛰어 다니며 놀면서 지낸다. 이슬람 사회에서 남자라면 할례를 해야 진정한 무슬림으로 인정을 받는다. 물론 히브리 사람들도 할례를 받았지만 말이다. 할례 대상자는 나이가 어릴수록 더욱 좋으며 현대의학에서도 유익하다는 평가를 내리기도 했다.

3) 할례의식과 무함마드

우즈베크에서 할례의식을 "순낫 또이"라고 한다. 순낫은 이슬람의 창시자 무함마드가 행한 관습이나 전통을 말한다. 순낫은 모든 이슬람 종교에서 종교적 전통으로 지킨다.[49] "또이"는 잔치나 결혼잔치를 의미한다. 그리고 우즈베크에서 할례는 "하롤라쉬"라고 한다. 이는 "종교의식을 받아들인다"라는 뜻을 갖고 있는데 할례를 통해 이슬람을 받아들인다는 의미가 포함된다.[50] 이슬람 신앙에서 할례는 신적 권위를 인정하는 것이 된다. 이슬람 율법대로 살겠다는 맹세의 표현도 되므로 진정한 무슬림으로 태어난다.

4) 할례 받은 자

우즈베크에서는 남자에게만 할례를 하고 여자는 할례를 하지 않는다. 친척들과 방문객들은 할례를 받은 남자 아이에게 축복을 빈다. 특히 할례 받은 남자는 전통복장을 입게 된다. 머리에는 "토프"를 쓰고, 아주 작고 예쁜 전통의상인 "차판"을 입는다. 신발은 "악사칼"이 신은 작은 가죽신발 "막흐시"와 "깔레쉬"를 신는다. 돌(1년이 지난 다음)을 치루지 않은 남자 아이가 할례를 받을 때는 새 옷을 입히고, 바닥위에 눕혀 며칠간 성기 위에 토프를 놓아둔다. 이는 어떤 부정을 방지하기 위해서라[51]고 한다. 따라서 할례를 실행하는 것은 참된 무슬림이 되는 길이다. 할례는 개인의 것이 아닌 가족공동체의 결속을 다지는 축제다.

3. 약혼과 결혼

우즈베크에서 약혼이나 결혼은 보통 18–19세에 한다. 결혼 1–2개월 전에 약혼식을 거행하는 것이 관습이다. 타슈켄트의 경우는 더 일찍 결혼을 하기 때문에 약혼식도 당연히 빠른 편이다. 부하라 시에는 17–18세에 결혼을 하게 되는데 보통 신랑이 한 여성을 좋아하면 언제든지 결혼할 수 있다. 우즈베크의 남성들은 결혼적령기가 되면 상대자만 있으면 언제든지 결혼할 수 있다. 그러나 약혼식의 경우는 작은 결혼식의 의미를 담고 있어 식당에서 간소하게 치른다. 약혼식도 타슈켄트, 사마르칸트, 부하라 등의 도시마다 차이가 난다. 어떤 면에서 차이가 있는지 설명해 주지는 않았지만 나이, 약혼식의 순서, 친척 초대 등에서 차이가 날 것으로 보인다.

따라서 우즈베크에서 결혼식은 여름철에 하는 것이 좋다고 한다. 그 이유는 여름철은 날씨가 좋을 뿐 아니라 따뜻하기 때문이란다. 자연의 축복으로 과일도 풍성한 계절이기에 여름철 결혼식은 더욱 좋을 뿐 아니라 결혼식 준비도 쉽다고 한다. 나와 대화를 나누는 여인은 부하라에서 여름에 결혼한 것을 만족해한다.

최근 들어 우즈베크 사람들의 결혼 적령기는 20–22세로 늦어지고 있다고 한다. 그 이유는 "칼렌플렛트"(결혼지참금 또는 마흐르 mahr: 혼납금) 준비 때문이라고 한다. 오늘날 결혼지참금은 500$ 정도지만 각자 형편에 따라 주면 된다. 그렇지만 결혼하려는 남자가 마음을 어떻게 정하느냐에 따라 100$를 더 줄 수 있다. 이를 "습플릿"(마음에 정한대로 주는 것)이라고 한다. 이는 신부의 부모가 키워주고, 교육을 받도록 하고, 인격적으로 양육시켜 주신 것에 대한 감사의 표시라고 한다. 그러나 "붓따람" 여인은 자신의 아들이 결혼할 때 신부측에 습플릿을 200$나 더 주었다며 자랑을 한다. 어떤 신부측에서는 습플릿을 더 요구하기도 하지만 대부분은 요구하지 않는 것이 관례라고 한다.

우즈베크에서 남녀가 결혼을 하게 되면 신부측에서는 신랑에게 자동차를 구입해 선물로 주고, 신랑측은 신방(집/아파트)을 마련해야 한다. 신혼집에서 생활하는 생활도구는 신부 부모들이 모두 준비해야 한다. 이러한 일은 타슈켄트에서 있는 일인데 최근에는 부하라 지역에서도 따라가고 있다. 그리고 우즈베크 사람들은 한국의 문화를 존중한다. 한국 드라마가 방영되는 날에는 가족 모두가 시청한다. 한국 드라마의 시청률이 높은 것은 며느리가 시어머니를 존경하는 내용들이 마음에 들기 때문이란다. 러시아 사람들은 시어머니의 말을 잘 듣지 않아 고민이 많다. 특히 한국드라마에서 전통 옷을 입고 결혼식을 올리는 장면은 더 마음에 들어 한다. 아무튼 한류 열풍이 우즈베크 사람들의 사고의 틀을 변화시키고 있는 것이 아닌가 생각된다.

그렇다면 우즈베크 사람들은 결혼식 피로연은 어떻게 하고 있을까? 우즈베크에서는 결혼식 후 가장 가까운 친척에게 선물을 나누어 준다. 타슈켄트에서는 신부측에서 쌈사(고기를 넣은 것), 빵(논), 옷 같은 것을 선물로 준다. 선물은 결혼식 전에도 줄 수 있다. 그리고 신부는 시아버지에게 좋은 선물을 주고, 신랑의 삼촌, 고모, 이모에게도 좋은 선물을 준비하여 주어야 한다. 이러한 문화는 한국 문화와도 비슷하다. 결혼식을 마치고 1주일이 지나면 신부측에서는 신랑과 신부를 초대한다. 보통은 3일 혹은 일주일 정도를 신부 집에 머물 수 있도록 한다. 또한 신랑과 신부측 삼촌도 마찬가지로 초대를 하는데 그 이유는 친척으로 지내야 하는데 서로 잘 알아야 하기 때문이다. 신랑과 신부로부터 초대를 받은 삼촌은 조카의 아내에게 금반지. 귀고리 등의 액세서리를 선물로 준다. 결혼식이 끝나면서 곧바로 주는 경우도 있다. 이러한 의식은 우즈베크의 독특한 결혼문화에서 비롯된 것임을 알수 있다. 하지만 결혼식과 피로연, 선물 등은 상당한 경제적 부담으로 작용하기도 한다.

그러나 우리가 알아야 할 분명한 것이 있다면 이슬람 종교법상 무슬림남자가 기독교 여성과 여타의 하늘의 계시를 받은 종교를 가진 여자와 결혼하는 것은 합법적이라고 한다. 그러나 무슬림 여성이 무슬림이 아닌 남성과결혼을 하는 것은 합법이 아니다. 과거에는 무슬림 여자와 결혼하는 비무슬림 남자들이 이슬람법상 강제조항인 이 조건을 만족시키기 위해 이슬람으로 개종하는 경우도 있다고 한다. 그러나 현재는 무슬림 여성과 비무슬림남자가 무슬림으로 개종하지 않는 경우가 점점 빈번해 지고 있다. 민법에어긋나지 않는 경우와 장소라면 그러한 결혼도 주위 환경에 따라 사회적으로 용납 받고 있다.[52] 이슬람에서도 상황에 따라 결혼에 대한 것들을 적용하고 있다. 그리고 무슬림들은 라마단 기간에는 결혼을 하지 않는다.

4. 장례

1) 메카 순례와 죽음 준비

이슬람에서는 사람이 죽을 때가 되면 죽음을 미리 준비한다. 무슬림가운데 나이가 들면 죽음을 준비하도록 하는 것이 보통이다. 죽음 전에 메카 순례를 한다든지 흰옷을 입기도 한다. 무슬림이라면 평생에 1회는 메카를 순례해야 한다. 그리고 이슬람 신앙의 다섯 기둥(신앙, 기도, 금식, 선행, 순례)을 철저히 지켜야 한다. 다섯 기둥 가운데 하나인 자카트는 누구나 실천해야 할 덕목이다. 만약 나에게 양 40마리가 있다면 그 중에 한 마리는 가난한 사람에게 주어야 한다. 이것이 이슬람 신앙의 실천적 덕목이다.

그리고 무슬림이라면 메카를 꼭 방문해야 한다. 적어도 건강이 허락되거나 경제적으로 갈 수 있는 사람은 반드시 다녀와야 한다. 메카를 순례하는 무슬림들의 옷은 똑같다. 메카를 순례하면서 죽기를 소망하는 사람도 있으며, 메카에서 죽어 고향으로 돌아오지 못하는 사람도 있다. 왜 무슬림들은 메카를 다녀와야 하는가? 메카에 다녀오면 "새롭게 중생"(죄가 없다)한 것을 느끼게 된다. 무슬림도 알고 지은 죄, 모르고 지은 죄라도 용서받았다는 느낌을 갖게 된다. 무엇보다 메카를 방문하면 새로운 사람이 되었다는 자부심을 갖는다.

무슬림이 메카를 방문할 때의 옷은 하얀 천을 그대로 몸에 감아서 입으면 된다. 이때 속옷은 입지 않으며 옷감에 바느질을 해서도 안 된다. 이는 나이 많은 무슬림이 죽음을 준비한다는 의미라고 한다. 이 때 하얀 천의 길이는 7m 정도가 된다.

이슬람교 무슬림들이 메카를 방문하면서 죽음을 맞이하는 것만이 위대한 것인가라고 묻자 그렇다고 대답한다. 그보다 더 중요한 죽음은 부자로 잘 살면서 선행을 많이 한 후 죽음을 맞이하는 것이라고 한다. 이것이 죽음을 준비하는 길이라고 한다. 아무리 부자라도 속옷이나 다른 것을 입지 않으며 어떠한 물건도 가지고 갈 수 없다. 다만 7m의 하얀 천만 감고 가면 된다. 구두쇠 같은 무슬림이라 해도 재산을 아끼거나 깍쟁이처럼 살 필요가 없다고 한다. 다만 빈 마음으로 죽음을 맞이하는 무슬림의 자세이다.

2) 죽음이후의 처리

이슬람에서는 사람이 죽으면 하얀 천으로 감는다. 사자(死者)들을 가능한 빨리, 그날의 해가 지기 전에 매장한다. 가족들은 고인을 기리지만 화려한 옷을 입지 않는다. 자신의 가족 가운데 누가 세상을 떠났는지 알도록 하는데 보통은 흰색의 옷을 입는다(사마르칸트와 부하라지역). 여기서 하얀

색은 목화 같은 것으로 짠 옷을 입는다. 그러나 타슈켄트에서는 검정색 옷을 입는다.

무슬림들은 가족이 사망하고 장례를 치룬 후 1년간 흰옷을 입고 다닌다. 그리고 사자를 매장한 후 40일 동안 손님을 맞이한다.

부하라의 한 여인은 자신의 부친이 세상을 떠났을 때(80세) 이슬람의 종교지도자가 와서 기도를 해주었는데 조문객을 위해서도 기도를 해주었다고 한다. 특히 이슬람의 종교지도자(물라)는 조문객의 남자 방(room)과 여자 방으로 가서 위로의 기도를 해준다. 물라는 사자의 집에서 기도하기도 하지만 공동묘지로 가기 전 사원에서도 유가족을 위해 기도한다.

이슬람에서는 사람이 죽으면 3일 동안 음식을 만들지 않는다. 만약 음식을 만들어 먹게 된다면 이웃, 친척들이 와서 음식을 준비하여 조문객들을 대접한다. 그리고 무슬림 사자의 집에서는 불도 켜지 않는다. 만약 불(가스불)은 이웃, 친척들이 켜야 한다. 이것이 무슬림들의 전통적 생활과 신앙규범이다. 아무튼 이슬람 사회에서는 사람이 죽으면 빨리 매장해야 한다.

특히 이슬람 사회에서 죽은 자를 화장하지 않는다. 그리고 시체를 염하게 될 때는 남자는 남자가 씻으며 여자의 시체는 여자가 씻어 주는 것이 의례적 세정이라 한다. 즉 구슬(ghusl)할 때 닦는 손길은 홀수로 행하며 그 다음에 우두(Wudu)를 행하여도 상관이 없다고 한다. 몸의 구멍들은 면으로 된 양털 같은 천으로 막는다. 그러나 순교자의 경우는 입은 상태 그대로 묻는다. 왜냐하면 그들의 몸에 난 상처 자체가 그들이 순교를 증명하기 때문이란다.

이슬람 사전에서 소개되는 장례식 순서는 먼저 예배(기도) 참석자들을 홀수 줄로 세우는 것은 관습적이라 한다. 예배 참여자들은 모든 의례적인 행위를 하기 전에 애도의 의도(니야 niyyah)를 표현한다.

타크비르의 외침과 함께 장례식이 시작된다. 그 다음 각 참여자는 선 채로 개인적 기원을 스스로 말을 만들어 조용히 기도하면 된다. 이는 꾸누트(Qunut)로 알려진 두아(dua)를 사용하는 관습인데 실제로 속삭이듯이 기도하는 것이라고 한다. 같은 방법으로 타크비르와 두아를 각각 세 번씩 되풀이하면 된다.

방문객이나 애도객들은 사원으로 시체를 옮기는 동안 샤하다를 부른다. 장송의 행렬이 지나가는 것을 본 독실한 무슬림은 일어나서 경의를 표하기도 한다. 그리고 시신을 매장할 때 머리는 메카를 향하도록 오른쪽으로 눕혀 묻는다.[53] 시신은 카페트나 다른 싸개로 싸서 묻는 것이 통례라고 한다.

장례식이 끝나면 무슬림들은 40일 이후에 추모기도를 올리는 것이 일상적이다. 왜 그들은 40일 지난 다음에 추모일을 지키는가? 이슬람 사회에서 그저 일상적인 것이어서 지킬 뿐이다. 이는 사회, 국가마다 다르지만 추모기도에 고인의 이름이나 별칭이 언급되면 "라히마후알라"(rahimahu, 여성일 경우 rahimaha Allah), 즉 "죽은 자에게 알라의 자비가 내리길"라고 소리를 지른다.

무슬림들이 죽음에 대한 이해는, "무덤은 영원으로 떠나는 여행의 첫 번째 단계이다"라고 예언자가 말한 것을 믿는 것이다. 죽음에 대하여 꾸란은 이렇게 말했다.

....이르기를 비록 너희들이 집에 있을지라도 죽음이 미리 정해진 사람들은 그들의 마지막 안식처를 향해 나아가게 될 것이다...(3:154). 죽음이란 예정된 시간에 알라의 허락에 의해 이루어지는데 어느 영혼에나 주어지는 것이 아니다. 이 세상에서 보상을 원하는 자들에겐 나(신)는 이 세상에서 줄 것이며, 저 세상에서 보상을 얻고 싶은 자들에겐 나는 저 세상에서 줄 것이다. 또 나는 나에게 감사하는 자들에게 보답할 것이다 (3:145). 모든 영혼은 죽음을 맞이하게 되는데 부활의 날에, 너희는 모든 죄 값을 확실히 치르게 될 것이다. 어떤 이들은 지옥화염에서 구제받아 천국으로 갈 것이다. 그리고 천국에 올라간 이들은 승리에 도취될 것이

다. 현재의 삶은 망상속의 즐거움일 뿐이다(3:185).

그만큼 죽음에 대한 것을 기리고 기도하는 무슬림들의 신앙을 보았다. 그렇다면 왜 그들은 40일을 지키는가에 대한 답은 이렇다. 아기가 40일 동안 잘 자라고 있으며, 장례 후 40일 동안 집안의 평안이 있음을 기리는 것이다. 하지만 40일이란 숫자가 왜 정해져 있는지 인터뷰하는 여인도 정확히 알지 못하고 있었다. 다만 40일 동안 유가족이 건강하듯이 가장 위험한 기간을 잘 넘겼다는 뜻일 것이다. 그리고 40일이란 의미는 땀(러시아어; 다른 세계)에서 다른 영원한 세계(우드요/우즈베크어)에 있을 것이란 뜻에서 지키기도 한다.

아무튼 무슬림들은 장례식과 추모식을 잘 지키고 있다는 느낌을 받았다. 가정의 어른이 사망한지 1년이 되면 가족이 다 모인다. 그때는 가장 가까운 친척들로부터 친지들이 모이게 되는데 맛있는 음식도 준비하여 나누어 먹는다. 그리고 이슬람 종교지도자가 와서 가족들을 위해 기도도 해준다. 내가 만난 여인은 아버지의 영혼을 위해 매일같이 기도하고 아버지를 기억하고 있다고 말한다. 그러면서 "벨기에는 3,000개의 이슬람 사원이 있지만, 신자가 몇 명이나 되는지 알지 못한다. 그러나 이슬람은 이 세상에서 가장 좋은 종교이며 믿음이 좋은 공동체"라고 자랑을 한다.

그러면서 무슬림이라면 서두르지 말고 지켜야 할 것이 있다고 한다. 그러나 세 가지 서두를 것이 있다고 한다. 첫째, 손님이 집에 오면 빨리 음식상을 차려 드릴 준비를 하라. 둘째, 아기가 자라면 아들, 딸은 빨리 결혼시켜라. 셋째, 사람이 죽으면 빨리 매장하라는 것이 그들의 삶의 규칙이다. 그리고 옆에 사람이 재치기를 하면 "건강하십시요"라고 반드시 말해야 한다. 내가 기침을 하자 그 무슬림은 "건강하십시요"라고 즉각적으로 말했다.

5. 이슬람의 종교지도자 신분과 상황

우즈베크에서 이슬람의 종교지도자 명
칭은 크게 네 가지로 나눈다. "뮬라", "모스
티", "쉐이크", "이맘"으로 구분된다. 뮬라는
이슬람을 아는 사람의 총칭이다. 모스티는
몇 개의 사원이 모인 곳의 회장격의 사람을
총칭하여 부르는 직분을 말한다. 쉐이크는 한 도시에 한 명 정도되는 지도
자를 말한다. 무슬림들은 쉐이크를 제일 큰 사람, 제일 높은 사람이라고 부
른다. 이맘(Imam)은 "모범", "본보기"라는 뜻을 갖고 있다. 이맘은 이슬람
의 예배 인도자를 말한다. 가끔은 모스크의 운영책임자를 지칭하기도 한다.

정통 이슬람에서는 어떤 종류의 성직자 계층도 인정하지 않는다. 따라
서 가정에서는 가장이 이맘이 되고, 일반 무슬림들도 누구나 이맘의 역할을
할 수 있다. 여자끼리 예배를 할 때는 여자도 이맘이 될 수 있다. 이맘은 일
반적으로 꾸란에 대한 지식이 풍부한 자로 선임되며 신에 대한 헌신과 종교
적 수행이 철저한 사람이라야 한다.

시아파에서는 이맘을 공동체의 최고 지도자로 인정하며 결코 과오를
범하지 않는 완벽한 영적 존재로 보고 있다. 아무튼 이슬람에서는 이맘이외
에는 종교지도자로 인정하지 않는다. 그럼에도 우즈베크에서는 이슬람 지
도자를 "뮬라"라고 부른다. 그러나 타슈켄트에 본부를 둔 네 개의 무피티야
(mufitiyya)라는 이슬람 성직자 모임이 있다. 이 모임은 소비에트 이슬람 국
가들과 신뢰를 증진하고자 공식 이슬람을 인정한데서 출발한 것이다. 우즈
베크는 구소련 시대 이전에는 3만개 가까운 모스크 사원이 있었지만 스탈
린이 반군을 산악지대로 몰아내고 1천개 정도의 사원만 남겨 두고 모조리

파괴했다. 파괴가 되지 않은 사원은 공장이나 박물관으로 사용됐다. 그러나 최근 들어 이곳에는 많은 모스크 사원이 일어나고 있는 추세다.

부하라로 가는 길에 만난 여인은 지칠 줄 모르고 말을 했다. 그녀는 적당히 설명하지 않았다. 자신은 역사를 전공했기 때문에 얼마든지 역사적인 상황을 설명할 수 있다고 했다. 사실 우즈베크는 1991년 독립을 선언한 이래 자체의 정신 및 지성과 가치의 부활의 시대, 경제적 및 사회적 생활의 근본적인 변화의 시대에 접어들었다. 우즈베크는 100개 이상의 종족이 함께 살고 있다. 우즈베크인이 가장 많고 그 외에 러시아인, 타지크인, 카자크인, 카라칼파크인, 타타르인이 대표적이다. 우즈베크 정부는 이들 모든 종족이 그들 자체의 문화, 전통, 언어를 발전시킬 수 있도록 허용하고 있다. 하지만 우즈베크어를 모르면 취업이나 기타 활동에 지장이 많다. 현재 우즈베크의 도시들에서는 여러 곳에서 이슬람, 기독교, 그리스정교회, 유대교회, 로마 가톨릭 등 다양한 종교적 예배가 이루어지고 있으나 가장 많은 종교인은 무슬림(88%)이다. 무슬림은 정치적, 사회적 환경에서 다수를 차지하고 있고 이슬람적 세계관과 통과의례를 지키는 자들이다. 대부분 우즈베크족은 이슬람교를 신봉한다. 그래서 남자들과 여자들은 무슬림 신앙에 기초한 출생, 결혼과 장례, 할례의식을 치른다.

6. 나보이 역을 지나면서

우리 일행과 현지인이 기차 안에서 많은 대화를 나누는 사이 "나보이" 역을 통과하게 되었다. 나보이 역은 이 지역의 유명한 시인 "알리세르 나보이"(Alisher Navoi. 1441-1501)의 이름을 따서 지었다. 지역에서 유명한 사람, 즉 시인, 학자, 소설가 등이 배출되면 그 이름을 빛내기 위해서 역(驛), 도로의 명칭을 붙이기도 한다. 알리세즈 나보이는 민족문학시인으로 많은 사람들에게 영향을 주었다.

그는 1441년 2월 9일 히럿에서 출생하였다. 히럿의 영주 호사인 바이카라의 궁정에서 여러 관직을 거쳤고, 학문과 예술을 보호하였다. 또한 호레즘 칸국의 장관으로서 학교, 병원 등을 지워서 서민들에게 인기가 높았으며 문학, 예술인 등을 지원하였다.

나보이가 출생하여 살던 시절은 모든 시인들이 아랍어로만 문학 활동을 해야만 했다. 그는 첫 번째 작품을 우즈베크어로 출판을 했고, 두 번째 작품은 아랍어로 출판한 것으로 알려져 있다. 여기서 아랍어로 된 작품을 출판해야 할 시기에 우즈베크어로 출판한 것을 높게 평가하는 것으로 알려져 있다. 그는 민족 시인으로 활동하는 동안 히럿 왕의 시기와 질투로 사마르칸트에서 생활하기도 했다. 사마르칸트에는 민족문학가들의 모임이 많은 곳으로 유명하다. 사마르칸트에서 '아이니'를 비롯한 많은 작가들과 작품들을 만날 수 있었다. 그들을 통해 작품 세계를 넓힐 수 있었을 뿐 아니라 보다 더 민족적인 색깔을 낼 수 있었다.

한 사람의 시(詩)로 다수의 사람들에게 감동을 줄 수 있다는 것은 위대한 일이다. 그의 시(詩)속에 나오는 다양한 언어들은 서정적, 추상적이든 영향을 주고 있다는 점에 귀를 기울일 필요가 있다. 나보니는 러시아의 푸쉬킨과 같은 우즈베크의 민족문화의 아버지로서 우즈베크어로 된 아름다운 시와 문화 발전에 큰 공헌을 하였다.

후에 친구가 히럿에서 왕이 되자 고향으로 돌아가 정치적인 조언을 하면서.작품 활동을 하게 되었다. 우즈베크의 국민 시인으로서 5개의 대 서사시로 엮은 "함사"(Khamsa)라고 시를 남겼다. 그리고 "Confusion of Righteous"(1483), "Leyli and Medjun"(1484), "Fafkhad and Shirin"(1484), "Seven Planets"(1484), "The Wall of Iskander"(1485) 등이 있다.

우즈베크 국민들은 나보이를 우즈베크 문화의 원류이자 민족 정체성의 창시자로 보고 거리, 학교, 도서관 등 많은 시설물에 알리세드 나보이라는 이름을 붙이고 있다. 나보이는 또한 타지크어(語)로 된 작품도 있으며, 문학 이외에 철학, 언어학 등 다방면의 연구를 행하였고, 또 음악이나 회화에도 능하였다. 현재 우즈베크는 그를 추모하여 예술 극장의 대표적인 이름으로 사용하고 있다. 2004년 우즈베크 정부는 알리세르 나보이 탄생 563주년을 맞아 탄생 기념 축하 행사를 성대하게 준비하고 기념식을 가졌다. 나보이는 우즈베크 사람들에게는 민족 시인이면서 민족의 정체성을 새롭게 조명해 준 인물이다. 그는 지금도 우즈베크 민족의 대표적인 지식인으로 후손들에게 존경을 받는다. 나보이 역은 그의 이름을 기념하기 위한 것이었다. 현재 인구 12만 명의 소도시인 나보이의 반경 250㎞ 이내의 구역에는 2천 500여 년 전에 건설돼 역사적 유적들이 널려 있는 사마르칸트, 히바, 부하라 등이 자리 잡고 있기 때문에 공항이 건설되어 개항하게 되면 지역경제 활성화에 큰 도움이 될 것이라고 우즈베크 정부는 판단하고 있다.

9 고대 국왕의 수도 **부하라**

나는 기차에서 내려 차를 타고 부하라에 도착했다. 부하라는 과거로 돌아간 도시다. 21세기가 아닌 1천 년 전의 도시다. 부하라는 곳곳에 하얀 눈으로 덮여 있었지만 고대 도시답게 아름다웠다. 온 도시에 진흙을 빚어 만든 모스크와 메드레사(신학교)가 있다. 부하라는 신비롭고 경이로움을 간직하고 있는 도시다. 내가 본 부하라는 도시박물관 같았다. 진흙으로 만든 성과 탑, 천년이 넘은 대문 등을 볼 때 10세기경의 예술과 과학의 극치를 이룬 도시임을 확인할 수 있었다.

부하라는 칭기즈칸의 "거대한 등대에 모자가 떨어졌소"라는 말로도 유명한 곳이다. 칭기즈칸이 부하라에 도착한 건 1220년 어느 밤이었다고 전해진다. 이 번성한 도시를 손 안에 넣으려는데 깜깜한 사막에 우뚝 선 등대를 보고 입이 떡 벌어지고 말았다고 한다. 지금도 도시 한 가운데 서 있는, 거대한 흙빛 기둥 칼론 미나렛은 거대한 등대라는 뜻이다. 등대의 높이로 인해 나는 압도당하는 기분이었다. 등대를 올려다보느라 머리를 덮고 있던 모자가 떨어질 정도였다. 부하라는 보통 "이슬람의 탑", "신앙의 보석"이라고 묘사되기도 한다. 그만큼 부하라는 이슬람의 도시로서 아름다운 곳이라는 얘기다.

등대의 높이가 무려 47m, 흙벽돌을 써서 아래에서부터 위로 14개의 각각 다른 문양으로 쌓아 올린 등대는 1127년에 만들었다는 것이 믿기지 않을 정도로 경이롭다. 벽돌더미들이 마름모가 됐다가 별모양으로 꼬이고 작은 십자 형상을 만드는 화려함이 혀를 차게 만든다. 이 거대한 사막 등대의 모습이 옛 모습 그대로 남아 있는 것은 칭기즈칸이 건드리지 말라고 명령한 덕분이라고 한다. 이 거대한 등대의 땅 아래 10m까지 판 내진

▼ 부하라 역 광장

㉝震)설계도 한 몫을 한 것으로 알려져 있다. 등대 안쪽 나선형 계단을 따라 올라가면 16개의 아치형 창 가운데 하나를 통해 등대 바로 옆에 있는 "미리 아랍 메드레사"의 푸른 돔과 나지막하게 뻗어 있는 부하라의 카키색 전경을 보게 된다는 기대감이 나의 마음을 설레게 했다.

1. 부하라역 도착

사마르칸트에서 정오에 출발한 기차는 중간 역인 나보이 도시를 거쳐 부하라에 도착한 시간은 오후 3시다. 작은 도시의 역에 내리자 택시기사들이 몰려들면서 "택시, 택시" 하면서 호객행위를 했다. 나는 이들의 간청하는 소리를 뿌리치고 기차역으로 들어가 히바로 가는 기차가 있는지 물어 보았다.

부하라 역을 벗어나 미니 승합차를 타고 부하라 시내로 들어갔다. 부하라 시내로 가는 시간은 대략 30분정도가 걸렸다. 버스 종점에서 내려 호텔로 가는 길목에는 고대 도시의 흔적들이 그대로 보존되어 있었다. 부하라는 시간을 멈추고 옛날 시간으로 되돌아간 것 같았다. 차에서 내려 서쪽을 바라보았을 때 갈색 벽돌이 전통적이라는 것 외에는 아무것도 보이지 않았다.

부하라는 "알 부하라"라는 이슬람학자의 이름을 딴 도시이다. 이 사람의 묘는 사마르칸트에 있지만 그의 이름은 한 도시의 이름이 되었다. 그는 10세기경의 사람으로 "선지자는 알라가 원하는 것을 전하는 사람"이라는 철학으로 산 사람이다. 그는 생전에 이슬람 선지자답게 생활하였고, 선지자의 삶에 관하여 7,000개의 교훈을 모은 사람이기도 하다. 그는 "앗떼리미즈", 즉 "나는 사람이지만 7,000개의 교훈을 기록한 사람이다. 고로 선지자의 가르침을 따라 사는 것이 사람의 본분이다"라고 가르친 자였다.

알 부하라는 10세기에 부하라에서 출생을 하였고, 메카에서 평생을 생활하다가 죽었다. 그의 시체는 메카에 장사되었다고 한다. 그래서 부하라의 낙시반은 두 번째 메카라 할 정도로 명성이 매우 높다. 어느 무슬림은 메카에 가지 않고 이곳에만 가도 메카를 다녀온 것과 다를 바가 없다고 말하기도 한다. 그곳이 바로 이스마일 사무라이 무덤이다.

1) 오이 비노크 사원

버스 종점에서 벗어나 첫 번째 만난 건물은 오이비노크(Oy Binok)사원이다. 이 사원은 16세기에 건축된 이슬람 기도처다. 오이비노크 사원이 건축되게 된 것은 부하라의 어느 부자 여성이 아이를 낳지 못하자 "나의 자취를 어떻게 하면 남길 수 있겠는가"라고 재판관(코지라고 함)같은 사람에게 물었고 재판관은 "사원을 지으라"고 했다고 한다. 당시에 사원을 메체트라고 했는데 "사원을 지으면 너의 자취가 후대까지 남을 것이다"라고 말하자 건축하게 되었다고 한다. 오이 비노크 사원 뒤에도 건물을 하나 더 지었다. 하나의 사원을 짓고 돈이 남아 또 다른 사원을 건축하게 되었다는 것이다.

지금도 오이 비노크 사원의 정문 옆 벽에는 이슬람의 기도시간을 알리는 다섯 개의 시계가 부착되어 있다. 모든 사람이 기도의 시간을 잊지 않고 지키라는 뜻이다. 부하라에는 오이비노크 같은 사원들이 불럭마다 많이 있다고 보면 된다.

왜 부하라에는 이슬람 사원이 많은가? 이곳은 실크로드의 중요한 길목이기 때문에 이슬람 사람이 오면 언제든지 들어가 기도할 수 있도록 사원이 지어진 것이라고 한다. 특히 부하라지역의 건물들은 9세기에서 16세기에 건축된 것이 많다. 이것이 현재까지 잘 보존되고 있어 관광객들이 끊임없이 방문하는 것으로 알려져 있다.

2) 이슬람 신학교

고대 도시인 부하라 시내로 들어가자 첫 번째 관문에 이슬람 신학교가 있다. 이 신학교는 부하라에서 가장 큰 학교라고 한다. 당시의 학교 이름은 "끄깔따르"인데 현재는 공부하지 않고 있다고 했다.

부하라 시내에는 니온비기 신학교가 있다. 이 학교는 원래 실크로드를 타고 지나다

니는 여행객들, 즉 카라반을 위한 여관이었다고 한다. 그러나 건물이 너무 아름답게 지어져 있어 이슬람의 큰 이맘(홀리 한)이 지나다가 신학교를 하면 좋겠다고 해서 그때부터 신학교로 사용하게 되었다.

원래 카라반들을 위한 창고로 만들었던 이 건물에 대해서 개원식에 참석한 홀리 한이 갑자기 "이것은 매우 좋은 건물"이라고 하자, 나지라지반배기가 건물 건축양식을 바꾸어 가지고 2층을 올리고 학생들을 위한 기숙사(후주루)로 만들었다. 그전에는 공부할 수 있는 방이 없었다. 부하라에 있는 많은 이슬람신학교의 학생들은 공부하지 않고 다니기만 했다. 그래서 기숙사를 만들어 공부할 수 있도록 도운 것으로 알려진다.

신학교 건물은 2층으로 되어 있다. 학교로 들어가는 정문에는 각종 문형들이 장식되어 있는데 맨 위에는 "해"안에 사람의 얼굴이 있고, 그 밑에는 새(후모)가 알렌(황소)을 잡고 있다. 여기서 후모는 우즈베크의 새의 이름이지만 상상속의 새일 뿐이다.

정문의 각종 형상에 대하여 이슬람의 두 개 파에서는 논란이 아주 심했다. 즉 순니파와 쉬아파 사이에 해와 새의 그림에 대한 논란이 일어났다. 원래 순니 이슬람에서는 어떠한 형상이라도 허락해서는 안 된다고 말한다. 그러나 쉬아에서는 해와 새의 그림을 허락해주고 있어 양 교파간의 갈등이 일어나기도 했다. 이 때 나지라지반배기가 이 두 파간의 논쟁을 잠식시키기 위해 지혜롭게 대답을 했다.

왜 "해, 사람의 얼굴, 새, 알렌(황소)을 그려 놓았느냐?"라고 하자, 그는 "그 형상 주변에 꾸란을 기록함으로 문제의 형상을 덮어두기 위해서"라고 대답했다. 즉 신의 말씀이 주변에 기록되어 있는데 무엇이 문제인가라며 덮어두었다는 것이다.

3) 실크로드의 교차로(5거리)

부하라에는 고대 실크로드 중심이며 카라반들이 지나다녔던 16세기에 건축된 건물 안에 5거리가 있다. 5거리에서 많은 사람들이 장사하고 물물교환을 한 것으로 알려져 있다. 이 건물의 천장은 돔으로 되어 있고 가장 중심 자리에는 작은 구멍이 뚫려 있다. 높은 벽면에는 긴 나무가 있는데 이곳에 모자를 걸어 두었다고 한다.

그런데 교차로 지점에는 "샤물미"라는 사람의 무덤이 있다. 그는 시장(바자르) 경비원으로 일했었다. 그가 평소에 즐겨 앉아서 시장을 지켰던 곳에 묘를 세워주었는데 현재까지도 잘 보존되어 있다.

닥키델빠크 후료숀 시장(수공으로 만들어 파는 모자 시장)에서는 털모자, 쮸비체이크(우즈베크 전통 남자 모자)등을 살 수 있다. 그리고 바자르 시장은 5거리를 통해서 지나가야 하는 데, 이 시장에는 대장간(칼, 가위, 주전자), 목욕탕(Hanmon/Bozori Kora), 향료 식품점, 금은 세공을 하는 곳도 있다. 여기서 남자 목욕탕인 "함몬"은 16세기에 건축된 것으로 지금도 운영하고 있다. 이곳에서는 매주 목요일에 남자들이 목욕을 한다. 다음날이 금요일이기 때문에 사원에 가서 예배를 하기 전 몸을 깨끗이 씻어야 하기 때문에 생긴 곳이라고 전해진다. 여자들의 목욕탕은 다른 곳에 위치해 있다.

2. 겨울궁전 (아르크 성)

부하라의 겨울 궁전[54]은 3백 년 동안 무너지지 않고 지금까지 보존되어 있다. 그전에는 지을 때마다 무너져 내렸으나 북두칠성을 기억해서 일곱 군데에 꼭 지점을 찍고 건

축하자 무너지지 않았다고 한다. 성벽의 높이가 높은 곳은 20m이고 낮은 곳은 16m로 되어 있다. 성의 둘레는 789.60m이고 광장은 3.96헥타르가 되어 많은 군중들이 모일 수 있도록 되어 있다.

　겨울궁전과 관련된 전설이 있다. 이 전설에는 아프로시야 프린스가 있는 곳으로 도망 온 자가 있었다. 그가 바로 시야우슈인데 그는 카이카우스의 아들이었다. 그는 좌이훈이란 강을 건너서 아프로시야에게로 왔다. 시야우슈가 아프로시야의 마음에 들자 그의 딸과 권력을 시야우슈에게 주었다. 시야우슈는 부하라의 왕과 같은 존재가 되었는데 자신의 업적을 남기고 싶은 욕심이 생겼다. 그래서 이 성을 쌓고 그 안에서 살게 되었다. 이것 때문에 시야우슈와 아프로시야의 관계가 나빠지게 되었다. 그래서 아프로시야는 그 사위를 동쪽 문에서 죽였다. 그래서 부하라 사람들은 이 장소를 중요하게 생각하게 되었고, 새해가 되는 첫날, 해뜨기 전에 모든 남자들은 시야우스를 기념하면서 수탉을 죽여서 피를 흘린다. 그리고 부하라 사람들에게는 시야우스의 죽음을 애도하면서 부르는 노래가 있는데, 그 이름은 "마그의 통곡"이라고 한다.

　내가 이 성의 출입문을 통해 올라가려고 하자, 3,000원의 입장료를 내라고 했다. 입장료를 지불하고 매표소에서 조금 올라가자 오래된 꾸란을 보존하는 장소가 있었다. 이곳은 조미 사원(Yozma YongorIlkiAri)으로 17세기에서 20세기까지 꾸란을 필사한 것을 보존하고 있었다. 그리고 금요일에는 무슬림들이 모여 메카를 향해 기도하는 장소일 뿐 아니라 공동체의 모임 장소다. 천정에는 동방의 문화와 서방의 문화가 혼합된 조각들과 문양들이 새겨져 있었다. 나무 기둥위에는 몇 마리의 비둘기가 놀다가 배설물을 떨어뜨려 계단 위 바닥은 지저분하기도 했다. 건물은 세 개의 문으로 되어 있지만 모두 문이 잠겨 있어 안을 들여다 볼 수 없었다. 문틈으로 살짝 열린 곳으로 내부를 쳐다보았는데 온갖 잡다한 것들만 쌓여 있었다.

　이곳을 지나 조금 올라가면 왕의 보좌가 있는 궁궐이 있다. 출입문 안쪽에는 왕의 얼굴을 볼 수 없도록 벽돌로 된 칸막이가 설치되어 있다. 왕궁 안의 대신들이 왕 앞에 가려면 허리를 구부리고 걸어서 가야만 한다. 왕의 얼굴을 본 자는 그 자리에서 목을 잘라 죽였다고 한다. 왕이 앉는 의자의 천정에는 조각문양으로 되어 있으며 주변에는 수많은 기둥들이 세워져 있다. 왕의 의자를 중심으로 하여 정사각형의 둘레에는 대신들이 앉아서 연회를 베풀 수 있도록 되어 있다. 겨울 궁전 입구와 건너편에는 감옥이 있는데, 죄수들은 손과 발에 차꼬를 차고 있었다고 한다.

몇 년 전 서양의 고고학자들이 겨울궁전에서 발굴 작업을 하는 동안 많은 보물이 쏟아져 나와 덮어 두었다고 한다. 그리고 겨울궁전에는 수많은 금이 있었는데 이것을 스위스 은행에 보관하고 있는 것으로 알려져 있다. 스위스 은행에서는 부하라 왕국이 다시 건설되면 금을 돌려주기로 했다고 하는데 지금은 없을 것이라고 한다.

겨울 궁전 안으로 들어가면 박물관이 있다. 이 박물관에는 고대로부터 전래되어 온 다양한 유물들이 보존되어 있다.

3. 볼로 하우스(Bolo Xahzi) 마스지드(Masiidi)

볼로 하우스 마스지드는 1712년에서 1713년에 걸쳐 지은 이슬람 기도처다. 이 건물은 4개의 기둥을 가진 기도처로 유명하다. 볼로 하우스란 물 위에 있는 집이란 뜻이다. 기도처 앞에 연못이 있는데 연못위에 기도처가 비치기 때문에 붙여진 것이다.

내가 이곳을 방문했을 때는 금요일을 앞에 두고 있어서 그런지 아낙네 두 명과 젊은 청년이 빗자루를 들고 사원 앞을 쓸고 있었다. 사원입구에는 꾸란의 내용이 새겨져 있는 정문과 많은 기둥들이 세워져 있었다.

4. 미니라트 탑

　　부하라의 아침은 매섭고 추웠다. 호텔 문을 나서자 칼바람이 볼을 치기 시작했다. 얼마나 추운지 코에서는 콧물이 흘러내렸고 눈에서도 눈물이 흘러내렸다. 그런데 현지인은 대충 영하 5도 정도가 될 것이라고 했다. 그러나 내 짐작으로는 우리나라의 나진 선봉지역보다 위쪽에 있기 때문에 엄청 추운 날씨였을 것이다. 내 생애 이렇게 추운 곳을 걸어서 리서치 하는 것은 처음이었다.

　　부하라 사람들은 긴 코트(가죽으로 됨)를 입거나 전통 모자를 쓰고 다녔다. 모두가 추워서 움츠리고 걸어 다녔다.
어떤 사람들은 장갑도 끼지 않은 상태에서 집 앞에 쌓여 있는 눈을 치우기도 했다. 상점 문을 연 상인들, 노점상들은 두꺼운 외투와 두건으로 머리를 꼭꼭 싸매고 앉아서 손님을 기다리고 있었다. 어느 상점가게 아저씨는 날씨가 추우니까 전통 모자를 사라며 부르기도 했다.

　　현지인과 함께 전통시장, 즉 오거리에 위치한 곳을 통과해 높은 탑이 보이는 곳으로 갔다. 이곳은 3개의 이슬람 사원이 함께 있어 아름다움을 뽐내고 있었다. 아무리 생각을 해도 이해가 되지 않을 정도로 사원은 매우 높게 아름답게 건축되어 있었다. 사원마다 특징이 있었고 수많은 무슬림들이 이곳에서 기도하면서 자신들의 신앙을 지켰다는 것을 엿보는 순간이었다.

　　겨울궁전에서 좀 떨어진 곳, 3개의 시장이 모여 있는 곳, 그리고 중앙에 이슬람 신학교와 사원이 있는 곳에 위치한 미니라트(불이라는 뜻)는 쳐다보기만 해도 감동적이었다. 그 이유는 사막위에 어떻게 이런 건물이 높이 세워졌을까하는 생각 때문이었다. 이 탑의 높이는 46m이고, 계단은 105개이며, 맨 위의 창문은 14개가 된다. 그리고 46m의 높이에 14개의 층이 형성되어 있다. 각 층마다 다른 무늬로 되어 있다. 안쪽의 계단은 모두 나선형으로 되어 있으며 한 계단의 높이가 높은데, 이는 사람이 계단을 걸어서 올라갈 때 머리와 허리가 구부러지도록 설계한 것이라고 한다. 이는 신 앞에 올라가거나 높은 곳에 올라가려면 겸손하게 절하면서 올라가야 한다는 의미에서라고 한다. 그리고 탑 중간 중간에는 구멍이 나 있다. 이는 뮬라가(이맘) 올라가면서 노래를 부르면 성안의 모든 사람이 들을 수 있도록 하기 위함이다.

이렇게 높은 탑을 어떻게 지을 수 있었는지 궁금했다. 이 탑의 기초는 1127년에 건축된 것으로 우스토바코("우스토"는 기술자라는 뜻이고 "바코"는 이름)라는 건축자가 세운 것으로 알려진다. 그는 당시의 위대한 건축기술자였다. 그는 땅 밑에 기초를 아주 튼튼하게 했다. 깊이는 10m로 하고 기초석은 흙과 낙타 젖으로 구운 벽돌로 쌓았다고 한다. 그런데 이 기초를 쌓기 위해 흙과 낙타 젖으로 반죽한 흙을 붓고는 어디론가 사라져 버렸다는 것이다. 그가 어디론가 도망을 간 것은 땅 밑에 부은 기초가 튼튼해야 탑을 높이 쌓을 수 있기 때문이었다. 사람들이 아무리 찾아도 그가 어디에 숨었는지, 어디로 갔는지 알 수 없었다고 한다. 그가 어디론가부터 건축 장소로 되돌아왔을 때는 이미 흙이 잘 굳어져 있었는데, 비로소 그는 그 위에 탑을 쌓았다고 한다. 이렇게 오랜 세월동안 건축되어진 미니라트 탑은 여러 가지 의미가있다.

첫째, 무슬림들의 기도시간을 알려주는 망대 역할이다. 분주하게 생활하는 상인들과 카라반들에게 알라를 향해 기도하는 시간을 정확하게 알려주는 역할을 했다.

둘째, 불을 밝혀 주는 등대 역할이다. 사

막을 향해 여행하는 자. 실크로드를 오고가는 카라반들에게 밝혀주는 등대였다. 즉 사막의 등대 역할을 함으로 달이 없는 밤에는 이 불을 보고 오아시스를 찾고 쉬어가는 곳이 되도록 했다.

셋째, 왕과 백성들에게 큰 범죄를 한 사람들에게 사형을 집행하는 장소였다. 미니라트 탑의 사형자 가운데는 젊은 학생이 있었다고 전해진다. 이 학생은 남몰래 겨울궁전, 즉 왕이 사는 궁전을 향해 성벽을 타고 올라가다가 미니라트에서 망을 보고 있는 경비원에게 붙잡혔다고 한다. 그가 성벽을 타고 올라가다가 붙잡힌 후 곧바로 미니라트 꼭대기까지 끌려 올라가 문을 통해 탑 밑으로 던져졌다고 한다. 그때부터 이 탑은 죄수들을 죽이는 탑이 되기도 했다.

넷째, 전망대의 역할이다. 성을 지키고, 저 멀리서 적들이 침략해 오는지를 지켜보는 파수대였다.

다섯째, 하나의 앙상블이다. 이는 탑 위에서 아래를 내려다보면 왕궁과 사원, 시장, 모든 것이 내려다보이기 때문에 앙상블이라고 한다. 이를 꼬이 깔론("꼬이"는 발밑이라는 뜻이고, "깔론"은 밑에 라는 뜻이다)은 발밑에 있는 앙상블이라고 한다. 그만큼 탑 위에서 아래를 내려다 볼 때 아름다움이 넘친다는 것이다.

5. 미지트 칼론 사원

"미지트 칼론"이란 미니라트 탑 바로 옆에 있는 가장 큰 사원이라는 뜻이다. 이는 일명 금요성전이라고 불리는 부하라의 큰 이슬람 사원이다. 이슬람의 명절인 고르반하이트 때에는 1만 2천 명의 무슬림들이 모여 기도

하기도 했다. 이 사원의 커다란 대문은 페르
시아와 이슬람의 전통적인 무늬모양으로 새
겨져 있고, 문을 통과하여 들어가면 오른쪽
에는 기도하는 방이 있으며 왼쪽에는 꾸란을
읽고 공부하는 방이 있다.

　　부하라의 역사에 가장 비참한 시기는 칭기즈칸이 침략했을 때라고 한
다. 칭기즈칸이 침략하여 미즈트 칼론 사원에 말을 타고 들어와 기도하는
800명의 사람들을 죽였다고 한다. 물론 칭기즈칸의 침입으로 도망간 사람
도 있지만 말의 발에 치여 죽은 사람이 그렇게도 많았다고 한다. 이 사원에
는 800명의 죽은 사람들을 위한 무덤이 있는데 그 앞에는 죽은 사람들을 위
해 심은 뽕나무가 지금도 자라고 있다. 사원 양 옆으로 수많은 기둥들이 세
워져 있다. 보통 14개의 기둥들이 오른쪽과 왼쪽에 세워져 있고 2층으로 지
어져 있다.

　　금요일 아침 사원에는 부하라에 내린 눈을 치우려는 어린 아이들과 무
슬림들이 모여 들기 시작했다. 아무리 추운 날씨에도 그들은 장갑조차 없이
정성껏 눈을 치우고 메카를 향한 기도를 준비하고 있었다.

6. 부하라의 이슬람 학교

　　미지트 사원을 나와 광장을 건너 미리아
랍(Miri Arab) 이슬람 소학교로 들어갔다. 이
학교는 동쪽에 위치에 있었고 지금도 소학교
로 사용되고 있었다. 오른쪽에는 기도할 수
있는 방이 마련되어 있었고, 기도처로 들어가
는 왼쪽 벽에는 하루에 다섯 번 기도시간을 알려주는 시계가 걸려 있었다.

그런데 이 학교는 낮에는 여학생들이 공부를 하고, 밤에는 남학생들이 공부한 후 2층 각 방에서 잠을 잔다. 2층은 모두 이슬람 남학생들을 위한 우루드르가(기숙사)로 사용되고 있었다. 기숙사에는 2-3명의 학생이 함께 공동생활을 하도록 되어 있다. 기숙사는 문을 열고 들어서면 정면에는 각자의 짐, 즉 책과 꾸란을 놓을 수 있는 선반이 있고 중앙에는 숯불을 놓고 공부하도록 난로가 있다. 숯 난로 위에 책상을 놓고 그 안에 다리를 놓으면 몸이 따뜻하게 된다.

왜 남학생들은 밤에 공부를 하는가? 남자아이들은 낮에는 토크자르가론(Tool Zargaron), 즉 대장간과 상점에서 일하기 때문이었다. 이슬람 소학교에서 뒤편으로 나오게 되면 토크자르가론이 세 개나 있다. 이곳의 건물들은 한결같게 교차로로 건축되어 있다. 토크자르가론의 시장을 보통 축제의 장, 교차로, 금, 은을 파는 시장이라고 부른다.

이 건축물의 특징은 지붕에 모두 구멍을 낸 것이다. 이는 실내의 더운 공기가 밖으로 빠져 나가므로 실내의 공기가 시원해지도록 하기 위함이다. 실내 공기를 맑게 해주는 환풍기 역할을 하도록 만든 중세 건축 기술의 지혜를 엿볼 수 있다. 이러한 시장의 건물들은 모두 16세기의 것인데, 시장은 두 종류로 구분된다. 하나는 "찜"이란 시장인데 물건을 만들어 놓은 것을 판매한다. 그리고 또 하나는 "토끼"인데 이는 물건을 만들어 직접 판매하는 곳이다. 이를 "자쉬자가" 시장이라고 부른다. 부하라의 매력은 카라반들의 무역을 위해 시장이 잘 형성되어 있다는 점이다. 실크와 향료 등을 주고받으며 장사를 했고, 때로는 그들의 쉼터가 되었다.

부하라에는 이슬람에서 가장 유명한 울루벡(Ulubek) 신학교가 있다. 울르벡은 1417년경의 사람이다. 그는 우즈베크 내의 이슬람 여자들을 위해 문호를 개방한 사람이다. 이슬람 사회에서 금기로 되어 있던 여성교육의 현대화를 이룬 장본인이다. 울루벡은 여권신장을 일으켰고 여성들에게도 교육의 기회가 주어져야 한다며 공개된 학교에서 공부할 수 있는 제도를 만들었다. 당시 남자들만 학교에서 공부하던 제도를 바꿔 모든 사람들이 공부하도록 문화를 변혁시켰다. 또한 신학교를 세워 남녀모두 공부하도록 했을 때는 전쟁도 없고 생활하기가 가장 평화로운 시기였다.

울루벡은 늘 여자들도 공부할 수 있다고 말했으며 그로 인해 이슬람 사회에서 비판도 많이 받았다. 하지만 여성들의 사회 활동을 위해서는 정상적인 교육이 필요하다고 믿었다. 그래서 여성도 남성들과 동일하게 이슬람 신학을 공부하도록 한 것인데, 근본주의자들로부터 많은 공격을 받았다. 울루벡은 사회개혁, 제도 보완 등으로 오늘날도 이슬람 여성들에게 존경을 받는 인물이다.

압둘라지콘 신학교(Abdulazlxoz)는 부하라 지역에 1652년에 설립된 학교다. 이 신학교의 건물에는 많은 학생들이 공부한 것으로 알려지고 있으며 입구에는 메카를 향한 기도처가 있다. 메카를 향한 기도처에서 밖으로 20m 정도 걸어서 가면 또 다른 기도처가 있다. 그곳을 바라다보면 남자의 형상으로 된 그림이 보인다. 처음에는 아무런 생각 없이 기도처의 조각을 만들었으나 후세에 남자의 형상이 발견된 것을 보고 모두가 놀랐다고 한다. 이 형상 때문에 이슬람신학자간에는 논쟁이 일고 있다. 꾸란에는 아무 형상에든지 절하지 말고 숭배하지 말라고 되어 있는데 어떻게 남자의 형상이 있느냐는 것이다. 이 논쟁은 지금도 끊이지 않고 있는 것으로 알려져 있다. 신학교의 정문에서 들어서면 마당을 중심으로 정사각형으로 된 2층 건물이 둘러 싸여 있다. 이 건물들은 당시 학생들의 기숙사로 사용되었고 중앙에는 우물이 있다. 고대 부하라에는 수많은 이슬람신학교를 비롯하여 소학교가 있었고, 여러 개의 기도처가 있다. 부하라는 이슬람이 얼마나 융성하였는가를 보여주는 곳이다. 아마도 현대사회에서도 이런 곳은 찾아보기 힘들 것이다.

고대 도시에 신학교가 많다고 하는 것은 이슬람 신학생이 많았다는 것인가? 아니면 모든 사람이 신학교를 졸업하고 이맘(물라)으로 활동했는지도 의심스럽다. 아니면 모든 무슬림들이 꾸란을 공부하기 위해 신학교에 다녔는지도 의문이다. 실제적으로 사막 안에 작은 도시, 카라반이 왕래하는 곳, 동서가 만나 무역을 하는 장소에 신학교가 많다는 것만으로도 이슬람이 가장 강하게 번성했던 곳으로 보인다.

가장 추운 날 이슬람 신학교를 벗어나 조로아스터교의 달 신전, 16세기에 가장 활발했던 사로폰(Sarrofon), 즉 환전시장(돈 바꾸는 시장)에서 얼마간의 돈[55]을 바꾸기 위해 실내로 들어갔다. 환전소에 들어가자 따뜻한 바람이 불어왔다. 문 쪽 벽에 붙은 온풍기는 삼성제품이었다. 바깥 기온은 영하 15도이하이다. 워낙 추운 날씨에 활동하다가 실내로 들어가니 온 몸이 눈 녹듯이 따뜻해지기 시작했다.

환전소를 나와 유대인(히브리)인들이 모여 사는 곳을 찾아 가려고 골목길로 들어서자 "곤니찌와"라는 인사말이 들린다. 나를 일본 사람으로 착각한 것 같다. 내가 그들에게 "나는 일본 사람이 아닌 한국 사람"이라고 하자, 곧바로 "안녕하세요"라고 말을 바꿨다. 한국 관광객이 많이 다녀갔나 보다. 우즈베크에서 한국말을 조금 하는 사람들은 대부분 한국에서 노동자로 일한 사람이다. 그들은 한국 사람을 만나면 언제나 "안녕하세요"라고 말하며, "저 한국에서 2년간 일했어요"라고 하든지 또는 대구, 인천 남동공단 등 여러 곳에서 일했다며 자랑을 한다. 내가 유대인들이 모여 사는 곳을 걸어서 가는데 노점상 아주머니가 담배를 사라고 권했다. 곧바로 "나는 담배를 피우지 않는다"라고 말했더니 아주머니는 그냥 가라고 했다.

7. 유대인 정착촌

과거 이스라엘 땅에서 디아스포라로 살던 유대인들이 이곳에 일부만 남아서 생활하고 있다. 그들이 사는 골목길은 매우 협소하고 좁다. 골목으로 들어가는 길은 눈이 쌓여 빙판이었다. 빙
판길에서 넘어지지 않기 위해 종종 걸음을
쳐서 100m 쯤 들어가자 유대인 회당이 보였
다. "유대인 회당"이라고 큰 글자로 쓰지 않
고 파란 대문에 히브리 글자만 써있을 뿐이
었다. 대문이 살짝 열린 곳으로 안을 들여다보자 "샬롬"이라는 히브리 글씨
가 보인다. 대문 옆에는 헌금 통이 놓여 있고 봉해져 있었다. 누구나 방문하
고 싶은 마음이 있으면 헌금하라는 뜻이다.

　　왼쪽 유리문으로 여러 개의 테이블이 보였다. 문을 노크하고 들어가
보니 나이 많은 노인 두 명과 젊은 사람이 뭔가를 이야기하고 있었다. 이들
은 열심히 랍비들의 문헌을 읽으며 토론하고 있었다. 그들이 읽는 토라는
손때가 묻어 어지럽게 널려 있었다. 벽에는 이스라엘의 전통적인 별이 그려
진 국기가 걸려 있었다. 그 별을 중심으로 십
계명을 쓴 자수들이 벽 둘레를 장식하고 그
밑에는 히브리어로 된 글들이 써져있었다.
젊은이가 커튼을 젖히고 300년 전에 손으로
쓴 토라를 보여주었다. 이 토라는 보존용이
기 때문에 만질 수는 없다고 말했다. 다만 중
앙아시아에서 가장 훌륭한 랍비가 있으니 그
사람을 만나보라고 했다. 명함 크기의 종이
에 그 분의 주소와 전화를 알려줄 뿐 더 이상
의 질문에는 대답이 없었다.

　　유대인 정착촌, 구소련이 해체되고 독립된 우즈베크에 아주 작은 숫자
가 디아스포라로 살고 있다. 그들은 아직도 예수 그리스도를 메시아로 인정
하지 않고 구약의 토라를 열심히 공부하고 있을 뿐이다.

　　유대인 정착촌을 벗어나자 실크로드를 상징하는 낙타 동상이 보였다.

낙타 동상과 그 주변에는 공원과 연못, 그리고 그 옆에는 이슬람 기도처가 있었다. 연못 주변에는 아주 오랜 세월을 지난 뽕나무들이 있었다. 하나는 죽어서 나뒹굴고 있었고, 물가에는 여러 뽕나무들이 운치를 더해 주고 있다. 연못 주변에 세워진 뽕나무들은 지금으로부터 477년 된 것들이었다. 이 뽕나무를 보면서 삭개오가 예수를 만나기 위해 올라갔다는 성경의 말씀이 생각났다.

이제 고대 도시 부하라를 떠나야 할 때가 왔다. 부하라는 이슬람 근본주의가 가장 오랜 기간 동안 보존된 곳이다. 이곳을 방문하면 이슬람문화가 깊숙이 자리 잡고 있음을 느낄 수 있다. 이렇게 이슬람의 역사가 오래된 도시, 지금도 가장 많은 무슬림인구가 사는 곳에서 영적능력을 나타내며 생활하는 작은 무리의 그리스도인들이 있다. 그들은 지금도 존귀하신 하나님의 손길과 인도를 받으며 매일 매일을 살고 있다.

사마르칸트에서 긴 여행을 한 끝에 도착한 고대 도시 부하라. 내가 뒤로 하고 떠나온 사마르칸트는 세계에서 가장 아름다운 도시라고 한다면 부하라는 이슬람의 영향과 전통이 강한 도시다.

사마르칸트는 아무리 티무르가 도시로 만든 곳이다. 아무리 티무르는 카스카드랴주에서 출생하여 우즈베크의 역사를 이끌었던 인물이다. 반면에 부하라는 우즈베크에서 이슬람 전통을 가장 잘 지키는 도시다. 이제 이 도시를 벗어나려 한다. 이 도시를 벗어나 우르겐치로 가려 한다. 우르겐치에서 30분 거리의 히바도 방문하려 한다. 히바는 부하라를 축소해 놓은 도시다. 이 도시는 이슬람교도들만으로 건설되었던 왕국이었다.

UZBEKISTAN
10 고대 도시
부하라의 선교적 상황

1. 이슬람 고대 도시 부하라의 교회

　　인구 30만의 부하라에는 다양한 종교가 공존한다. 과거에는 실크로드의 중심지로서 이동이 잦았던 이슬람교도가 가장 많이 거주하는 곳이었다. 이곳의 이슬람은 가장 전통적이며 교리에 충실하다. 또한 부하라에는 가톨릭교회, 동방정교회, 안식일교회, 오순절교회, 순복음교회가 있다. 가톨릭교회, 순복음교회, 동방정교회는 우즈베크 정부에 등록된 교회다. 정부에 등록된 교회라 해도 정부의 법을 잘 지켜야 유지될 수 있다.

　　이러한 곳에서 개신교 신자들은 신앙 생활하는데 많은 어려움을 겪고 있다. 그러나 그들은 잘 견디면서 지낸다고 한다. 자신들이 믿고 확신하는 하나님에 대하여, 구원에 대하여 기쁨으로 받아들이면서 신앙적 삶을 살고 있다. 그들은 한결같이 "만군의 여호와여 우리를 돌이키시고 주의 얼굴 빛을 비취소서 우리가 구원을 얻으리이다"(시 80:3)는 믿음을 갖고 산다. 그뿐 아니라 이들은 "하늘에서는 주 외에 누가 내게 있으리요 땅에서는 주 밖에 나의 사모할 자 없나이다"(시 73:25)의 말씀처럼 산다. 이슬람교도들은, 우리 종교는 기독교를 인정하지 않는다. 왜냐하면 "성부, 성자, 성령을 강조하기 때문이다"라고 말한다. 또한 자신들의 종교는 전통 종교 같은 것에 대하여 관심이 없다. 왜, 알라는 무엇이든지 다 알기 때문에 굳이 그런 것에 관심을 둘 필요가 없다고 말한다. 알라가 명령한 대로 살면 무엇이든지 채워주는데 굳이 나무, 돌, 어떤 형상 앞에 기도하는 것은 범죄 행위다. 그러니까 모든 인간은 알라를 충실히 믿어야 한다. 이것이 기차 안에서 만난 무슬림의 이야기였다. 그러나 부하라 지역의 상당수 무슬림들은 꾸란의 명령과는 반대로 사는 사람이 많다. 이 부분에 대해서는 민간신앙 부분에서 이미 다루었다.

　　부하라에는 무엇보다 무슬림들이 가장 많이 사는 곳이다. 순니, 즉 근본주의 이슬람교도들의 고향이라고 할 정도다. 부하라 전시내는 이슬람적 사원과 건물, 모양들이 즐비하게 들어서 있다. 건물들이 멀리 있는 것도 아니고 바로 옆에 붙어 있다. 그만큼 실크로드를 왕래하는 카라반들 가운데 무슬림이 많았다는 얘기다. 이들은 부모의 신앙을 따라가는 경우가 많다.

2. 어느 젊은 여성의 간증

　　어느 젊은 크리스천 여성은 학교에서 "왜 너는 잘못된 진리와 신앙을 따라가느냐"라는 말을 들었지만 변함없이 신앙생활을 했다. 그녀는 선생님으로부터 많은 핍박과 조롱을 받아도 끝까지 그리스도인으로서 신분, 삶의 모델, 희생을 보여줌으로 존경의 대상이 되기도 했다. 그녀는 학교를 졸업한 후에 직장에서도 동료들로부터 핍박을 받았다. 그러나 거룩한 그리스도인의 삶을 보여 주므로 결국 그들도 기독교인인 그녀를 허용했다고 한다. 무슬림이라고 할지라도 예수님을 믿는 사람이 희생을 보여주고 살면 인정한다고 말했다. 또 그녀는 "그리스도인들은 핍박을 받을 때 지혜롭고 겸손한 마음으로 이를 받아들이면서 살면 된다. 두려워할 필요가 없다"라고 말했다. 그녀가 지금까지 신앙생활을 한 기간은 8년에 불과하지만 교회에서는 찬양대와 율동, 주일학교 교사 등을 하면서 영적 생활을 누리고 있었다.

그녀는 자신의 영적 성장을 위해 집에서 성경을 날마다 읽으며, 그 말씀을 지키기 위해 노력하고, 기도하며 산다고 했다. 그런 그녀가 8년간의 신앙을 하면서 얻은 결과는 매우 많다며 간증하기를 즐겨했다.

첫째, 과거에는 불의를 보면 참지 못하는 성격이었고, 대인관계가 좋지 않아 집에만 주로 있었지만, 예수를 믿고 난 후부터 사람을 대하는 태도가 달라졌고, 생활 습관이 달라졌다. 타인의 잘못을 이해할 수 있는 마음이 생겼고, 보다 타인을 더 깊이 이해하려는 태도로 변했다.

둘째, 그 여인은 질병을 고침받기도 했고, 상한 마음을 치료받기도 했다. 자신을 실망시킨 사람을 쉽게 잊어버림과 동시에, 사람을 사랑으로 대할 수 있는 마음으로 살고 있다며, 말하는 내내 웃음 지었다.

셋째, 성적도 향상되었다. 예수 믿기 전에는 성적이 늘 4.3-4.5정도였는데 5점 만점을 얻어 우수한 성적으로 졸업했다. 이와 같은 일이 어떻게 일어날 수 있겠는가? 모두가 다 하나님의 은총이기에 가능하다고 그녀는 말했다.

자신이 믿는 하나님은 어려움이 있을 때, 그리고 힘들 때 나를 축복하시고 나의 정직함을 보시고 축복하신다고 믿고 있었다. 그녀의 간증은 "저가 백성의 가난한 자를 신원하며 궁핍한 자의 자손을 구원하며 압박하는 자를 꺾으리로다"

(시 72:4)라는 다윗의 외침과도 같이 들렸다. 나는 그녀의 간증을 들으면서 부하라에서 가장 유명하다는 곳을 방문했다.

나는 짧은 일정 동안에 부하라의 젊은 그리스도인을 통해 신앙과 삶, 그리고 종교적인 도시에 대한 설명을 들었다. 그들은 작은 공동체로 모이지만 교회에서 열심히 믿음을 지키는 위대한 그리스도인들이었다. 그들은 항상 "하나님께 가까이 함이 내게 복이라 내가 주 여호와를 나의 피난처로 삼아 주의 모든 행사를 전파하리이다"(시 73:28)를 외치면서 산다고 했다. "주께서 높은 곳으로 오르시며 사로잡은 자를 끌고 선물을 인간에게서 또는 패역자 중에서 받으시니 여호와 하나님이 저희와 함께 거하려하심이로다. 날마다 우리 짐을 지시는 주 곧 우리의 구원이신 하나님을 찬송할찌로다"(시 67:18-19)라고 기뻐하는 그들의 모습이 눈에 선했다. 그녀는 우리와 헤어질 때도 180도로 허리를 굽혀 "잘 가라"고 인사를 했다. 부디 하나님의 축복가운데 가는 길에 복이 있기를 바란다며 아쉬워했다.

3. 부하라에서 복음전도

부하라는 지금도 인류학자, 각국의 언론매체가 끊임없이 방문하면서 역사와 문화를 소개받는 고대 도시다. 부하라는 지금도 사막 안에 있는 이슬람의 거룩한 도시다. 이 도시는 동서 문화가 결합되는 곳이기도 하고, 이슬람 점령시대에 가장 격렬하게 싸움을 했던 곳이기도 하다. 지금도 그런 곳에서 생명의 위협을 느끼면서 사는 기독교인들이 있다. 그들의 믿음, 기도, 하나님 사랑, 성령의 열매, 그리스도의 존재와 능력, 이런 영적 요소들은 전도에 힘을 실어준다. 그런데 이런 힘이 효율적일 수 있게 전달되어야 한다. 이런 통로의 개발은 무엇을 말하는지에 대한 전략의 문제다. 부하라의 무슬림에게 복음을 전하고자 한다면 이슬람 가르침의 체계에 곧바로 직면하게 된다. 따라서 이슬람에 관하여 무엇을 하려는 것인지를 결정해야 한다. 여기에 세 가지 기본적인 것이 있다. 그것은 체계를 흔들어 놓는 것, 함께 세워나가는 것, 다방면으로 검토해 보는 것이다. 이슬람의 체계를 흔들기 위해서는 이슬람의 취약점과 복음의 우월성을 보여주기 위해 증거와 논쟁이 있어야 한다. 이것은 개인적인 불편함이 있게 될 것이다. 하지만 불친절하고 무시하는 방식으로 행할 필요가 있다. 많은 기독교인들은 종종 이 방식의 전략의 받아들이고 있다. 그러나 전략적으로 결정의 수위를 조절할 필요가 있다. 많은 무슬림들이 기독교 신앙에 대해 이런 접근방법을 통해 논쟁을 할 때 역습을 노리는 것은 당연한 일이다. 이런 논쟁적 접근방법은 우정관계를 깨뜨리는 것이 된다. 대부분 무슬림들에게 종교적 신념은 신앙과 문화의 문제라는 것을 기억해야 한다. 이것들은 논쟁으로 쉽게 바뀌질 문제가 아니다.

다음으로 함께 세워나가는 전략은 성경을 지지해 주는 꾸란의 구절이나 무슬림이 확신하고 있는 기독교적인 진리 같은 이슬람 안의 좋은 것들을 사용하는 것이다. 이런 접근법의 몇 가지 창의적인 적용이 최근 몇 년간 계속 계발되었다. 그러나 이런 전략의 위험요소 중의 하나는 이슬람의 어떤 면들을 은연중에 인정하게 된다는 것이다. 다면적 검토를 해 보는 것은 이슬람의 가르침과 함께 격심한 대화로부터 일어나게 되는 복잡성을 피해 가면서 직접적이며 긍정적으로 복음의 중심에 이르려는 최선의 방법이라고 본다. 이런 방법은 몇 가지 강점이 있다. 많은 사람들은 기독교가 유럽에서 왔다고 말한다. 아니, 미국에서 왔다든가 또한 이슬람은 중동에서 왔다고 하면서 개인적인 대화에서 특별히 적절한 것을 발견하기도 한다.

이슬람을 다방면으로 검토해 보는 것은 그것을 무시한다는 것과 같은

것이 아니다. 반대로 이슬람의 언어를 할 수 있는 대로 아는 것이 더 중요하다. 예를 들면 죄와 기도 같은 내용들이다. 복음을 전하는데 있어서 하나님의 성품과 인간의 본성과 같은 것이 명확해야 한다. 이런 것들에 대한 이슬람의 이해는 기독교와 같지 않기 때문에 분명한 커뮤니케이션을 위해서 부연 설명을 해야 한다.

이슬람의 무슬림들과는 대화를 주의해야 한다. 무슬림과 종교를 말한다는 것이 아주 쉬울 수 있다. 그들이 가장 관심있는 분야를 꺼내지 않는다면 아마도 그 친구가 먼저 할 것이다. 그러나 이런 것이 항상 대화에 진전이 있는 것이라는 표시는 아니다. 예수 그리스도, 성경 혹은 기독교에 대하여 얼마만큼 이야기를 해야 하는지. 당신이 할 수 있는 한 많이 하는 것이 중요하다. 적대관계로 발전되지 않도록 주의해야 한다. 대화하는 동안 "내 생각에 반대하는 당신의 생각, 나의 종교에 대한 당신의 종교, 나의 민족에 대한 당신의 민족, 나의 문화에 대한 당신의 문화"같은 것으로 전락될 수 있다. 만일 이렇게 된다면 당신의 친구는 당신이 잘못되었다는 것을 증명하기 위해 강한 감정을 갖게 될 것이다. 당신은 그리스도를 당신의 친구에게 알려주기를 원하고 있다. 만약 당신이 서구의 문화와 사고를 갖고 있다면 그런 것으로부터 벗어나도록 해야 한다. 예수의 제자로, 친구로서 당신의 친구를 바라보면 더 잘 들을 수 있게 될 것이다. 에베소서 4:25-5:2절은 새로운 생활의 본을 보여주는 실례가 된다. 여기서는 거짓을 버리고, 이웃에게 참된 것을 말하고, 서로 지체가 되고, 분을 내어도 죄를 짓지 말고, 마귀로 틈을 타지 못하게 하라. 도적질 금지, 성령을 근심되게 하지 말고, 서로 용서하고, 하나님을 본받는 자가 되라고 권하고 있다. 에베소서의 말씀은 전도의 모델이 되도록 가르쳐 주는 내용이다.

그리고 복음에 가까운 부수적인 일에 시간을 투자하면서도 현지인이 당신을 도와주고 돌보이게 할 사람들과 인맥을 쌓는 것이 좋다. 가능한 한 많은 도움을 주고받으며 이들과 관계를 만들어 나가야 한다. 현지에서는 사역자를 향한 적도 존재하게 될 것이다. 이들과도 관계를 맺는데 소홀하면 안 된다. 최소한 그들이 어떤 일을 하고 있는지는 알아야 위급상황에 적절히 대처할 수 있다.

복음을 전달하기 위한 사명을 받았다면 현지인들과 함께 일하기 편한 사람이 되어야 한다. 이는 현지에서 장기 체류를 위한 절대적 요소다. 좋은 시기에는 당신이 다루기 어려운 사람이라도 현지인들은 개의치 않을 것이다. 하지만 누군가를 꼭 추방해야 하는 상황이 오면 평소 누가 다루기 힘든 사람이었는지 현지인은 깨닫게 된다.

우선 현지 상황이나 국가, 종교에 대한 불평을 멈춰야 한다. 사용하고 있는 시설이 낡고, 통신과 교통이 불편하다고 불평하는 것은 당신에 대한 평가를 떨어뜨릴 뿐이다. 현지에서 불평은 가장 마지막 순간에 하는 것이다. 만약 해결해야 할 문제가 생기면 불평하지 말고 해결하는 것이 바람직하다. 이때도 사실에 기초한 정보를 파악해 관련자를 찾아 잘 설명해야 한다.

선교지 현장에는 정치가 있다. 지역의 촌장, 관공서의 사람들, 만나는 기독교인 사이에 역학관계가 없을 수 없다. 사역자의 의지와 상관없이 항상 위협에 노출될 수 밖에 없다. 종교적 박해가 심하게 될 때는 더욱 심  하다. 주변에서 무슨 일이 벌어지고 있는지 감지하고, 이에 대비할 필요가 있다.

하지만 사역자는 정치적인 사람이라는 이미지를 심어서는 안 된다. 여러 사람의 의견을 듣고 자신의 의견을 정립하되 공개적으로 이를 드러내는 일은 삼가야 한다. 특히 자신의 영역을 뛰어 넘는 것은 언제나 정치적이라는 이미지를 풍긴다.

선교 사역자는 다른 사람이 믿고 의지할 수 있는 사람이 되어야 한다.

현지인들과 한 약속에는 책임을 져야 한다. 꾸준히 쌓은 신뢰도 한 번의 실수로 무너져 내릴 수 있다. 따라서 이행할 수 없는 일에 대해서는 약속을 하지 않는 것이 좋다. 믿을 수 있는 사람이 되면 더 많은 책임을 맡게 되고, 현지 내에서 위치는 상승하게 된다.

다음으로 생각할 것은 늘 인맥을 만들고 준비하는 것이다. 늘 준비하는 것은 생존을 위해 꼭 필요한 것이고 장기 사역의 사수를 위해 필요한 것이다. 일을 하는데 있어 사역자에게 영향을 끼칠 사람들을 만날 기회를 적극적으로 만들어가는 것이다. 인맥관리에서 중요한 것은 마음 상태다. 현지 식당이나 길거리에서 우연히 만난 사람이라도 마음을 열고 지속적으로 다가갈 의지가 있다면 폭넓은 인맥을 형성할 수 있다.

마지막으로 이 지역에서의 효과적인 사역을 위해서는 4가지가 필요하다고 본다. 그것은 비전(Vision), 방법(How-to), 자신감(Confidence), 감동을 주는 일(Storytelling)이다. 비전은 어려운 현실과 찬란한 미래를 선택할 것에 대한 요구가 채워져야 한다. 즉 꿈, 미래 현지인들에게 비전을 심어줘야 한다. 방법은 비전에 닿는 사다리, 현실을 직시하고 그를 바탕으로 한 방법제시, 그리고 할 수 있다는 용기와 자신감이 필요하다. 그리고 감동을 주려면 솔직한 이야기로 진정성을 가미하는 일이다. 삶의 방법이나 대화에서 눈가를 적시는 감동을 주는 것이 사역에 도움이 된다.

11 사막을 거쳐 우르겐치로

UZBEKISTAN

1. 넥시아를 타고

낮 12시, 호텔에서 체크아웃을 했다. 우르겐치로 이동하기 위해 넥시아 차를 렌트했다. 부하라에서 기차로 우르겐치로 가려 했으나 직접 가는 것이 없다고 한다. 과거 소련 시절 기찻길 일부가 되어 길이 막혔다고 한

다. 만약 기차로 우르겐치에 가려면 다시 남오이역에서 기차를 갈아타고 가야한다는 것이다. 그렇게 되면 많은 시간이 걸려 리서치는 제대로 할 수 없게 될 것이기 때문이다.

부하라에서는 교통편이 불편하기 때문에 할 수 없이 차량을 렌트하여 가기로 했다. 거리는 460km다. 우르겐치를 거쳐 히바까지 가는 길은 사막 길이고, 스탈린 시절에 도로를 건설했다. 과거에는 구소련과 투르크메아로 가는 곳이어서 많은 물자들이 수송되었다고 한다. 현재는 우즈베크의 농산물인 양파와 배추 수송의 길이 되었고, 러시아에서는 농기계의 부속품을 수

송해 오는 도로가 되었다.

부하라에서 우르겐치로 가는 곳에서는 주로 목화를 생산하고 있었다. 목화씨를 거두기 위해 밭에 그대로 놓아둔 광경, 할라트라는 전통 옷을 입은 남성과 여성들이 눈에 띤다. 우즈베크의 전통의상은 크게 두 가지로 구분한다. 두꺼운 옷은 "차판"이라 하고, 얇은 옷(여름에 입는 옷)은 "할라트"라고 한다. 전통의상은 두께에 따라서 명칭이 달라진다.

아무튼 부하라에서 우르겐치까지 이동하는 동안 운전한 기사는 "우림"이라는 57세 된 자다. 그는 자녀와 결혼생활, 전통과 신앙 등에 대하여 이야기를 하면서 나를 우르겐치까지 무사히 데려다 주었다.

나는 우르겐치로 가는 동안 많은 것을 보고 느꼈다. 우선 부하라의 도시를 벗어나자 목화밭이 길게 늘어섰다. 가정마다 목화밭에서 거둔 것으로 가득 찼다. 과거 스탈린 시대에 건설된 도로는 일직선이다. 주변에는 나무 하나 없다. 검은 모래 바람이 불어올 뿐 아무것도 없다. 러시아 시절에 심어 놓은 사막의 나무만이 앙상하게 바람에 휘날리고 있었다. 누구도 살 수 없는 사막이 우즈베크에도 있다. 1968년 이후 40년 만에 불어 닥친 한파로 동쪽에서는 수십만 마리의 양들이 죽었다고 한다. 우림(운전기사)은 말했다. 2008년 1월 6일에 내린 눈은 녹지도 않고 지금까지 있으며 이렇게 추운 것은 처음이라며 혀를 찼다.

긴 지평선으로 펼쳐진 도로, 도로 옆으로 누군가를 위해 서 있는 전봇대, 100km 지점마다 파란 제복을 입은 경찰들, 어쩌다가 만나는 트럭과 고장난 차량이 전부였다. 가끔은 보일 듯 말 듯 한 지평선 너머로 달려오는 티코 승용차.... 아무도 부르지 않는 곳이지만 우르겐치라는 도시만 바라보고 달리고 있다.

2. 가슬리의 가스 유전

　　우르겐치로 가는 길목의 몇 개의 검문소를 지나자 가슬리가 나왔다. 이곳은 한국 사람이 가스를 발견했다고 해서 지은 이름이다. 아무 곳이나 파이프만 꽂으면 가스가 나왔던 곳이란다. 구소련시절 가슬리에는 카작 사람들이 많이 살았지만 그들은 다 떠나고 빈집만 남아 있다. 카작은 자기 종족 보호 정책을 쓰면서 이주정책을 쓰고 있다고 한다. 카작 종족이 카자크로 입국하게 되면 정착금을 지원한다. 이제 가슬리에는 고려인도 카작 종족도 없다. 그저 황량한 사막위에 무너진 집터만 남아 있다.

　　우르겐치에서는 고려인들이 벼농사를 지으면서 살았다고 전해진다. 과거에는 수박, 양파를 심고 생활하였지만 독립이후에는 모두 떠나고 없다. 고려인들은 구소련시대에 우즈베크의 각 도시에 흩어져 살았었다. 이제는 농촌의 생활이 너무 어려워 러시아나 카자크, 또는 사마르칸트, 타슈켄트 등의 대도시로 이주한 상태다.

　　실제로 사막에는 구소련시대에 심은 나무가 전부일 뿐 아무것도 없었다. 1월에 내린 눈, 세찬 바람, 가끔 보이는 민가, 멀리 보이는 철길, 어쩌다가 지나가는 대형화물차만 보일뿐이었다.

　　우르겐치로 가는 도로는 일직선으로 되어 있다. 여름철의 강렬한 태양열(50도)로 인해 녹아 버렸는지 울퉁불퉁하다. 도로가 패여 차량이 곡예운전을 하듯이 지나가는 길에 까마귀와 들비둘기가 날아간다. 하늘을 나는 새, 사막에서 무엇을 먹고 사는지. 아니면 겨울철 도로에서 먹을 것이 있다고 떼 지어 날아오는지 알 수 없다.

3. 키질쿰사막과 카라쿰 사막

    부하라에서 우르겐치로 가는 사막, 즉 아무다리야 강 동쪽에 있는 사막을 크질꼼(키질쿰)은 투르크어로 "붉은 모래" 또는 "빨강색 모래"라고 부른다. 크질꼼이라고 부르는 것은 "무엇이든지 태워버릴 듯하다"라는 의미로 "매우 덥다"라는 뜻이다. 실크로드를 오고가는 대상들도 한 여름에는 이

길을 다니지 않았다고 한다. 너무 더울 뿐만 아니라, 물이 없었기 때문이었다. 그렇다고 모래가 아주 부드럽거나 작은 모래도 아니고 곳곳에 작은 사구가 있을 뿐 특징적인 것은 없다. 다만 구소련시절에 심어놓은 사막의 나무가 군데군데 자랄 뿐이다.

    아무다리야 강 서쪽지역은 코라꼼(카라쿰)이라는 "검은색 모래" 지역이다. 코라꼼 모래는 우르겐치로 가는 롱겔라 검문소를 기점으로 한 사막과 투르크메니아 지역 대부분이다. 한 여름에는 50도의 더위로 인해 숨을 쉬지 못할 정도라고 한다. 그런 사막에는 여우들이 살고 있다고 한다. 한 겨울에는 여우를 사냥하는 사냥꾼들이 있어서 여우 가죽은 몰래 팔리고 있다고 한다.

4. 논빠르를 먹으면서

    부하라에서 노란색 빵 논빠르 두 개를 샀다. "논"은 빵이고, "빠르"는 모양이란 뜻이다. 논빠르는 우즈베크의 어느 도시를 가도 있다. 아침과 점심, 저녁식사를 주문하면

어디서나 논빠르를 준다. 손님이 오면 쟁반크기만한 빵을 3겹으로 쌓아서 내놓는다. 이 빵을 다 먹을 수 없지만 손님에 대한 예의로 내놓다.

논빠르는 탄트로(도굴)라는 화덕에 구워서 만든다. 탄트로는 하늘의 별 이라는 뜻이다. 모양은 해와 달과 같이 둥글다. 빵을 먹을 때 손으로 찢어서 먹으면 된다. 손님에게 찢어서 나누어 주면 된다. 논빠르에는 다양한 무늬를 내는데 이는 빵이 부푸는 것을 방지하기 위해 빠르로 찍어서 만든다.

나는 부하라에 구입한 빵으로 점심을 대신했다. 물과 빵, 그리고 호두와 건포도를 먹은 것이 전부였다. 사막을 지나면서는 레스토랑과 찻집에 들를 수 없었다. 우르겐치에는 해가 있을 때 도착을 해야 하기 때문이다.

사막을 뚫고 가는 고속도로, 긴 여행으로 인해 몸은 매우 피곤했다. 차 안에서 잠을 자다가 깨어 보면 여전히 사막 한 가운데 도로를 달리고 있을 뿐이었다. 내가 탄 넥시아(대우 씨에로) 운전사는 졸지도 않고 운전을 했다. 그의 일관성 있는 속도 유지가 마음에 들었다.

우림이라는 운전사는 아들이 넷이 있다고 자랑했다. 자기는 21세에 결혼하여 지금까지 중산층으로 생활하고 있다고 했다. 그리고 자신은 부모가 없어 혼자 벌어서 결혼을 하느라 다른 친구들보다는 결혼이 좀 늦었단다. 우림은 자녀들의 교육에 관심도 있었다. 자녀 3명은 결혼을 하여 잘 살고 있지만 막내아들이 결혼하지 않아 걱정을 하고 있었다. 막내아들에게 빨리 결혼하라고 하면 더 놀다가 하겠다며 더 이상 말을 하지 안 한단다. 지금 젊은이들과 아버지 세대의 자녀들과는 세계관, 삶의 방향, 가치가 다르다는 것을 발견하게 된다.

그는 자녀가 성숙하여 결혼을 하게 됐을 때 양을 잡았다고 한다. 무슬림 가운데 부자들은 소를 잡지만 일반인들은 양을 잡고, 아주 가난한 사람은 닭을 잡아 손님을 대접한다. 그러나 일반적으로 결혼식에는 소를 잡는다. 신부가 신랑 집에 도착하게 되면 양을 잡아 손님들을 대접한다. 이것이 부하라 지방과 일부 지역의 관습이라고 한다.

그리고 그는 구소련시절에는 요양소에서 일을 했다. 그때 책임자가 박시미지라는 고려인이었다. 고려 사람은 마음이 좋고 많은 사람들로부터 칭송을 받는 자였다며 회고했다. 그러나 지금은 개인적인 사업으로 관광객들을 태우고 부하라에서 우르겐치까지 오가는 영업을 하지만 그래도 마음은 편하다고 말했다. 그는 우르겐치에 와서 다른 손님을 태워야만 부하라로 이동한다. 2008년 1월에는 눈이 많이 내려 부하라에서 우르겐치까지 네 번을 다녔고, 2월에는 내가 처음이라고 말했다. 그래도 자신은 운이 좋아 한국 사람을 태울 수 있게 되었다는 것이다.

그에게 종교가 무엇이냐고 묻자 무슬림이라고 했다. 그러면 "하루에 다섯 번 기도하는가?"라고 묻자, 하긴 하는데 잘 지키지 못한다고 했다. 하루에 한번하면 되지 그 이상은 하기가 어렵다는 것이었다. 이유는 차를 갖고 영업하기 때문이었다. 그러나 그의 대답을 듣다 보면 무슬림이란 것을 즉시 알 수 있다. 말과 행동 모든 면에 무슬림으로서의 삶이 베어나고 있었다. 그는 늘 스텝지역(사막)을 오고가는 사람이기에 이슬람의 다섯 기둥을 지키기는 어려우며, 매일같이 아손(무슬림의 아침기도)를 해야 하지만 그렇지 못할 때도 있다며 솔직하게 말했다.

그가 열심히 말하는 것을 듣고 있는데 "옆을 보라"고 했다. 옆으로 흐르는 강은 아무다리아 강이란다. 이 강은 우즈베크를 거쳐 투르크메니아를 거쳐 아랄 해로 들어간다는 것이다. 아무다리아 강을 건너가야 우리가 가려는 목적지에 도착하게 된다. 아무다리아 강은 옛날보다는 물이 작다고 한다. 투르크메니아에서 댐을 만들어 물을 가두어 버렸기 때문이다. 그래서 더 이상 많은 물을 구경하는 것은 홍수가 나거나 비가 내릴 때뿐이다. 투르크메니아에는 러시아, 한국, 아르메니아, 유대인은 없고 투루크족들이 90-

95%정도 거주한다. 과거에는 30%가 이민족이었으나 지금은 5%채 되지 않을 것이란다.

　우르겐치는 250만의 사람들이 살고 있지만 25%는 타직어를 구사한다. 종족별로 언어가 달라 의사소통에 어려움이 있다는 말이다. 우림과 여러 가지 대화를 나누면서 왔지만 그의 모습에는 삶이 어렵다는 표정이 역력해 보였다. 누군가 말하지 않아도 느낄 수 있는 검은 가죽잠바, 며칠 동안 씻지 못한 얼굴과 머리 모습이 그렇게 보였다. 하지만 그는 오늘도 핸들을 잡고 부하라에서 우르겐치를 오고가고 있다.

12 우르겐치에서 현지인과 만남

UZBEKISTAN

부하라에서 우르겐치에 다가오자 험난한 길이 계속 이어졌다. 도로는 울퉁불퉁해 차가 더 이상 속력을 낼 수 없었다. 수로를 따라 가는데 건너편 철길로 화물차가 지나갔다. 사막을 뚫고 지나가는 기차를 보니 반갑기도 했다.

우르겐치는 작은 소도시이지만 그래도 전형적인 중앙아시아적인 건물과 구소련시대의 버스, 전차, 승합차, 한국의 대우에서 생산되는 티코와 마티즈, 다마스가 제일 많이 눈에 띄었다. 우즈대우에서 생산되는 차를 우즈베크 사람들은 제일 선호한다. 티코와 마티즈는 영업용 택시로, 다마스는 마을버스로 90%가 이용되고 있다. 아무리 체격이 좋은 사람도 티코와 다마스를 이용하면서 다닌다. 우즈 대우에서 생산되는 차량은 1년에 15만 대가 된다.

부하라에서 출발하여 우르겐치에 도착한 시간은 오후 5시 40분이었다. 차에서 내려 현지인을 기다리는 데 영하 20도의 매서운 바람이 불었다. 시의 도로는 잘 정리되어 있지만 경제가 어렵다는 것이 실감났다. 모두가 힘들게 생활하는 모습만 보일 뿐이었다. 그럼에도 여자는 롱코트(밍크)나

부츠를 신고 다녔다. 남자들 보다는 여성들이 옷을 잘 입는 것 같았다.

우르겐치는 호레즘 주에 속한다. 이곳은 목화가 주 농산품이지만 벼농사도 짓는다. 이곳에는 주로 우즈베크, 카라깔라, 투루크멘족이 어울려 산다. 과거 알렉산더가 전쟁을 치루면서 이 지역을 지나갔다. 그 당시에 유럽 사람들과 이곳 사람들 간에 결혼으로 인해 혼혈족이 생겼다. 현재는 모두가 우즈베크 사람이지만 인종적으로 다양한 민족의 피가 섞인 종족이다.

우르겐치의 도시 간판에는 이슬람을 상징하는 초생 달이 그려져 있었다. 저녁 무렵에 도착한 도시, 땅거미가 지는 곳, 겨울의 찬바람이 거칠게 불어오는 곳에서 현지인을 만나 반갑게 악수를 하고 그가 안내하는 곳으로 이동을 했다.

그의 안내를 받아 우르겐치 도시를 한 바퀴 돌면서 주일 오후에 타슈켄트로 가는 비행기표를 구입하기로 했다. 하루에 2대의 비행기가 운행되므로 오전 일찍 예배드리고 10시에 출발하기로 했다. 왜냐하면 그곳에 또 다른 일정 때문이었다.

타슈켄트로 가는 항공권을 들고 우리는 현지인의 집으로 갔다. 도시 외곽에 위치한 연립주택 같은 곳이었다. 외벽은 시멘트 색깔 그대로였다. 몇 개의 계단을 밟고 올라가니 곧바로 거실이 보였다. 신발을 벗는 곳이 매우 넓었다. 양 옆에는 신발장이 놓여 있었고, 몇 개의 화분이 분위기를 냈다.

신발을 벗고 거실로 들어서자 왼쪽 문을 열고 들어가란다. 그 집의 자녀들이 모두 와서 반갑게 인사를 했다. 레슬벡과 일야스, 메르하메드(딸)가 캬레이츠(한국사람)에서 온 손님을 반갑게 맞이해 주었다. 나는 가방을 내려놓고 잠시 하나님께 감사의 기도를 드렸다.

이른 새벽에 일어나 성경말씀을 읽고 묵상기도를 하고 난 후부터 긴 시간을 여행하였기 때문에 몸이 무척 피곤했다. 방 한쪽 구석에는 전기난로가 있었고, 벽에는 난방 파이프가 설치되어 있었다. 창문에는 바람을 막는 비닐이 덮여있었다. 방 사면에는 긴 방석이 있었고 중앙에는 큰 테이블이 놓여 있었다. 내가 어디에 앉아야 할지 몰라 서성거리고 있을 때 현지인은 가장 따뜻한 곳에 앉으라고 했다. 그곳은 바로 가스로 물을 데워 돌게 하는 파이프가 있는 곳이었다. 그곳에 앉아 한국에서 이곳에 오게 된 이유를 설명하고 있는데 어린 아들 둘이 접시에 음식을 나르기 시작했다.

1. 손님 대접을 잘하는 우르겐치 사람들

  우즈베크의 전통 중에는 "손님 대접을 잘하는 것"이 있다. 어느 지역을 가든 손님을 깍듯이 모시고 접대하는 문화가 형성되어 있었다. 나도 우르겐치 현지인 집에서 이런 대접을 받았다. 두 아들은 음식을 날랐고 막내딸은 문틈으로 우리를 쳐다보고 숨고, 또 쳐다보며 웃었다. 아버지는 앉아 있고 어린 두 아들이 열심히 음식을 날라 테이블 위에 올려놓았다. 음식 종류가 10가지가 넘었다. 논(빵)은 쟁반크기의 것 두 개, 작은 것 2개. 비스킷 두 접시, 쇼로다나코(짠 맛의 살구씨), 캔디, 땅콩(무스타나), 귤, 티(짜이와 체리쥬스 · 집에서 부인이 만듦), 당근요리, 국수(국수와 고기가 섞여 있음), 쌀밥, 쇠고기와 감자, 양파로 만든 것과 샐러드 등이었다.

  현지인의 부인은 우리가 온 것을 정말 좋아했다. 그녀는 1주일 전에 "한국 사람이 저희 집에 방문해 줄 수 있도록 하나님 도와주세요. 한국 사람을 보고 싶습니다. 그들과 대화를 나눌 수 있도록 하나님 보내 주세요"라고 기도했다는 것이다. 그의 남편은 아내의 기도를 하나님이 응답하셔서 오늘 한국분이 방문하게 되었다며 아주 기뻐했다. 우리가 가장 보고 싶었던 분이 한국 분이었는데 하나님은 우리의 기도를 외면하지 않으셨다고 감격했다. 나는 우리가 계획할지라도 그 걸음을 인도하시는 분은 하나님이시라는 것을 알게 되었다. 참으로 위대하신 하나님은 그들과 함께 하도록 인도하셨다.

　　나는 현지인과 함께 저녁식사를 나누면서 많은 대화를 주고받았다. 그가 어떻게 예수를 믿게 되었으며, 예수 믿기 전의 삶과 북한을 다녀 온 이야기, 예수 믿고 난 후의 삶을 들었다. 그의 대화가운데서 하나님의 역사를 경험할 수 있었다.

2. 현지인의 변화된 삶과 목회의 길

　　저녁밥상을 치우고 이런 저런 대화를 나누면서 그의 신앙과 목회, 사역 방향등에 대한 이야기를 듣게 되었다. 그는 쉬지 않고 웃으면서 이야기를 했다. 검은 눈썹에 큰 눈, 짧게 깎은 머리, 불뚝 나온 배, 모든 면에서 인품이 훌륭해 보였다.

　　1) 왜 예수를 믿게 되었나?

　　그가 처음으로 예수를 믿게 된 시기는 1991년경이다. 그때 그는 대학생으로서 타슈켄트에 거주하고 있었다. 그런데 그는 1년 반 동안 간질병으로 인해 힘든 생활을 해야만 했다. 우즈베크의 모든 민간요법을 통해 치료도 해보았고 의사에게 진료도 받아보았지만 증세는 전혀 호전되지 않았다. 그래서 심지어 타슈켄트의 신흥종교에도 도움을 요청했었다. 신흥종교는 나마스라는 책을 그에게 주었는데, 그것은 다름이 아닌 꾸란이었다. 그는 꾸란을 읽으면서 뭔가 새로워지기를 갈망하였다. 그러나 그것도 별 도움이 되지 못했다.

2) 기독교에 대한 토론

　　그는 타슈켄트 시내의 한 아파트에서 친구와 함께 거주하고 있었다. 어느 날 그 친구는 그에게 성경에 관해 이야기를 했다. 그래서 그도 십자가가 있는 성경을 읽게 되었다. 그러나 그의 마음에 아무런 감동이나 변화가 없었다. 그래서 그는 그 친구와 8개월 동안 "기독교는 진리가 아니다"라며 논쟁을 했다. "기독교는 나와 아무런 관계가 없는 종교이며 다른 종교에 불과한 것이다"라며 친구를 쫓아 버렸다. 그러나 그 친구는 현지인의 아파트에 계속해서 찾아와서 성경을 소개했다. 그의 생각에 기독교에 대한 것을 심어주거나, 기독교 세계관에 대하여 설명하고는 어디론가 가버렸다.

　　결국 그는 아파트에서 가까운 교회를 찾아가게 되었다. 교회를 그의 삶과 연결시켜 가까이 하게 되었다. 어느 날 그가 교회에 갔는데 사관이란 분이 반은 누워서 그를 바라다보았다. 거기가 바로 러시아 정교회였고 그 사관은 러시아 사제였다. 그는 마음속으로 생각을 했다. "러시아 종교, 즉 러시아신이 그의 어려움을 도와 줄 수 있을까?"라고 걱정했다. 그는 그 목사관 앞에서 갑자기 일어서서 말했다. "나에게 기적을 보여 달라 그러면 내가 교회에 다니겠다", "내가 교회에 갔을 때 특별한 일이 일어나지 않는다면, 아니, 신이 없다면 교회에 가지 않겠다"라고 말했다.

　　러시아 정교회는 십자가도 있었다. 그래서 교회에 가면 사제가 있을 것으로 알고 찾아 갔는데, 예배당이 없이 큰 콘서트 홀 같은 곳을 빌려 쓰고 있었다. 그가 교회에 갔을 때 그곳에서는 사람들이 노래만 계속 부르고 있었다. 그는 속으로 생각했다. "이게 콘서트 홀인가 아니면 노래하는 무대인가?" 그런데 찬송이 끝난 후 사제가 나와서 뭔가를 말했다. 그 말씀이 그의 귀에 들려오기 시작했다. 나중에 안 일이지만 그 사람은 목사였다. 설교를 듣고 있는 동안 하나님께서 자신에게만 말씀하고 있는 것 같았다. "내 안에서 뭔가 변화되어가고 있음을 느낄 수 있었습니다." 그때 그의 생각에 이런 마음이 들었다. "내가 교회에 오기를 잘했다. 참 잘 왔다"라며 스스로 격려하고 칭찬을 했다. 그는 굳게 결심하고 이 믿음을 끝까지 지키겠노라고 생각했다.

그러나 그는 동네에 가서 교회를 나간다고 말하지 않았다. 교회에 나가 신앙생활을 하고 1년이 지나서야 예수님을 자신의 구세주로 고백하고 세례를 받았다. 아마도 타슈켄트 교회의 목사(아마도 오순절교회의 총회장이었을 것임)는 그에게 세례를 베풀면서 "당신은 어디 출신이냐? 당신의 주소는 어디냐?"라고 물었다. 그는 "저는 OOO고향이며 그곳에서 살고 있습니다"라고 말한 후 주소를 적어 주었다. 기독교 신앙을 갖고 난 후 그는 치료받았다. 마음도 평안해 졌다. 삶의 모든 가치관이 변화되기 시작했다. 그리고 고향으로 되돌아 왔다.

3) 고향에서 영적지도자가 되다

1996년, 그가 고향에서 지내고 있을 때, 오순절 계통의 총회장이 그의 주소를 갖고 찾아 왔다. 그리고 그를 이 지역의 목사로 선발하려 하니 이를 허락하겠느냐고 물었다. 그 때 당시 그곳에는 10명의 기독교인들이 있었다. 이 교단은 오순절 계통이고, 회중교회 모형이기에 지도자로 선출하는 것이 가능했다.

교단의 총회장이 와서 성도들을 불러 모으고 그 현지인을 "당신들의 지도자"라고 소개했다. 그때부터 목회자로 활동하게 되었다. 그러나 한 가지 아쉬운 점은 거룩한 책 성경이 없어서 매우 어려웠다. "나는 부족하기만 했습니다. 성경의 지식도 없는 가운데 일하게 되었습니다. 참으로 무지하다고 생각했지만 열심히 성경을 읽고 공부했습니다. 내가 이곳에서 목회 사역을 하는 동안 정말 많은 어려움과 시련이 있었습니다." 그는 어려움을 겪을 때 어떻게 해야 할지 모를 정도로 힘든 과정을 지냈지만 그럴 때 마다 힘주시는 하나님의 은총으로 견디어 냈다. "주의 집에 거하는 자가 복이 있나이다. 저희가 항상 주를 찬송하리이다(셀라) 주께 힘을 얻고 그 마음에 시온의 대로가 있는 자는 복이 있나이다"(시편 85:4-5)의 말씀대로 견디면서 지냈다. 때로는 "여호와 하나님은 해요 방패시라 여호와께서 은혜와 영화를 주시며 정직히 행하는 자에게 좋은 것을 아끼지 아니하실 것임이니라 만군의 여호와여 주께 의지하는 자는 복이 있나이다"(시 84:11-2). 이같은 간구로 시련과 고통을 이겨냈다. 그는 시종일관 심각한 얼굴로 자신의 신앙을 고백했다. 필자가 볼 때 현지사역자는 위대한 신앙. 고통과 음부와 같은 어려움 속에서도 믿음을 지키고 있었다.

그는 지금도 인근 국가에서 성경통신공부를 하고 있다. 때로는 먼 곳으로 가서 성경을 공부하고 있다. 1년에 2회씩 1주일 동안 집중적으로 성경 전체를 배운다. 이는 매주 모이는 리더 양육과 영적 성장을 위한 발판이 되기 때문이다. 계속적인 어려움 가운데서도 목요일마다 리더 모임을 직접 인도하고 있다.

4) 영적 지도자로서의 갈등과 회복

영적지도자로 활동하는 동안 그에게는 많은 갈등과 고민이 있었다. 그럼에도 하나님이 그를 간섭하고 계신다는 것을 믿었다. 하지만 그가 하는 일을 멈추고 싶을 때가 많았다.

내가 떠나면 다른 사람이 와서 지도자로 활동하게 될꺼야? 아니야, 하나님께서 나에게 또 다른 징계를 내릴지도 모르지. 어렵더라도 내가 이 일을 계속적으로 하는 것이 바람직해 등, 이런 저런 갈등이 얼마나 많았는지 모릅니다. 그런 가운데서도 하나님을 향하여 마음을 드리고 더 헌신하게 되었습니다. 이것이 저에게 있어 가장 복된 시간들이었습니다.

그는 예수님을 영접하고 난후 모든 병에서 자유로워졌다. 그는 예수님으로 인해 행복하다고 말하면서 "너는 두려워 말라 내가 너를 구속하였고 내가 너를 지명하여 불렀나니 너는 내 것이라"(사 43:1)는 성경 구절을 읊으면서 말했다. "정말 나는 하나님의 것입니다. 저는 하나님의 일을 위해서 이곳에 보냄을 받은 자입니다." 그는 주께서 자신에게 주신 자, 잃어버린 자를 찾아 영생을 얻도록 하는 것이라는 것을 더 확증하게 되었다. 하나님에 대한 확증이 서자 "...아들이 너희를 자유케 하면 너희가 참으로 자유하리라"(요 8:36)는 말씀대로 정말 자유한 삶을 살게 되었다.

"제가 진리 안에서 자유롭게 되자 많은 일들을 할 수 있게 되었습니다. 현지인들을 위한 문화센터를 개원하게 되고 그곳에서 일하기도 했습니다." 그에게는 다양한 재주가 있어 어떤 일이든지 할 수 있었다. 그러나 주의 뜻이 있어 문화센터의 일도 그만두게 되었고, 다만 주의 능력이 임하는 것을 경험하는 태도가 더 중요함을 알았다. 하나님의 부르심에 합당한 삶과 사역을 위해 더 열심히 뛰고 있다.

5) 와하비들의 핍박

어느 해인가 그가 교회에서 예배를 드리고 있을 때 갑작스럽게 경찰들이 교회로 찾아 왔다. 그리고 교인들이 하나님을 향해 예배하는 광경을 카메라로 촬영하기 시작했다. 모두가 어리둥절한 상태였다. 경찰들은 교인들 한명 한명을 카메라로 찍었다.

얼마 후 교회가 텔레비전에 방영되기 시작했다. "이 교회는 사교집단이다. 남을 속이는 집단이다." 현지인의 교회는 진리를 잘 모르는 위선적인 집단으로 방영되었다. 텔레비전으로 교인들이 공부하는 모습과 교인 하나 하나 사진도 같이 방영되었다. 그 일로 많은 성도들이 교회를 떠났다. 어떤 분은 남편으로부터 매를 맞기도 하고, 어떤 사람은 스캔들이 있는 것이 아니냐는 오해도 받았다. 어떤 여자 재판관, 검사, 무슬림들이 인터뷰를 하면서 "교회는 아주 잘못된 종파이며 사교집단"이라고 말하기도 했다. 그러나 이렇게 어려운 일을 겪으면서 지금도 신앙을 지키는 성도들이 있다. 많은 사람이 교회를 떠나기도 했지만 남아서 열심히 믿음을 지키는 사람도 있다. "이런 일들은 별로 신경 쓸 일이 아닙니다. 97-98년경에는 와하비(근본주의/원리주의)들에 대한 정부의 소탕이 있었습니다. 그 때 와하비 외에 타종교에 대한 조사도 같이 이루어졌습니다. 그런데 와하비들이 교회에 쳐들어와 모든 교인과 저에게 겁을 주면서 죽이겠다고 했습니다. 이들은 제가 이미 기독교인이라는 것을 알고 찾아 온 것입니다. 참으로 두렵고 떨림의 시간이었습니다. 그런데도 잘 견딘 것이 하나님의 은혜입니다."

와하비들이 "왜 사교 집단을 쫓아가느냐"고 협박했을 때 그는 예수를 믿고 있는 사람이라고 자신 있게 말했다. 그러자 그들은 기독교의 성경은 옳지 않다며 그를 죽이려고 했다. "당신은 우즈베크 민족이니까 꾸란을 믿고 실천해야지 뭘 믿으려고 하느냐"라며 계속해서 협박을 했다. 그는 "아, 저들이 나를 죽일 수 있겠다"라는 생각을 했다. 그 순간에 하나님께서 지혜를 주셨다. 그는 "우리는 우즈베크 민주공화국에 살고 있는 백성이 아니냐? 각자의 종교를 갖고 살 수 있다고 헌법에 명시되어 있기 때문에 괜찮다"라고 말했다. 그러자 그들은 헌법에 명시된 말을 듣고 한 걸음 물러서 되돌아갔다.

그가 집으로 돌아오는 동안 와하비들은 아버지도 협박을 했다. "왜 아들이 기독교의 성경을 믿도록 내버려 두느냐?"라고 묻자, 아버지는 이렇게 대답했다고 합니다. "아들은 중병에 걸렸다가 살았다. 그가 병에서 고침을 받고 본인이 선택한 것을 내가 이래라 저래라 말할 수 없다"라고 답변을 했습니다. 와하비들이 마지막으로 교회에 찾아와서 협박을 할 때 경찰이 와서 와하비들을 체포해 갔다. 와하비들은 경찰에 붙잡힌 후 재판을 거쳐 투옥되었다. "지금도 감옥에 있는 것으로 알고 있습니다. 그때 저는 와하비들이 협박한 것에 대한 증인으로 재판정에 나갔습니다." 모든 재판이 끝난 후에 증인 서명을 하라고 했을 때 그는 이런 말을 썼다. "나는 저들에게 대한 아무런 감정도 미움도 갖고 있지 않습니다." 이것이 그리스도인의 진정한 모습이다. 그는 성경대로 저들을 용서하고 미워하지 않는 감정을 갖고 있다.

"그뿐이 아닙니다. 경찰이 교회를 여러 번 촬영해 간적도 있습니다. 그들은 총을 들고 왔으며 교회밖에는 버스를 대기시켜 놓고 교역자, 교인들을 모두 태워 법원으로 데리고 갔습니다." 그도 역시 재판을 받았다. 법정에서의 판결된 죄명은 "교인들로부터 돈을 착취했다는 것과 책을 나누어 주고, 정부로부터 교사 자격증이 없으면서 가르치는 일을 한 것"이었다. 결국 그는 벌금형을 선고받았는데, 80,000원 정도였다. 그는 정말 참기 어려운 일을 많이 겪었지만 지금은 하나님으로 인해 행복해하고 있다.

3. 절망스러울 때가 곧 자신감으로

우즈베크는 여러 가지 면에서 희망의 나라다. 천연자원과 다양한 민족, 동서의 연결성을 볼 때 희망이 넘치는 곳이다. 그러나 우리가 흔히 생각하기에는 너무 다른 문화적 차이로 인해 선교적 어려움을 겪는 것은 사실이다. 구소련 붕괴이후 이슬람의 부흥은 기독교 선교의 미래를 어둡게 했다. 누구나 쉽게 방문하고 활동할 수 있는 나라가 아닌 듯싶다. 이미 한국인 가운데 우즈베크 정부의 개념(concept)과 맞지 않아 그곳을 떠난 사람도 있기 때문이다. 우즈베크에서 장기적으로 거주하려면 멘토(mentor, 조언자)가 필요하다.

우즈베크는 위기의 나라가 아닌 새로운 투자의 기회를 찾을 수 있는 곳이다. 나는 우즈베크에서 활동하려면 몇 가지 자신감을 갖는 것이 중요함을 말하고 싶다. 먼저, 공포를 매수하는 것이다. 우즈베크는 다양한 민족과 문화가 왕래한 곳이다. 역사적으로 침략을 받은 곳이지만 수학과 천문학 분야에서 가장 우수한 학자를 배출한 곳이다. 또한 실크로드의 진주라고 일컫는 곳에서 역발상과 가치를 부여하는 것이 중요하다. 둘째, 다음에 어떤 일이 일어날 것인가를 미리 대비하는 일이다. 사람 사는 곳에는 항상 좋은 일과 안정된 일만 있는 것은 아니다. 국가적으로 종교적으로 약간의 불안이 일어난다 해도 다음은 어떤 일이 발생할 것인가를 미리 예측한다면 위기는 곧 기회로 바뀌게 될 것이다. 셋째, 우즈베크에 거주하면서 나의 문화가 우월하다는 생각을 버려야 한다. 이는 시대착오적인 개념이다. 항상 변화하는 이념의 속성을 이해하고, 국내외 모두에서 모순 없이 적용되는 일관성 있는 이념을 내세우고 행동하는 것이다. 넷째, 현지인들로부터 언제, 어디서나 배우려는 자세가 중요하다. 성공한 사역자가 되고 싶다면 현지인들로부터 무엇이든지 배우라고 말하고 싶다. 미국의 유명한 리더십 학자 워런 베니스(Bennis)가 세계적인 리더들의 특징을 분석한 결과 "그들은 끊임없이 배움을 실천한 평생 학습자(life-long learner)였다"라고 말한바 있다. 현지인들로부터 배우고 존경하고 이를 습득한 후에 실천하는 열정과 책임만 있다면 절망스러운 것이 자신감으로 바뀌게 된다. 다섯째, 진정한 배움은 상대방의 이야기를 경청하는데 있다. 사역하는 동안 가장 힘이 들고 어려울 때 현지인의 조언도 경청해야 한다. 학습, 공유, 실천도 중요하지만 무엇보다 경청하는 자세가 중요하다. 진정한 사역자는 자신의 모든 것을 내려놓는 일과 자신의 의견을 잠시 접어두고 상대방의 이야기를 경청할 줄 안다. 너무 자기 생각으로 머릿속이 꽉 찬 사역자는 새로운 아이디어를 학습할 여유가 없다. 이런 사역자 밑에서 일하는 현지인들은 처음에는 새로운 일을 열심히 시도하지만 나중에는 사역자가 시키는 일, 관심있는 일 외에는 열심을 내지 않는다. 결국 사역자는 무력감(learned helplessness)에 빠지게 된다. 마지막으로 절망감이 가득하게 밀려올 때 조금 덜 사역하더라도 조금 더 실천하는 모습을 보이라는 것이다. 우리가 선교현장에 사는 것은 학습하거나 사역의 결과를 얻는 것도 중요하지만 보다 궁극적인 목적은 실천을 통한 성과 향상이다. 사실 현지에 거주하는 자는 자신의 지식이나 교육수준을 과시하려는 생각을 갖고 있을 경우도 있다. 내가 현지에 거주하는 자로 모든 것을 다 알고 있다는 자만에 빠질 때 절망감이 밀려오게 된다. 이럴 때 해결 방법은 현지인과 더불어 사는 방법을 실천하는 것이다. 사역자로 훈련받거나 배운 내용을 몇 가지나 실천했는지, 즉 실천비율(execution ratio)을 생각하길 바란다. 현지에 거주한다는 생각만 있고 실천적 삶과 사역이 없는 자는 아닌지 냉정히 판단해 볼 필요가 있다. 나는 현지인을 만나면서 사역에 좋은 교회, 인재가 쏟아지고 저항 없이 사역의 열매가 맺혀지길 바랐다. 그러면서 몇 가지 위기를 극복하는 방법을 모색하게 되었다.

첫째, 위기는 기회의 또 다른 얼굴이다.

둘째, 조직적 저항을 이기고 혁신계획을 과감하게 실행할 수 있다.

셋째, 그동안 영적생활이 어려웠던 기간이라도 새로운 기회를 찾게 될 것이다.

넷째, 자신의 영적 상태를 진단하고 사고(思考)의 글로벌화를 구체적으로 준비할 수 있다.

다섯째, 잃어버린 양을 찾기 위해 영적 역량을 보유한 리더를 지역별로 확보하는 것이다. 어떤 지역을 목표로 삼든, 그리고 자체 성장이나 어떤 방법을 선택하든 간에 마찬가지이다. 리더를 어느 지역에 파송하든지 현지 상황을 장악할 수 있고 파송교회와 긴밀한 연계를 유지하고 리스크를 최소화할 수 있는 리더가 필요하다. 단 이곳에서 외부의 도움을 받거나 활용하기 위해서는 조직문화가 글로벌 사역자를 받아들이고 성공할 수 있는 기반을 제공해 주는지를 점검해야 한다.

현지 사역에 있어 절망감에서 자신감을 갖기 위해서는 분명한 목적이 필요하다. 주요목적으로 지역 확보를 통한 새로운 성도와 리더 발굴, 셀 그룹 리스크 다각화이다. 둘째는 역량확보다. 즉 말씀과 기도를 통한 영적 역량 확대 및 현지에서의 입지 강화다. 셋째, 인재 확보다. 현지인을 교육하여 리더를 발굴하고 지역 리더를 수시로 파송하면서 사역의 안정화를 기대해야 한다. 넷째, 역량이전이다. 즉 선교현장 리더십 이양이라고 해야 할 것이다. 파송교회나 단체로부터 지역 셀 그룹으로의 역량을 이전함으로 지역복음화를 강화하는 방법이다. 그러면서 규모를 확대해 나가면서 타종교와의 경쟁력을 확보하는 일이다. 마지막으로 선교목적을 이루기 위해 자본을 투자하는 일이다. 높은 성과 또는 낮은 리스크를 위해 자본을 투자하는 일도 잊어서는 안 된다.

나는 사역자와의 만남을 통해 이런 생각을 심도 있게 하면서 보다 근본적인 문제와 상황인식과 국가 체제의 변화, 경제 구조의 변화 등을 정확히 판단하는 것이 매우 중요함을 발견했다. 그리고 선교가 활성화되지 못하는 불황기라 해도 사역자들이 가져야 하는 계명을 지켜야 한다.

첫째, 나의 교회에 소속된 교인들이 어떤 상황에 처해 있는지 파악하라. 모든 사람이 똑같이 영적 위기에 있는 것은 아니기 때문이다.

둘째, 핵심 교인의 만족도를 높여 주어야 한다. 신앙생활이 매우 힘든 시기라 해도 핵심 교인에 대한 만족도를 채워 주는 것이 사역자에게 이익이다.

셋째, 기존 교인들과의 접촉빈도를 늘려야 한다. 선교 현장에서는 전자 메일이 없겠지만 전화나 방문을 통해 접촉빈도를 자주 갖는 것은 좋은 수단이다.

넷째, 불필요한 광고방식을 재고한다. 사역의 효과가 불분명한 광고는 줄이고 결과를 쉽게 확인할 수 있는 방법을 강구해야 한다.

다섯째, 입소문 마케팅을 활용하는 일이다. 예수 믿는 것이 얼마나 좋은가를 알리는 것은 가장 좋은 광고 수단이다.

여섯째, 다른 선교단체의 좋은 아이디어를 활용하라. 기존영역을 벗어난 곳에서 새로운 아이디어가 나오기 때문이다.

일곱째, 나를 도와 준 동료를 잊지 말아라. 나에게 절망이 찾아오고 영적 위기라는 생각에 묻혀 있다 보면 교회내의 커뮤니케이션의 중요성을 망각하기 쉽다.

여덟째, 선교 현장 사역을 위한 비용을 줄일 때 현명하게 판단하라. 사역을 위해 일률적으로 예산을 삭감하기 보다는 장기적으로 비용을 절약할 수 있는 방법을 찾아야 한다.

마지막으로 사역 업무를 분담하는 일이다. 사역활동을 줄이기 전에 사역업무를 교인과 리더에게 분담해 비용을 줄여야 한다.

그 외에 사역자는 경쟁자를 비방해서도 안 되며 주민들에게 어떤 도움을 줄 수 있는지 구체적으로 보여주려 노력할 때 비전이 보이게 된다. 그리고 사역이 가장 힘든 때 일수록 사역부분에서 다른 종교나 단체와 차별화를 시도하라고 권하고 싶다. 사역자 자신과 동료들에게 가장 좋은 인센티브로 "인정"하는 일도 잊어서는 안 된다. 자신의 나약함을 비관하기 보다는 긍정적인 생각과 동기부여를 하기 위해서는 모든 사람을 인정해 줘야 한다. 결국 사역자의 발전은 자기관리혁신(management innovation)이라 해도 과언이 아니다.

13 현지 사역자들의 사역 전략

1. 거주지 신고와 활동

나는 우즈베크에 도착하여 현지인 사역자들과 깊은 대화의 시간을 갖고 기도하기도 했다. 그들은 한결같이 사역의 어려움을 호소하고 어떻게 이곳에서 사역을 지속해야 할 것인가에 대한 고민을 털어 놓았다.

우즈베크 사역자들의 고충은 매우 다양하지만 먼저는 정부의 외국인 단속과 기독교회의 활성화에 못을 박는 정책이다. 지방에 거주하는 모든 외국인들을 추방하거나 수도로 이전하도록 조치를 취하였다. 이는 시골지역에서 외국인과 현지인이 만날 경우 사고의 변화, 비전과 생각이 달라질 수 있기 때문이다. 국민들의 정서, 교육, 언어, 모든 분야에서 깨우침을 받거나 교육을 통한 문화의 변화를 두려워한다. 인간은 관계 속에서 존재한다. 관계에서 상대방을 느낄 수 있는 감수성이 있다. 이러한 것조차도 차단해 버림으로 정치적 목적을 이룰 수 있다고 보고 있다.

우즈베크의 지방 사람들의 생활은 매우 어렵다. 국민들의 정서는 경제적인 어려움으로 고통을 호소한다. 이들은 어떤 문화의 변화를 기다리고 있

176
우주베키스탄에 가다

다. 그들은 누구에게라도 마음의 문을 여는 자세가 되어 있다. 특히 한국인에 대한 선호도가 매우 높은 편이다. 우리가 어려울 때 젊은이들을 데려다가 경제적 혜택을 주고, 온 가족이 생활할 수 있는 터전을 주기 때문이다. 이들은 한국에 대한 좋은 호감과 신뢰, 감정을 갖고 있다. 그래서 나는 그들을 대할 때 삶을 멋지고 성공적으로 사는 방법이 무엇인가를 가르쳐주고 싶었다. 많은 사람을 만나면서 깊이 있는 대화를 하고 싶었지만 그렇지 못했다. 그만큼 시간적인 여유가 없었다.

내가 우즈베크의 문화유적지, 소도시를 방문하면서 각 지역마다 경제, 문화, 언어, 전통을 지키는 것에 차이가 있다는 것을 알게 되었다. 그렇지만 저들에게 키에르케고르의 말대로 영혼의 도야를 줄 수는 없었다. 물질적 언어에서 영적인 언어로 전환되는 교양과 문화를 심기에는 역부족이었다. 내가 거주하는 곳이 제한되어 있었다. 외국인이나 여행객은 모두 호텔에 거주해야 한다. 저녁 시간에는 누구와도 만날 수 없다. 이들이 활동하는 시간은 제한되어 있다. 모든 외국인은 거주지 신고를 해야 한다. 호텔 카운터에 여권을 제시하면 거주지 신고가 되는데 보통은 1시간 정도 기다려야 된다. 내가 어디에서 묵고 다니는지 다 알 수 있도록 되어 있다. 나는 알 수 없지만……

또 다른 하나는 시장의 상인들은 오후 5시만 되면 모두 철수한다는 것이었다. 날씨가 매우 춥고(30도 또는 23도) 노선버스가 일찍 끝나기 때문이다. 상인들은 오후 4시 30분이 되면 상품을 정리하고 철수 할 준비를 한다. 그날 많이 팔지 못해도 괜찮다. 시간이 되면 집으로 돌아간다. 저녁 7시가 넘으면 거리는 어둡고 영업용 택시만 요란하게 다닐 뿐이다. 시골지역에는 레스토랑도 많지 않다. 어쩌다 하나 있는 곳에는 외국인들이 모여 식사할 뿐이다.

이들의 문화적 모든 토양이 이슬람적이기 때문이다. 자신들은 정통 무슬림이라고 말한다. 그렇다고 매일 사원에 가서 하루 다섯 번 기도를 하거나 메카를 다녀온 것도 아니지만 모두가 무슬림이라는 생각을 갖고 있다. 그래서 기독교의 성경책은 잘못된 것이며, 진리가 아니라고 말한다. 기독교는 사교일 뿐 정통적인 종교가 아니라고 일축해 버린다. 아마도 17세기 절대주의적 궁정주의 풍경을 보는 것 같은 느낌이다. 이 시기는 왕과 귀족과 부르주와 사이의 의존 관계에서 형성된 절대주의적 궁정 예절이 있었다. 알라와 무슬림은 절대주의적인 관계로 보고 있는 것이다. 알라는 문명의 창조자이며 인간의 생과 사를 주관하는 자라는 인식이 꽉 차 있다. 이슬람은 문명화의 온상이고 매너의 학교인 동시에 모델이라는 것이다. 이 단계에 젖어 있는 사람들과 깊은 대화를 나눈다는 것은 불가능하다. 다만 자신들이 믿는 종교인 이슬람에 대해서는 분명하고 정확하게 설명한다. 자신들이 믿는 알라 외에는 신이 없다고 강력하게 주장하고 절대 양보하지 않는다. 어릴 적부터 배워온 "압살라 말라이쿰"이란 단어를 물라의 기도를 받고부터 들어왔기 때문이다. 어릴 적의 인사말 하나가 생애를 지배한다.

2. 그들은 어떻게 예배할까? |

1991년 9월 21일 구소련으로부터 독립했다. 70년 동안 종교의 자유를 누리지 못했던 그들은 각자의 종교를 찾아 나섰다. 이슬람은 사원으로 기독교인은 교회로, 동방정교회, 가톨릭교회의 신자들 모두 자신들이 믿었던 곳으로 찾아 갔다. 고대로부터 전승되어 왔던 이슬람 인구가 급격히 증가했다. 이들은 실크로드와 십자군 전쟁, 페르시아와 가장 가까운 곳을 중심으로 하여 이슬람은 왕성하게 성장하고 자리를 잡았다. 처음에 기독교를 비롯한 타종교 활동을 허용하면서 비자를 발급해 주었다. 그러나 시간이 흐르면서 서구 선교사들과 한국선교사들에 대한 비자 발급은 점점 줄어들었고, 2007년에는 외국인 선교사들이 90%정도가 추방을 당했다.

이런 상황에서 우즈베크의 기독교인들은 상황에 따라 철저히 예배를 드린다. 그들은 리더모임을 통해 하나님께 수시로 예배를 드림과 동시 삶의 예배를 드린다. 특히 예배의 일정한 순서는 없지만 영감으로 드려지는 예배다.

그들은 성전에 모여 30분 동안 영감 있는 찬양을 부른다. 찬양을 마치면 지역과 민족, 국가를 위한 기도를 하게 되고, 한 주간 영적 생활에서 힘을 얻은 자의 간증을 듣는다. 그리고 지도자들과 함께 말씀을 나눈다. 이는 성경을 읽고 설교를 하면서 다음 모임에서 말씀을 가르치도록 준비하는 시간이라고 보면 더 좋다. 특히 신약만 번역 된 상황이어서 복음서 가운데 요한복음을 많이 읽고 설교한다. 특히 성경을 해석하면서 설교한다. 주경신학적인 부분을 많이 강조한다. 그러나 그 가운데 4-5명의 리더들은 사역자의 부인도 맡아서 가르친다. 이 말씀 나눔의 시간이 끝나면 다시 모여 하나님께 헌금을 드린다. 그리고 필요한 곳을 향한 중보기도가 진행된다. 중보기도는 우즈베크와 투르크메니아, 카자크 등을 위해서 한다. 모든 예배 순서가 마치면 교제의 시간을 갖는다. 때로는 전체가 모여 식사도 하고, 나눔의 시간을 통해 영적 성장을 발전시킨다. 교제의 시간에는 1대1일 그룹으로 모여 철저한 멘토적인 만남을 이룬다고 한다. 그때 누굴 방문하고, 전도하며 멘토를 통한 성장을 도울 수 있는가를 탐색하게 된다.

우즈베크의 성도들은 정부의 종교적 탄압과 경찰의 침입, 재판, 벌금형 등을 받으면서 여호와의 얼굴을 바라보며 살고 있다. 그런 가운데 매월 5,000숨(우즈베크 화폐)을 모아 리더자의 집으로 방문하여 새 신자에게 선물과 격려를 하기도 한다. 만약 전도 대상자에게 필요한 것 가운데 생필품 외에 돈이 필요하면 돈도 주면서 전도한다고 말한다. 그들에게 필요한 것은 바로 복음과 사랑, 그리고 살 수 있는 재원이다. 지금도 저들은 두려움과 떨림 가운데 사는 것이 아니라 환경을 극복하며 어떻게 하면 하나님의 이름을 존귀하게 여기며 송축할 것인가를 고민하고 있다. 절대적인 이슬람 인구가 증가되어 가는 있는 곳에서 그들은 오늘도 하나님을 찬미하고 있다. 새벽이

슬 같은 주의 청년들이 무슬림이 아닌 크리스천으로 일어나도록 간구해야
할 곳이 바로 우즈베크다.

3. 핍박가운데 어떻게 전도할까? |

　　나는 아랄해로부터 불어오는 바람, 스텝 지역의 바람 때문에 살을 에
는 듯 한 추위를 느끼며 지내야만 했다. 이른 아침에 일어나 성경을 읽고 나
서 오늘은 어떻게 주의 영광을 돌리며 살아야 하는가도 고민했다. 추운 겨
울에 외국인 배낭을 메고 다니는 것을 이상하게 보는 사람들 사이로 사역의
방향을 잡고 가야만 했다. 내가 이동하는 곳에서 그리스도인을 만나고 그들
의 삶과 신앙, 그들의 정체성을 들으면서 나의 신앙도 새롭게 점검하는 값
진 기회가 되었다. 특히 만나는 사람들과 그리스도의 사랑을 나눌 때는 더
없이 가슴이 벅찼다.

　　나는 우즈베크의 서부지역을 탐방하면서 몇 가지 핵심적인 사항을 발
견하게 되었다. 정부의 종교적 탄압과 새로운 종교법으로 신앙생활을 유지
하기 어려운 상황에서 전도의 길을 가는 몇 사람과 대화를 나누었다. 그들
은 정부의 탄압과 기독교의 몰이해로 인해 공개적인 전도는 불가능하다고
딱 잘라 말한다. 그만큼 전도의 환경이 어렵다는 이야기다. 이미 크리스천
으로 알려져 있어 어려움도 있지만 인간관계를 통하여 복음을 알린다고 말
한다. 그러니까 교인들이 서로 아는 사람을 상대로 하여 접근하거나 친척들
에게 접촉하여 복음을 제시한다.

　　둘째, 아는 사람을 집으로 초대한 방식
이다. 나와 알지 못하는 사람을 집으로 초대
하는 것은 어려운 일이지만 손님 접대 문화
가 잘 발달된 곳이라 개의치 않는다. 집안에

서는 열린 대화를 나눌 수 있고, 음식도 같이 먹을 수 있으며, 차이(차)를 마시면서 복음을 소개할 수 있다.

셋째, 때로는 자신이 손님으로 가서 예수를 소개하기도 한다. 한 가정에 찾아가는 일은 쉽지 않지만 손님으로 가서 대화를 나눌 수 있는 것은 매우 효과적인 방법이라 본다.

넷째. 사람을 만났을 때 틈만 생기면 예수를 전한다. 이 부분에 나는 깊은 감동을 받았다. 기회를 놓치지 않고 복음을 제시하는 순발력이다. 기회는 항상 있는 법이 아니다. 기회가 주어질 때 치고 들어가는 전략이 곧 성공이다. 여기서 가장 중요한 것은 사람을 만날 때 하나님의 자녀가 된다는 상상력을 갖고 간다는 점이다. 아무도 그물을 드리우지 않은 블루오션 곧 새로운 가능성의 영역을 찾으면서 간다는 이야기다. 그들은 무작정 전도의 길을 가지만 꿈을 갖고 간다. 성취를 믿으면서 전도한다. 이 두 가지의 강점은 목표가 있다는 점이다. 사람은 목표가 분명하게 되면 성취가 이루어진다. 명확하고 장기적인 목표가 있던 사람은 사회각계의 최고 인사가 된다는 것을 알아야 한다. 이들은 복음을 전할 때 기회를 놓치지 않고 전하는 순발력과 틈새공략의 전문가다.

다섯째, 이들은 바라봄의 법칙을 알고 전도한다. 목표를 장기적으로 품고 사는 사람들이다. 우즈베크와 인근의 투르크메니아, 카자크 등이 그리스도의 나라가 되기를 소망하며 산다. 과연 그것이 현실이 될까라는 의심도 발생할 듯 하지만 그들의 생각은 비전으로 차고 넘친다.

그들은 하나님께서 아브라함에게 약속한 자손과 땅을 주시고 줄곧 그것이 이루어질 것을 바라보았던 것처럼 살며 전도한다. 하나님께서 그에게 무수한 별과 바닷가의 모래알처럼 보여 주셨던 그 희망을 바라보고 있다. 이 땅에 수많은 교회와 믿음의 후손들이 일어나기를 바라는 심정으로 그들은 전도한다. "하늘을 바라보아라 네가 셀 수 있거든 저 별들을 세어 보아라. 그에게 또 말씀하신다. 너희 후손이 저렇게 많아 질 것이라"(창 15:5)는 약속을 믿고 있다.

야곱은 어떤가? 그는 20년간 삼촌 라반의 집에서 머물러 살면서 당하기만 했다. 야곱은 라반의 양과 염소 중에서 얼룩지고 점 박히고 검은 것들을 가려내어 그와 같은 것들을 자신의 품삯으로 줄 것을 요구하였다. 라반은 이를 허락하였지만 야곱 몰래 얼룩지고 점 박히고 검은 것들을 숨겼었다. 하지만 야곱은 기도 중에 하나님으로부터 바라봄의 법칙을 계시 받았다. 그리고 야곱은 양들에게 흰줄무늬가 난 나뭇가지들을 바라보게 하면서 이른바 세뇌교육을 시켰다. "껍질을 벗긴 가지들을 물통에 곧 양들과 염소들이 물을 먹으러 오는 물구유에 세워, 가축들이 그 가지들을 마주 보게 하였다. 그런데 양들과 염소들은 물을 먹으러 와서 짝짓기를 하였다"(창 30:38). 그렇다고 야곱은 아무 양에게 줄무늬 가지를 보여주지 않았다. "야곱은 튼튼한 양들과 염소들이 끼리끼리 짝짓기 할 때마다" 그 가지 앞에서 짝짓기를 하게 했다(창 30:41). 마침내 바라봄의 법칙이 맞아 떨어졌다. 그래서 약한 것들은 라반이 차지하게 되고 튼튼한 것들은 야곱의 차지가 된 것이다. 이렇게 해서 야곱은 대단한 부자가 되어 그의 형을 만나러 가게 된다. 오늘 우리는 아브라함과 야곱의 삶에서 바라봄의 법칙을 배워야 한다. 이곳의 사역자들은 우즈베크에 대한 꿈을 품고 그곳을 계속 바라보고 있다. 때가 차서 하나님의 나라가 이루어지기를 기도하고 있다. 특히 그들이 사는 땅은 황무한 땅, 사막 한 가운데 세워진 도시이다. 겨울에는 찬바람만 불어 닥치는 곳이다. 푸른색 나뭇잎은 찾아 볼 수 없는 곳이 나보이, 부하라와 우르겐치, 칼라칼팍의 자치공화국이다. 이곳에서 전도하는 자들이 바라봄의 법칙으로 오늘도 전도의 길을 걷고 있다.

4. 그들은 어떻게 양육을 받는가?

우즈베크의 상황은 매우 어렵다. 국가
의 국기에도 이슬람의 문형이 그려져 있어
모든 가치가 이슬람적인 곳이다. 그렇지만
그들은 하나님을 바라봄의 법칙을 따라 철저
한 삶의 방식을 갖고 산다. 우선 그들은 만난
사람, 영접한 사람을 위한 양육을 나름대로 하고 있다. 우리가 할 수 없는
멘토가 있다.

그들은 인력의 법칙을 사용한다. 이것은 인간이 살아 있는 자석이라는
것이다. 즉 우리는 자신의 생각과 일치하는 것들을 우리의 삶으로 끌어 들
인다. 차동엽은 그의 책 『무지개 원리』에서, 행복한 사람은 행복한 다른 사
람들을 끌어당기고, 경제적인 풍요로움을 생각하는 사람은 돈을 벌 수 있는
아이디어와 기회를 끌어당긴다고 했다. 이처럼 자신이 진정 원하는 것에 집
중하면 인력의 법칙이 작동한다. 나는 여기에 동의한다. 신앙의 길이 달라
도 인력의 법칙에 따라 살려고 한다면 얼마든 양육의 기회를 가질 수 있다
는 것을 말이다.

이를 위해 첫째, 성경을 나누어 주면서 교회로 안내하고 한 사람의 리
더를 붙여 준다. 리더는 철저한 멘토가 되어 그의 신앙적 기초부터 성장까
지 책임을 지게 된다. 리더는 균형을 잡아 주는 자다. 리더들은 신앙의 열정
을 불어 넣어주는 자다. 그들과 함께 뒤엉켜 사는 자들이다. 리더는 현장 중
심으로 활동하면서 그들을 안내한다. 그러면서 하나님과 교회에 대하여 끊
임없이 확인시켜 주어야 한다. 자신의 신앙적 열정을 통해 존귀하신 하나님
과 구원의 기쁨과 신뢰를 주는 것이다. 둘째, 새로운 신자는 리더가 돌보고
구역 예배에 소속시켜 준다. 이때 새 신자에게 구역원들이 기독교인의 삶이
무엇인가를 보여주면서 아껴주어야 한다. 이를 "상응의 법칙"이라 한다. 이
것은 안에 있는 대로 밖으로 표출되는 것을 말한다. 그리스도인의 삶의 모
든 것은 안으로부터 밖으로 향한다. 따라서 먼저 스스로 변화를 시켜야 한

다. 내면의 상태를 꿈과 희망으로 가득 채우면 외부로 나타나는 삶 또한 그에 따라 변화된다.[56] 이는 행함이 없는 믿음이 아닌 행함이 있는 믿음을 보여 주라는 것이다. "….너는 믿음이 있고 나는 행함이 있으니 행함이 없는 네 믿음을 내게 보이라 나는 행함으로 내 믿음을 네게 보이리라"(약 2:18)는 말씀이 생각난다.

셋째, 언제나 스스로를 지킬 준비를 해야 한다고 가르친다. 우즈베크에서 영적 생활은 매우 어렵다. 정치적, 사회적, 종교적으로 억압을 받아야 할 때가 많다. 때로는 좌절과 실패를 겪게 된다. 맥아더는 번영과 부, 자주성과 자긍심을 지키려는 모든 나라는 언제나 스스로를 지킬 준비가 되어있어야 한다는 것을 강조했다. 그는 전쟁을 촉발시키는 것은 다름 아닌 무방비의 풍요임을 직시하고 있었다. 이는 영적으로 치열한 공방을 벌이면서 살아야 하는 초신자들에게 신앙을 스스로 지킬 준비를 가르치는 것이다.

우르겐치나 부하라 지역과 누쿠스에서 사역하려면, 신앙을 지키도록 하기 위한 의무(duty), 명예(honor), 천국(kingdom)의 가치를 알게 해야 한다. 그러므로 모든 성도들이 하나님께 대한 그리스도인의 의무, 그리스도인으로서의 명예, 천국의 가치를 평생 가슴에 새기고 살도록 해야 한다. 그렇데 되려면 사역자들의 인격, 결정력, 하나님 나라 확장에 대한 낙관, 준비, 용기, 최고의 그리스도인이 되려는 마음, 믿음, 사랑이 있어야 한다.

5. 훈련 받은 자에게 세례는 어떻게 주는가?

우르겐치, 영하의 23도 이하의 날씨, 추위에 떨면서 히바를 향해 간다. 히바는 과거 무슬림의 수도라 할 정도로 이슬람의 종교, 제도, 정치, 법, 윤리, 사회가 잘 형성된 곳이다. 이곳을 향해 가며, 우르겐치의 지도자들이 어떻게 평신도들에게 양육하며 세례를 베푸는지 질문을 던져 보았다. 이슬람 문화로 인해 새로운 종교에 대한 도전과 적응이 불가능한 곳에서 어떻게 하나님의 사람으로 거듭나 살 수 있는가를 보기 위해서였다.

　　나는 지도자에게 질문했다. "예수를 영접한 사람을 양육한 다음 어떻게 세례를 주나요?" 그는 첫마디로 "리더의 교육을 철저히 받은 자"를 꼽았다. 구역의 리더로부터 하나님의 살아계심과 나를 구속해 주신 것을 믿어야 된다. 구속의 은총을 통해 새롭게 하시는 하나님의 능력을 증거하도록 부름을 받은 확신이 서야 한다는 것이다. 세상을 향해서, 이방세계를 향해서 하나님을 향한 분명한 사명을 느낀 자에게 영적인 세례를 베푼다. 둘째, 세례를 받을 수 있는 기간은 보통 1년이 지나야 한다. 예수를 영접하고 1년이 지났다고 해서 구역장이 세례를 베푸는 것은 아니다. 1년 동안 양육을 받으면서 하나님께서 그 선민 이스라엘에게 자신을 계시해 주시고 이들을 선민 삼아 주심을 믿은 자라야 한다. 역사적으로 아브라함, 이삭, 야곱, 모세와 직접 대화를 나누시는 살아계신 하나님을 믿어야 한다. 보다 더 깊이 말하면 하나님은 한 분이시고, 천지의 창조자이시며, 생명의 원천이신 것을 믿을 때 베푼다. 우리는 하나님의 형상을 따라 지음을 받았고, 하나님께서는 창조의 모든 결과를 인간에게 맡겨서 다스리게 하셨기 때문이다.

　　셋째, 예수를 믿으면서 그리스도 안에서 자유를 경험한자에게 베푼다. 바울은 갈라디아 성도들에게 "형제들아 너희가 자유를 위하여 부르심을 입었나니"라고 말하고 있다. 성도는 죄와 율법으로부터 자유하도록 부름을 받았다. 성도는 죄에 대한 용서를 받고 율법의 정죄로부터 벗어난다. 그러나 죄를 지을 수 있는 자유나 사회적 책임으로부터 벗어난 자유는 아니다.

　　특히 이슬람 지역인 부하라와 우르겐치, 누카스 지역에서 그리스도인으로 살기 위해서는 철저하게 자유함을 누리고 하나님의 평강과 평안을 누리는 자라야 한다. 또한 하나님의 거룩하심으로 부르심을 알아야 한다. 하나님의 온 세계에 흩어진 성도들에게 "나도 거룩하니 너희도 거룩하다"(벧전 1:15)라고 말씀하셨다. 하나님 자신이 거룩함으로 그의 백성 또한 거룩하도록 부르고 계신다. 죄를 미워하고 그리스도를 닮아가는 모습은 현실에서 진정한 거룩한 모습이다. 적어도 이슬람 지역에서는 구원의 확신과 예수를 알고 그 안에서 자유함을 누리는 사람에게 세례를 베푼다.

넷째, 무엇보다 이슬람의 사회에서 기독교인으로 삶의 전환자에게 세례를 준다. 하나님이 성도로 부르신 것은 우리를 통하여 그의 은혜와 복음을 다른 사람들에게 전하기 위한 것이다. 이슬람의 세계에서 빛으로 부름을 받았으며, 이제는 빛의 자녀로 어두움에 있는 자들에게 그리스도의 빛을 비춰주며 살려고 하는 자에게 세례를 준다.

마지막으로 지역과 주민들을 위해 섬김의 자세가 있는 자에게 준다. 세상에는 3S로 표현되는 세 종류의 사람이 있다. 생존(survival), 성공(success), 그리고 섬김(service)을 각각의 목표로 살아가는 사람들이다. 물론 이 가운데 가장 높고 의미있는 목표는 섬김이다. 하지만 섬김을 실천하는 사람들은 아쉽게도 그다지 많지 않다.

선교도 3S로 기준으로 분류해 볼 수 있지 않을까! 즉 종교적 경쟁 시대에서 퇴출당하지 않고 생존하는데 급급한 선교사가 있는 반면, 사역개발이나 사회혁신, 선교적 블루오션 개척 등을 통해 성공을 맛보는 선교사도 있다. 이보다 한발 앞서 나아가 목사, 리더자, 지역사회, 자연환경에 대한 섬김을 추구하는 사역자도 있을 것이다.

그러나 가장 중요한 것은 지역민을 사랑하고 섬길 수 있는 자, 그들을 포용할 수 있는 자가 바로 그리스도의 반열에 설 수 있다. 보다 더 깊게 말하면 선교환경과 교인들의 증가에 대한 성과를 기대하는 상관관계에 대한 개념이 분명해야 한다. 선교지에서 가장 중요한 것은 하나님의 사람으로서 기독교인의 삶의 표출과 높임을 통한 혁신(innovation)을 유발함으로 기독교인의 영역을 높이는 기회를 만드는 것이다. 그러나 우르겐치나 부하라 등에서 세례교인으로 활동하기 위해서는 삶의 전환자라야 한다. 삶의 전환은 곧 신앙생활의 성공을 의미한다.

6. 중앙아시아의 가정교회

내가 방문하는 곳은 중앙아시아의 끝자
락, 투르크메니아의 국경지역, 위쪽으로 카
자크 국경이 마주하는 곳이다. 이곳은 동서
문명의 교차지점이다. 역사적으로 전쟁과 이
민족의 이동으로 순수한 것이 없는 곳이다.
역사적으로 순수한 것은 이슬람 문화가 오랜 기간 동안 보존되고 있다는 것
뿐이다.

타슈켄트, 사마르칸트, 나보이, 부하라와 우르겐치를 거쳐 누카스를
다니는 동안 정부 등록 교회만이 눈에 띌 뿐 그 외의 교회당은 보이지 않는
다. 어쩌다 보이는 유대회당, 동방정교회의 건물, 로마가톨릭교회가 전부일
뿐이다. 우즈베크에서 새롭게 시작된 교회나 건물은 찾아보기조차 힘들다.
이런저런 생각을 하면서 스텝지역인 사막을 벗어나 서쪽, 서북쪽으로 이동
을 했었다. 부하라에서 서북쪽으로 100km 정도 지나면 한 두 채의 집이 나
타날 뿐이다. 가끔 도로 중앙을 막고 서 있는 경찰 검문소, 사막 한 가운데
세워진 검문소 건물이 여행객을 반기지만 약간은 두려움과 공포감을 주기
도 한다. 구소련 시대에 세워졌다는 전봇대는 사막 한 가운데 긴 줄을 늘어
뜨리고 서 있다. 이런 사막을 지나 찾아 간곳이 우르겐치다.

우르겐치 도시 입구에 들어서자 구소련시대의 버스, 티코, 다마스 전
시장 같다. 시커먼 연기를 뿜으며 공회전을 하고 시민들을 태우고 어디론가
가버리는 노란버스, 이곳저곳 정신없이 다니는 빵 차 다마스, 도시 중앙을
가로질러 다니는 전차가 운행되고 있었다.

우르겐치 중심 도시의 4거리에서 차를 대고 한 참을 기다렸다. 이유는
이틀 후에 타슈켄트로 가는 비행기표를 구하기 위해서다. 누카스에서 타슈

켄트로 가는 비행기는 하루 2대라고 한다.
한 대는 경비행기로 오전에 뜨고, 또 하나는
대형여객기로 오후에 운행된다는 것이다. 나
는 오전에 움직이면 좋겠다는 판단에 경비행
기를 예약하고 발권을 받았다. 비행기표를
발권받자 곧바로 차는 중앙 도로를 벗어나 도시 외곽으로 달렸다. 시내에서
멀지 않은 곳으로 가는 것으로 보였다. 이곳에서 우리는 하룻밤을 머물러야
할 지 모른다. 그곳은 바로 가정교회였다.

1) 교회 간판이 없는 곳

피아트 엔진을 단 작은 승용차, 짙은 브라운색의 승용차는 포장되지
않은 도로를 기우뚱거리면서 갔다. 창틈으로 세찬 바람이 스며들어온다. 황
소바람이 더 춥다더니 정말 춥기만 했다. 현지인은 앞에 타고 나는 뒷좌석
에 앉아 그의 지시에 따라 움직여야만 했다. 현지인은 차에서 내려 곧바로
배낭을 들쳐 메고 계단을 거쳐 현관 안으로 들어가고 있었다. 나도 차에서
내리자 아래층 할아버지가 물끄러미 바라다본다. "웬, 외국 사람이 이 집에
와......" 하는 투였다. 그래도 눈으로 인사를 드리고 재빨리 현관 안으로 들
어갔다.

현관을 들어서자 이는 교회라기보다는 평범한 가정집이었다. 오른쪽
에는 주방, 길게 늘어선 거실, 왼쪽에는 아무것도 없는 텅 빈 방과 테이블,
안쪽으로 침실과 화장실이 전부였다. 그러나 한 가지 특징은 건물 안에서
십자가 형상이나 성화 등은 찾아 볼 수 없었다는 점이다.

내가 차에서 처음 계단을 밟고 올라갔던 집은 바로 가정교회(House
Church)였다. 중앙 아시아를 방문하고 연구조사 하면서 첫 번째 나에게 부
딪힌 것이 바로 가정교회였다. 2억2천의 무슬림이 중앙아시아에서 생활하

고 있다. 이들에게 과연 가정교회 방식의 선
교가 합당할 것인지, 그리고 교회 개척 운동
(Church Planting Movement)이 과연 가능
할 것인지 또 지역사회에 교회 개척 운동 기
록들이 얼마나 있는지 전혀 알지 못했다. 또
중앙아시아의 향후 기독교 상황은 어떻게 전개될 것인지를 고민하게 되었
다.

간판 없는 교회, 아무런 상징적 표현물이 없는 곳을 향해 가는 나의 마
음은 무겁고 착잡하기만 했다. 하지만 중앙아시아에서 복음전파의 역사는
그래도 길고 길다. 아마도 기독교가 처음으로 전파된 초기 시절은 네스토리
우스(Nestorian)파 기독교가 거의 천년 가까이 존재하였다. 하지만 14세기
경 여러 가지 이유로 네스토리안 기독교인들은 당시 중앙아시아를 통치하
던 투루코-몽골리아(Turko-Mongolian) 제국 티무르(Timur)왕조의 대대
적인 박해를 받고 사라져 버렸다. 그 후 19세기에 들어와 많은 개신교 교파
에서 선교사들을 보냈지만 지리적 고립성과 선교사에 대한 적대적인 정부
등의 선교적 장벽으로 인해 극히 작은 선교의 열매를 거두었다.

내가 가장 기쁘게 생각하고 방문하게 된 이 지역은 타슈켄트에 처음으
로 방문하였을 때 현지인으로부터 이곳을 소개 받았기 때문이다. 그의 소개
로 인해 마음이 갔고, 중앙아시아의 그리스도인은 전체 인구의 0.03%에 불
과하다는 소식에 더 가게 되었다. 그런데 그곳에는 교회 간판이 없는 교회
만 있을 뿐이다.

2) 왜 이곳에는 교회와 교인의 수가 눈에 띄게 증가하는가?

교회 간판도 없는 곳, 누가 사역자인지 구분이 되지 않는 도시 교회,
아무런 영적 표징도 없는 도시에 젊은이가 증가하고 있다. 부하라와 우르겐

치, 히바, 누카스와 아랄해 근처에 이르는 곳에 복음주의 기독교인들이 증가하고 있다. 그 이유는 첫째, 구소련 붕괴이후에 종교의 자유와 표현을 가지고 온 것이며 둘째, 많은 선교사의 접근이 어려웠던 이 지역에 진입할 수 있는 새로운 방법들을 선교단체들이 개발하여, 직접 선교가 가능해지므로 개척교회가 증가했기 때문이다. 셋째, 서양선교사들과 한국, 싱가포르, 남아프리카, 라틴 아메리카, 인도 등의 국가에서 파송된 선교사들의 급격한 증가로 인한 기독교 선교의 영향력과 변화가 선교의 열매를 가져온 것으로 보인다. 넷째, 젊은이들이 외국의 근로자로 일한 후 사고의 전환을 가져왔기 때문이다. 인근의 카자크와 한국 기업에 근로자로 일하면서 보다 자유로운 표현이 선교의 결과를 가져다 준 것이다. 더 놀라운 것은 오순절 계통의 교회에 젊은이들이 몰려 들고 있다는 점이다. 마지막으로 이 지역의 기독교인들은 성경을 구하기가 매우 힘들다는 점이다. 그렇다고 신구약 성경이 완전 번역된 것도 아니다. 신약만 출판된 책조차도 구입하기가 어렵다.

그러나 필자가 방문했을 때 교회는 점점 일어나고 있으며 젊은이들에게 매우 인기가 높다는 소식을 들었다. 반대로 타슈켄트 시내의 젊은이들은 이슬람사원에 더 많이 가지만 말이다.

3) 성경읽기를 좋아하는 사람들

나는 중앙아시아의 한 나라를 방문하면서 소중한 것을 발견했다. 그것은 기독교인으로 개종한 사람들이 성경읽기를 좋아한다는 소식을 접하고 부터다. 우즈베크 언어로 된 신구약 완전번역본은 없지만 신약성경만이라도 읽고 삶에 적용하려는 그리스도인들이 늘고 있다는 것 때문에 흥분했다.

우즈베크 서북쪽 사람들, 그들의 영혼은 살아 있다. 그들은 내 발에 등이요 빛이 되는 성경을 갖고 싶어 한다. 그들은 하나님의 법을 잊어버리지 않고 그 마음으로 하나님의 명령을 지키길 원하고 있다. 하나님의 말씀은 장수하게 하고 많은 해를 누리며 평강을 더하게 하는 것임을 알고 있다. 그래서 성경을 갖고 생활하는 것을 좋아한다. 무슬림들이나 그들의 공격에도 성경을 갖고 싶어 한다. 왜, 성경은 생명의 말씀임을 믿기 때문이다.

4) 가정교회의 새로운 시도

중앙아시아 지역[57]의 우즈베크, 투르크메니아 그리고 스탄 나라들은 가정교회가 교회성장의 유일한 방법이다. 우즈베크와 투르크메니아에서 건물을 기반으로 하는 교회 설립은 적절하지 않은 것으로 안다. 다만 러시아인들과 고려인들만이 건물을 세울 수 있었다. 그러나 최근 몇 년간 기독교인들의 급속한 증가로 인해 지역교회의 지도자들이 가정교회의 장점을 인식하기에 이르렀다. 특히 우즈베크의 카라칼파키스탄(karakalpakistan)과 페르가나 계곡에서 가정교회와 셀 그룹이 지속적으로 증가한다는 소식을 들었다. 현지의 젊은 사역자로부터 젊은이들이 교회로 들어오고 있다는 설명은 나를 더욱 흥분하게 만들었다.

실제 이들 지역에서 가정교회가 교회개척에 대한 전략적으로 유효한 방법으로 받아들여진 것은 2003년에서 2004년 카자크와 우즈베크를 방문한 선교학자들에 의한 것이란 견해도 있다. 당시 서구선교사들과 동양선교사들을 향해 어느 신학자는 교회개척이란 무엇인가? 가정교회가 교회 개척 운동의 기본적 전제라고 말을 하고 난 뒤부터 가정교회는 활발하게 성장한 것으로 알려지고 있다.

특히 중앙아시아에서 가정 교회를 개척하는 것은 많은 유익이 있다. 첫째, 상황화에 대한 이점이 있다. 우즈베크에서 활동하던 서구 선교사들은 교회건물, 예배 양식이 현지 문화에 잘 맞도록 하는 상황화 작업을 지원하는 일을 하였다. 이로 인해 서구교회 방식의 예배 형태가 현지인을 비롯하여 중앙 정부의 지탄을 받아 왔다. 지금도 현지인들의 의식에는 외국종교의 집회와 그들의 음악이 자신들의 문화를 파괴하고 있다는 신문기사가 있다.

가정에서 모일 때, 교회는 문화의 가장 기본적인 차원으로 들어가게 된다. 문화와 전통의 기초는 가족이다. 교회가 가정에서 모이게 되면 교회는 가정을 구성하는 문화와 언어의 특성을 쉽게 취득하게 된다. 우즈베크에서 가정의 문화와 전통 중 성경에서 가장 일치하는 부분들을 가정교회가 누릴 수 있다.

둘째, 종교적 박해로부터 이점이 있다. 우즈베크는 경찰요원이 많다. 모두가 국가의 정책에 찬성하는 자들이다. 이들은 불법 단체나 집회 등에 대하여 집중적인 단속을 벌인다. 물론 종교적인 모임이라고 해서 예외는 아니다. 이런 상황에서 어떻게 종교적인 모임이 가능할까라는 의구심이 든다. 하지만 현지 교회의 지도자들은 아주 담대하게 말한다. 교회 성도들의 각자의 삶이 있기 때문에 가정에서 모임은 얼마든지 가능하다는 것이다. 그들은 생일을 기념하기 위한 모임을 많이 갖는다. 가정이란 가족공동체의 근거지다. 가정에서 확대 가족모임을 가질 수 있고, 이슬람 사회에서는 대가족 제도를 중요하게 여기기 때문에 가족구성원이 대체적으로 많다. 이들은 차를 마시고, 음식을 먹고, 노래를 하기 위해 모이는 것이 일상적인 생활이다.

또한 가정교회는 정부의 간섭과 감시망에서 벗어나 얼마든지 사역의 영역을 확대해 갈 수 있다. 그렇다고 가정교회가 절대로 핍박을 안 받는다고 보장하기는 어렵다. 이들도 핍박과 정부의 감시망을 피해 장소를 자주 옮겨 다닌다. 성경시대의 사람들도 가정에서 모임을 가질 때 핍박을 피하지 못했다. 마태복음 24장 9절에 "그 때에 사람들이 너희를 환난에 넘겨주겠으며 너희를 죽이리니 너희가 내 이름을 위하여 모든 민족에게 미움을 받으리라". 사도행전 8장 1-3절 "사울이 그의 죽임 당함을 마땅히 여기더라 그날에 예루살렘에 있는 교회에 큰 핍박이 나서 사도 외에는 다 유대와 사마리아 모든 땅으로 흩어지니라 경건한 사람들이 스데반을 장사하고 위하여 크게 울더라 사람이 교회를 잔멸할 쌔 각 집에 들어가 남녀를 끌어다가 옥에 넘기니라”는 말씀도 있다. 최근 들어 우즈베크 정부는 시골지역에 외국인 거주를 제한하고 있다. 아마도 모든 외국인은 선교사로 인식하고 있는 것 같다.

셋째, 우즈베크에서 지도력은 얼마나 효과가 있는가? 선교현장에서 지도력은 교회의 가장 큰 문제이고 고민거리이다. 대체적으로 외국인 선교사들은 큰 건물 중심의 사역을 하고 있다. 특히 우즈베크의 현지 지도자들을 교회 지도자로 세우는데 꽤 오랜 시간이 걸린다고 한다. 이 모든 현실을 다 알 수 있거나 설명하기는 무척 어렵다. 하지만 중앙아시아는 과거로부터 근대시기까지 식민통치로 있었다는 점이다. 이러한 역사적 상황에서 남자들은 생존을 위해 수동적이고 복종적이었다. 전쟁, 기근(사막이 많음), 압제, 그리고 가정의 붕괴(이혼율 높음)는 남자들의 지도력을 세우는 것을 어렵게 만들었다.

우즈베크의 나이 많은 분들은 오랜 세월동안 사회주의 체제에서의 생활, 이슬람 신앙의 배경으로 인해 복음에 대하여 적대적이다. 그리고 우즈베크의 젊은이들은 아직 젊은 층이 많고, 목회적 경험이 적고, 교육수준이 낮은 것도 원인이다. 현재 우즈베크의 젊은이들은 가정 경제의 어려움으로 한국, 카작 등 인근 국가로 취업을 나가 있다. 이런 상황으로 인해 일부 목사들이 성경학교 수준의 훈련을 받고 목회를 해도 20-30명 교회를 이끈다는 것 자체가 힘이 든다.

우즈베크의 시골 목회자들을 위한 정기적인 훈련과 시스템화 된 교육이 시급한 실정이다. 이들은 항상 사역의 압박과 교회성장에 대한 부담을 안고 산다. 어느 시골 목사는 한국에서 교육을 받아 신앙서적을 번역하여 공급하려고 하지만 재정 부족과 신경쇠약(burnout)을 호소하는 것을 보았다.

나는 가정교회의 지도자를 만나 그들의 활기찬 모습과 삶은 많은 감동을 주었다. 그들은 큰 건물에서 예배하는 것도 좋아하지만 교회 행정의 부담을 덜기 위해 소규모의 가정교회를 더 선호하기도 한다. 그들은 말한다. 우리가 가정교회를 위해 노력하는 것은 교회의 조직과 건물을 세우기보다는 사람을 세우는데 관심을 두기 때문입니다. 이것이 현지교회 지도자의 답변이다.

다섯째, 가정교회는 재정적인 이점도 있다. 나는 서울에서 10여년 넘게 목회를 했다. 작은 건물을 임대하여 목회를 했지만 늘 마음에 부담이 되는 것이 있었다. 재정적인 부담과 교회성장이라는 부담감으로 스트레스를 많이 받았다. 또한 이웃집으로부터 소음문제로 인해 가끔 분쟁이 일어나기도 했다. 이런 상황은 나를 훈련시키는데 아주 유용했지만 교회의 재정부분이 보충되지는 않았다. 결국 큰 건물을 갖는 것은 재정이 뒷받침되어야 한다. 지난날의 목회 현실을 생각하면 우즈베크에서의 목회도 그렇지 않을까 하는 생각이 들었다.

우선 우즈베크에서 교회 건물을 기반으로 하는 무슬림 출신 성도들의 복음주의 교회가 재정 자립을 이룩하였다는 소식은 거의 없다. 사마르칸트의 어느 교회는 고려인이 목회를 하고 있었다. 몇 년 전 정부 관료가 찾아와 교회 폐쇄 명령을 내렸고, 종탑의 십자가는 내려졌으며, 교회의 모든 시설은 사회봉사 프로그램으로 전환하라는 지시로 모임을 갖지 못한다. 이 교회는 전적으로 외국 교회의 지원을 받아 건축된 곳이다. 지금은 관리인만 지키고 있을 뿐 교회로서의 역할은 하지 못하고 있다. 현재 각 지역의 공공건물의 시설을 교회에 임대하는 것을 금지하고 있다. 또한 복음주의 교회 지도자들은 월 50-250달러 정도의 월급을 받으며 생활하는 자들이 대부분이다. 우즈베크의 정치, 경제, 문화적 상황을 고려하면 교회 건축을 한다는 것은 상당한 부담이 된다. 이들에게 외국의 원조가 없이는 거의 불가능한 일이다.

그렇다면 이들은 어떤 비전을 갖고 사역하는가? 이들은 교회 건물을 구입하거나 건축하는데 목적이 있는 것이 아니라 사람을 세우고, 성도들 간에 서로 돕고, 도움이 필요한 곳에 재정을 사용하고 있다. 한 영혼을 구원하기 위해 셀 지도자들에게 재정 사용 권한을 주고 있다.

5) 우즈베크의 가정교회의 함정

우즈베크는 셀교회가 매우 활성화 된 곳이다.[58] 이들은 하나님 나라 확장과 신앙적 전파를 위해 노력하지만 모든 문제가 해결되는 것은 아니다. 그 이유는 사람이 모이는 곳에는 언제나 문제가 발생하기 때문이다. 가정에서 모임을 갖고 찬송을 부르며 성경을 읽고 있다고 해서 진실한 교제, 제자훈련, 하나님과 긴밀한 만남이 이루어진다고 보장하기는 어렵다. 물론 긍정적 측면에서 가정교회를 바라보는 것이 정상이지만 그래도 가정교회에는 함정도 있다. 과연 가정교회의 잠재적 함정은 무엇인가를 보는 것도 매우 중요하다.

첫째, 이슬람 근본주의자 집단과 혼동할 수 있다. 이슬람 근본주의, 즉 와하비(정부도 머리 아파함)[59]는 정부의 골칫거리 집단이다. 구소련의 연방국가의 공산주의 이념을 가진 나라들이 다양한 종교단체와 그들 사이의 미묘한 차이점을 구별하지 못해 종교제한 정책으로 인해 어려움을 겪고 있다. 이들 대부분 국가들은 양심의 자유를 보장하는 헌법을 갖고 있지만 정부관리와 특히 지방관리들이 종종 헌법의 그런 조항을 무시하거나 그 존재 자체를 인정하지 않거나 아예 모르고 있어 더 어려움이 많다.

또한 이슬람 급진주의자인 와하비들은 가정에서 만나거나 소규모 모임(cell group)을 형성하여 모이고 있다. 그러므로 가정교회가 어려움을 겪는 것은 정부 지도자들이 정부를 타도하기 위해 모임을 갖는 와하비와 연관지어 생각하기 때문이다. 아무튼 우즈베크와 인근 투르크메니아에서는 가정에서 모이는 종교적인 것은 모두 불법으로 간주한다. 카자크 헌법에는 종교적 집회를 허용하고 있지만 지방 공무원들은 정부에 등록되지 않은 가정에서의 모임에 벌금을 내려왔다.

이런 장애물을 극복하기 위하여 일부 가정교회는 정부에 등록을 하기도 한다. 아무튼 우즈베크 사회에서 가정 모임은 흔한 일이지만 그리스도인들과 다른 모임을 구분하는 것은 힘든 일이다. 가끔 가정교회를 경찰에 신고함으로 어려움을 겪기도 하는데 이는 기독교에 대한 반감을 가진 이웃집이나 다른 사람들이 고발하기 때문에 일어난다.

둘째, 부족주의 부상의 함정이다. 피는 물보다 진하다는 속담이 있다. 구소련시대 전부터 있었던 사건은 유혈사태, 학살사건이 수세기를 걸쳐 종종 발생하였다. 특히 스탈린주의에 영향을 받은 사람들은 오직 혈연관계의 친인척만 신뢰하였다. 그런데 가정교회는 가족관계를 중심으로 자연스럽게 형성되어 지나칠 정도로 내부에 집중되어 있다. 이런 문제가 가정교회에서만 있는 일은 아니지만 이 문제가 더 심화될 가능성이 있다고 현지인들은 말한다. 아무튼 가정교회가 활로를 찾기 위해서는 부족 뿐 아니라 모든 종족에게 제자를 세워야만 하는 부담감을 갖고 있다.

셋째, 거짓 이단의 가르침과 함정이 있다. 이 부분은 가정교회에 드러나 있는 것은 아니다. 은밀하게 가정을 통해 확산되기도 한다. 이러한 현상은 성경시대부터 지금까지 계속되고 있다(마 24:11; 24:2; 벧후 2:1). 거짓 가르침으로 인해 소규모 교회가 당하는 불이익은 건전한 신앙과 분별력 있는 신학자를 가질 수 없다는 점이다. 가정교회는 보다 분명한 성경신학과 신학교육이 필요하다. 거짓의 함정에서 벗어나거나 방어하기 위해서는 성경에서 답을 찾아 사역하도록 돕는 것이다.

넷째, 교회 분열이 일어날 수 있다. 하나님은 건물을 통해 역사하거나 그렇지 않으면 가정교회를 통해 역사하기를 원하고 계신다. 과거로부터 지금까지 작은 교회와 가정교회 운동은 비판의 대상이 되어 왔다. 가정교회 개척자들과 지도자들과 구성원들은 비판을(눅 5:37-39) 예상하지만 방어적 태도는 가정교회의 성장을 방해한다. 그리고 다른 교회와의 연합을 못하게 한다.

결론적으로 가정교회가 활성화되기 위해서는 네트워크가 필요하다. 현지 지도자들은 어떤 상황에서도 대처할 수 있는 네트워크를 구축하는 것이 급선무라고 한다. 최근 들어 가정교회 지도자들이 서로 연결하여 모임을 갖고 있는 것은 매우 바람직한 일이라고 본다. 무엇보다 우즈베크의 가정교회가 지속적으로 발전하기 위해 네트워크는 반드시 구축되어야 하고, 다양한 계층의 지도자들을 포용하면서 교육을 한다면 상호 유익이 있을 것이다. 이를 보다 더 구체적으로 움직이도록 하기 위해서는 정기적인 세미나를 통한 의견과 자원의 공유가 필요하다. 우즈베크에 대한 관심을 가진 자라면 그들의 성공과 실패 사례를 통해 다른 사람들의 가정교회를 설립을 도울 수 있어야 한다.

14 누카스 도착과 현지인 만남

누카스는 우즈베크 서쪽에 위치한 카라칼팍 자치 공화국 수도다. 이 공화국에 사는 사람들은 대부분 카라칼팍 민족이다. 키는 적당하고 몸집은 크지 않은 것이 특징이다. 그들은 나름대로 민족성에 대한 자부심이 대단하다. 우리는 우즈베크가 아니라 카라칼팍이라는 식으로 대답을 한다. 우즈베크를 탐사하면서 한 국가 안에 또 다른 자치 공화국이 있다는 것에 의문스러웠다. 아주 오래지 않은 시간에 자치를 요구하지나 않을까 걱정도 해보았다. 이런 걱정은 괜히 한 것이고 나와 상관이 없는 것이다.

누카스는 작은 도시이지만 그래도 사막을 거쳐 쉼터가 있는 곳이라 나름대로 특성이 있다. 우선 민족의 정체성이 매우 강하다는 것, 우즈베크 내에 있지만 사용하는 언어가 다르다. 정부의 공공기관, 교육기관에서는 우즈베크어를 사용하지만 그들끼리는 카라칼팍어로 대화를 한다. 가끔 보이는 고려인들은 한국어를 사용하거나 러시아어를 사용하기도 한다. 러시아어를 모르는 아이들은 당연히 우즈베크어를 배운다.

우즈베크에는 적어도 4개 이상의 언어가 공존한다. 공식 언어는 우즈베크어이지만 그 외에 타직어, 러시아어, 카라칼팍어, 한국어 등이 지역별로 뒤섞여 있다. 이것도 구소련의 영향일 것이다. 이런 현상은 1991년 구소련이 해체되면서 자신들끼리 국경을 정하고 독립을 했기 때문에 발생한 것이다. 우즈베크의 국경 주변은 다양한 나라들로 얽혀 있지만 종족별 배려를 하지 못한 점도 있다. 우즈베크는 중앙아시아에 있으면서 다양성이 공존하는 나라다. 문화와 언어, 종교 등이 다양하게 공존하지만 그것이 국가 통합을 이루는데 도움이 될지는 아무도 모른다.

1. 호텔에 짐을 내려놓고

부하라에서 5시간 30분, 우르겐치에서 3시간 30분을 여행한 끝에 누카스[60]에 도착을 했다. 긴 시간을 여행한 나는 누카스 한 도시의 고등학교 건물 앞에 서 있었다. 그곳에서 현지인을 만나기로 했다. 차에서 내려 잠시 기다리고 있을 때 넥타이를 맨 젊은 학생이 와서 말을 건넸다. 어디서 왔느냐고 말이다. 내가 한국에서 왔다고 하자 곧바로 영어를 할 줄 아느냐고 물었다. 그렇다라고 대답했지만, 나를 마중 나온 사람으로 인해 길게 대화할 수 없었다.

누카스에 도착할 무렵은 저녁노을이 지고 있을 때였다. 도로에는 먼지가 날리고 있었고 퇴근하려는 사람들로 인해 버스정류장은 복잡하기만 했다. 차가운 겨울바람이 얼굴을 스칠 때마다 칼로 베는 듯 했다. 아무리 생각해도 잘못 온 것이 아닌가 할 정도로 힘이 들었다.

우리 일행은 구소련제 자가용을 타고 누카스의 중심지로 이동했다. 나를 만나기 위해 찾아온 두 사람은 형제간이었다. 그들은 자신이 아는 호텔로 우리 일행을 안내했다.

호텔에 도착하자마자 수속을 마친 다음 짐을 내려놓고 호텔 뒤에 위치한 박물관으로 이동을 했다. 그런데 시간이 지나 관람을 할 수 없었다. 박물관에서 나와 고대도시 토프라칼라 , 즉 기독교인들이 살았다고 하는 지역으로 이동했다. 이곳은 언덕위에 있는 도시로서 지금은 그들이 살았던 흔적만 남아 있었다.

2. 인간의 육체가 묻어 있는 곳 마스림한슬루우

누카스 시내를 벗어나자 아랄해로 가는 강이 보였다. 계우르칼라 지역으로 가는 도중에 재미있었던 것은 종교에 따라 묘지 모양이 다르다는 점이다. 러시아, 우즈베크, 고려인의 공동묘지가 보였다. 러시아사람은 정교회 신자가 많아 무슬림들과 함께 묘를 쓰지 않는 전통이 있다. 그들은 묘 앞에 십자가를 세우고 부활을 소망하고 있다. 공동묘지에서는 각자의 신앙을 강하게 강조하고 있다는 것을 볼 수 있다.

그래서 그들은 마스림한슬루우 묘지를 신성시하는 경향이 있다. 여기서 마스림은 여자의 이름을 말하는데 원래는 "공주"였다. "슬루우"는 "아름다운" 이란 뜻을 갖고 있다. 이러한 곳에서 아랍어로 기도하면 복을 받는다고 한다. 그래서 그들은 무덤도 매우 화려하게 만든다. 무덤을 아주 작은 집이라고 말해도 된다. 그들은 무덤을 고대 건축양식을 빌어 사용하든지 현대식 건물을 짓고 그 안에 조상을 안장한다. 이것이 기독교인들과 차이가 있는 부분이다.

아무튼 계우르 칼라 지역, 즉 신을 믿지 않는 자들은 기독교인과 무슬림들 사이에 싸움을 하고 있다고 한다. 이러한 현상은 15–16세기경부터 지금까지 계속되고 있다. 구소련시대는 종교탄압이 매우 심했는데 무슬림에게는 자유하고 교회는 등록을 허락하지 않았다.

3. 이슬람 사원 건축비는 정부가 ▮

이슬람, 러시아인, 우즈베크 사람들의 묘지 옆을 지나 고대 도시를 가는 동안 우즈베크의 다양한 종교현상과 민족에 대한 대화를 나눌 수 있었다. 무엇보다 구소련 시대의 철로, 투르크메니아로 가는 길, 아랄해와 수로 등 많은 것들을 볼 수 있었다. 특히 이슬람 사원은 정부가 전폭적으로 지원하고 있었다. 물론 외국 자본도 유입되었지만 정부의 입김이 없다면 사원 건립이 가능했겠는가 생각해보았다. 우즈베크 모스크 사원 건축은 부자들의 헌금 액수가 커서 가능하다고 한다. 우즈베크에서 이슬람의 확장을 피부로 느끼는 내용이었다.

최근 들어 우즈베크에서 이슬람 사원의 증가는 급속도로 팽창되고 있다. 모든 도시마다, 구마다 1-2개씩 증가하고 있다.

4. 우즈베크에서의 인권은 어떤가? ▮

이슬람 카리모프 대통령 통치하에서 인권을 논한다는 것 자체가 바람직하지 않다. 하지만 우즈베크 사람들은 인권에 대해 머리를 가로 젓는다. 우즈베크에서 언론의 자유가 없다고 한다. 텔레비전을 통해 진실을 말하면 TV에서는 말하지 않는다. 한 시민은 방송국의 프로그램과 특성에 따라 다르지만 진실은 방영되지 않는다며 불평을 털어 놓는다. 국민들이 볼 때 TV에서는 항상 좋은 일, 무엇이든지 좋다고 말하지만 실제 국민들의 생활에는 그렇지 않다는 것이다. 그래서 우즈베크의 TV를 켜면 하루 종일 음악과 춤만 방영된다. 온 종일 민속 음악과 현대 음악이 함께 흘러나오는 것을 보면 그 상황이 어떤가를 분명히 알게 된다.

그리고 과거에는 범죄한 사람에 대해서는 거리에서도 매를 들고 때렸
으나 현재는 재판을 통해 형벌을 내리는 것으로 변화되었다. 최근에는 거리
에서 매를 들고 범죄자들을 때리는 일은 없어졌지만 그래도 일부는 남아 있
다. 술마신 사람, 술주정뱅이는 때리거나 유치장(감옥)에 가두어 버린다.

우즈베크는 모든 면에서 자유로운 곳이지만 종교 또는 개인의 인권에
대해서는 자유스러워 보이지는 않았다.

5. 도시계획과 학교

우즈베크의 자치 공화국에서는 공부 열풍이 불고 있다. 누카스 시내에
는 전문학교, 전문대학과 전문 고등학교가 설립되어 전문가 교육에 열을 올
리고 있다. 누카스 시에는 주로 의과대학이 많은 편이다. 거기에 중국에서
지원하는 병원도 있어 새로운 의료기술과 국민 건강을 위해 노력하고 있는
아름다움도 있다. 이 도시에는 인문사회 과학 분야를 발전시키기 위해 사범
대학도 많다. 인문사회 학문발전을 통해 우즈베크의 새로운 변화를 가져오
려는 듯한 느낌을 받았다.

6. 사막의 성 (박물관)

누카스의 박물관은 이틀째가 되어서야 관람하게 되었다. 우선 외국인
이라는 것 때문에 비싼 입장료를 지불하고 1층에 카메라 가방, 노트북, 일반
짐을 맡겨 놓고 관람을 시작했다. 그러나 러시아로 된 설명서를 이해하기 어
려웠다. 그래도 모든 그림을 보면서 다양한 것들을 배울 수 있었다.

특히 사막의 성이라 불리는 칠피크 성(AD 1-2세기경) 박물관에는 아

무라다 강변의 장례식장 그림도 있다. 이곳은
사람이 죽으면 새가 와서 시체를 먹도록 버려
두는 장례(조장)가 치러지는 곳이다. 장례를
치루고 1년 후에 뼈를 추려 항아리에 담아 매
장한다. 이곳은 다양한 의식이 행해지면서 많
은 사람들이 이곳을 사용하고 있는 것으로 알
려져 있다.

　아이야르칼라(Ayaz-kalaz)는 AD 7-8세
기경으로 조로아스터교의 중심 교리를 숭배하
는 곳이다. 조로아스터교는 불, 바람, 땅, 물을
신성시한다. 그러기에 매장 문화도 중요하게
여기는 것으로 알려져 있다.

　그 외에 토프라칼라(Toprak-Kala)는 AD 1-4세기경으로 기독교 유적
지가 많은 곳이며 흙의 도시라고 불린다. 당시 많은 기독교인들이 모여 살
았던 곳으로 알려져 있으나 현재는 아무도 살지 않는 폐허가 된 곳이다. 이
곳을 유럽의 고고학자들이 발굴작업을 하고 유물들을 모아 두어 토프라칼
라를 조금이나마 이해할 수 있었다.

　자피라칼라(Jamirk)는 AD 9-14세기 칼라 신이 없는 사람들이 모여
사는 동네다. 그러니까 신들을 섬기지 않는 무신론자들이 모여 살았던 곳이
다. 카라칼파크스탄이라 불리는 이곳에는 다양한 유물들이 산적해 있다. 특
히 "카라"는 "검정모자"를 뜻하고, "파크"는 "모자"라는 의미를 갖고 있다.
그러니까 조상들이 검정모자를 쓰고 있는 곳이란 뜻이다. 이런 사막의 성에
도 봉화대가 있었다. 과거 이슬람 상인들이 실크로드를 오고 갈 때 오아시
스가 있는 곳이라고 알려주기 위해 진흙으로 만든 칠리크성이 바로 봉화대
역할을 했다고 전해진다. 이슬람 시대에는 봉화를 통신수단으로 사용되기
도 했다. 또한 칠리크성은 적의 침입과 카라반의 안내 역할을 했던 곳이다.

누카스의 박물관 관람은 고대, 중세, 근대, 최근의 것을 모두 진열해 놓아 역사와 고고학, 문화와 전통, 종교적인 풍습을 상세히 알 수 있는 기회였다.

7. 누카스 공항

오전 박물관 관람을 마치고 택시를 타고 공항으로 이동했다. 오전에 출발하기로 한 비행기는 결항이란다. 오후 8시가 되어야 우즈베크의 수도 타슈켄트로 갈 수 있다고 한다.

특히 누카스 공항은 시골 버스 터미널 같지만 여기서는 최고의 현대식 건물이다. 공항에 들어가 항공권을 변경하고 공항 밖으로 나와야만 한다. 공항 내에는 근무자들만 있지만 어디서 볼 수 없는 진풍경을 목격

하게 되었다. 그것은 항공권 변경이나 시간이 다른 점에 대해서도 별 신경을 쓰지 않고 일을 한다. 공항 내에서 담배를 피우는 사람들, 반짝 장사를 위해 상점문을 여는 사람들도 있다.

무엇보다 국내선 비행기를 먼저 타려고 활주로의 중앙에 있는 항공기 쪽으로 승객들이 달려가는 것을 보고 나는 이해할 수 없었다. 나중에 안 사실이지만 먼저 뛰어가야 비즈니스석에 앉아 갈 수 있었기 때문이다. 나는 맨 나중에 비행기를 탔기 때문에 이코노미석 맨 뒷좌석에 앉아 갈 수 밖에 없었다.

항공기 탑승을 하면서 선반위에 짐을 올려놓았는데 그저 시골길을 달

리는 기차 선반처럼 되어 있다. 손님들이 이 리저리 올려놓은 가방이 그대로 보인다. 의자는 뒤로 넘어져 있어 불편하고, 옆사람과 대화를 하려 해도 조심해야 할 정도다.

나는 비행기가 너무 오래된 것이어서 타슈켄트까지 무사히 갈 수 있는지 걱정을 했다. 잠시 후 항공기는 활주로를 박차고 이륙하기 시작한다. 좌석 벨트는 맺지만 의자가 뒤로 완전히 넘어가 아주 힘들었다. 잠시 머리를 숙여 하나님께 기도를 드렸다. "타슈켄트까지 무사히 도착하도록 도와주십시오. 한국에 가서 하나님이 주신 사명 다 하도록 도와주세요"라며 기도를 드렸다.

항공기는 누카스 공항을 이륙한지 1시간 30분이나 지나서야 타슈켄트 공항에 도착했다. 공항 활주로에는 눈에 내리고 있었다. 하얀 눈이 내리는 날 타슈켄트 공항에 다시 도착한 것이다. 공항 밖으로 나가 호텔로 가고 하루 밤만 지나면 한국으로 돌아가게 된다. 아주 따뜻한 나라 한국으로 간다는 설레임에 깊은 잠을 잘 수 있을 것 같았다.

15 우즈베크의 음식

UZBEKISTAN

우즈베크의 전통적인 음식들을 맛보았다. 우선 점심식사는 자리나 호텔 앞의 식당에서 하기로 하고 길가의 식당으로 들어섰다. 길옆에는 꼬치를 굽는 장소가 있고, 건물 안에는 카펫으로 바람막이를 하고 있었다. 건물 2층으로 올라가자 큰 연회장이 있다. 연회장은 가스난로 앞에 주인이 앉아 있고, 나와 현지인만이 손님으로 앉아 있었다. 잠시 후 웨이터에게 양고기 꼬치 두 개, 전통국수, 레퓨슈가빵(러시아어/우즈베크어로는 논이라고 함)과 리그만(국수종류로 양고기, 당근, 국수, 감자, 양파)과 티를 주문했다. 특히 티는 세 번을 따르고 다시 붓고 마셔야 했다. 첫 번째 따르고 다시 붓는 것은 불이라고 하며, 두 번째는 물이고, 세 번째는 손님에게 대접할 수 있는 차가 되었다는 뜻에서 주전자에서 따르고 세 번을 붓는다고 했다. 그 외에 우즈베크 사람들이 즐겨 먹는 음식 종류를 소개하면 그들의 문화를 쉽게 이해하게 될 것이다.

1. 우즈베크족의 유목민적 전통음식

우즈베크인의 전통음식은 유목민족의 성향을 갖고 있다. 그래서 그들의 음식을 만드는 방법은 아주 간단하다. 고기와 야채를 그대로 살린 것들이 많은 편이다. 그리고 빵('논'이라고도 하고 리뾰쉬까라고 함)과 함께 과일, 잼, 버터, 치즈가 전부다. 간단한 야채 샐러드가 있다. 우즈베크에서 고기 소비량은 양고기, 소고기, 닭고기 순으로 많다.

우즈베크에서 아침에만 볼 수 있는 광경이 있다. 그것은 양 우유를 발효시킨 "끼슬라예 말라꼬(끼피르)"를 파는 아낙네들이 있다. 끼슬라예말라꼬에는 설탕을 넣어 먹으면 요플레와 같지만 독한 냄새가 나는 것이 특징이다.

2. 샤실릭 (샤슬릭)

우즈베크의 전통음식 가운데 샤실릭은 향신료로 양념한 양고기, 소고기, 닭고기, 돼지고기를 꼬치에 끼워 숯불에 구워먹는 음식이다. 샤실릭은 나 역시 매우 좋아한다. 이슬람지역이라 돼지고기는 없는 줄 알았는데 돼  지고기 샤실릭도 있다. 그리고 작은 고기덩어리, 잘게 갈은 고기, 간, 감자 등을 섞어 만든 샤실릭도 있다. 샤실릭에는 양파와 식초를 뿌려 먹으면 맛의 독특함을 알 수 있다. 샤실릭은 숯불에 구워야 제 맛이 난다. 우즈베크의 저녁 거리의 명물은 샤실릭을 숯불에 굽는 연기와 냄새다. 배고플 때 샤실릭 냄새를 맡아 보라. 그 진한 맛이 어떤지 알게 될 것이다.

터키에서 캐밥이라고 부르는 요리와 비슷하다. 부하라 칼론 미나렛 바로 앞에 전망 좋은 식당이 있다. "카시마이 미롭(Cashmai Mirob)"에서는 샤실릭 한 접시에 500숨 정도다.

3. 쌈사 (camca)

　나는 누카스를 떠나기 전 바자르를 방문했다. 점심을 제대로 먹지 못해 바자르 뒤편에 있는 몇 군데의 식당에 들어갔다. 식당 시설은 엉망이었지만 전통음식을 파는 곳이라 사람들로 북적댔다. 배가 고파 쌈사를 몇 개 주문하고 앉아 있으려 하자 사람들이 호기심어린 눈으로 나를 쳐다보았다.

　잠시 후 따뜻한 쌈사와 김치가 테이블 위에 놓였다. 마침 배고픈 상태라 기름기 있는 쌈사를 손에 들고 먹기 시작했다. 맛은 아주 담백하고 "고로케" 같았다. 6개의 쌈사를 다 먹고 난 다음 몇 개 더 주문하여 먹었다. 쌈사로 점심과 저녁을 해결한 셈이다.

　쌈사는 밀가루반죽을 만두피 빚는 것처럼 얇게 민 후, 그 위에 양고기와 양파를 다진 것을 넣고 삼각형으로 접어 가마에 구워 만든다. 내가 먹은 쌈사는 세모 모양이었다.

　주방에서는 밀가루를 반죽하여 만두피 모양으로 쌈사를 만들고 있었다. 쌈사를 만드는 방법을 보기 위해 구경하고 서 있자 주방장은 자신의 기술이 아주 뛰어난 것처럼 신바람이 나서 쌈사를 만들고 있었다. 쌈사는 우즈베크 사람들이 즐겁게 먹는 음식이다.

4. 밀메니 (뺄메니)

　내가 우즈베크 음식을 즐겁게 먹은 것은 누카스에서 였다. 누카스 시에서 저녁은 밀메니를 먹게 되었는데 나에게는 색다른 맛이었다. 밀메니는 작은 만두국이라고 하면 더 이해가 빠를 것이다. 밀메니는 한국의 만두와 같은 것이지만 아주 작은 만두다. 만두 속에 들어가는 속 재료는 고기와 양파 다진 것으로 만든다. 밀메니는 만두 국처럼 먹기도 하고 물만두처럼 쪄서 먹기도 한다.

5. 갈룹지 (라그만, Lagman)

우즈베크 음식 가운데 갈룹지는 우리가 먹기에 아주 좋은 음식이다. 중국 음식 가운데 차가운 면을 의미하는 량미엔, 즉 짬뽕에서 유래된 일종이다. 갈룹지는 해물 없는 짬뽕이라고 한다. 갈룹지는 국물을 먼저 낸 다음 양배추와 고기 다진 것을 넣어 만든다. 고춧가루와 양념을 넣은 다음 국수 면발을 넣으면 된다. 마늘을 넣으면 맛은 더 시원하게 느낀다. 전통적인 위그르식 갈룹지는 국물은 없는 대신 고기와 야채를 볶아 만들기 때문에 야끼 우동과 같다.

6. 슈르빠

우즈베크 사람들이 즐겨 먹는 슈르빠는 추운 겨울에 많이 먹는다. 슈르빠는 고기를 끓인 다음 감자, 양배추, 양파, 당근을 넣어 끓인 국이다. 양념을 넣지 않고 향신료를 넣어 간을 맞춘 음식이다. 양배추 잎과 고기가 일품이고 기름이 좀 많은 것이 흠이다. 슈르빠는 처음 먹는 사람에게는 약간 느끼한 맛이 나기 때문에 꺼려할 수 있다. 그러나 한 숟가락 정도 먹고 나면 맛이 있게 되어 다 먹을 수 있다. 슈르빠의 향기는 추운 몸을 녹이기에 적합하다.

7. 쁠롭

누카스에서 쌈사와 함께 먹은 기름밥이 쁠롭이었다. 나는 쁠롭, 즉 볶음밥과 같은 것을 두 숟가락 정도만 먹고 더 이상 느끼해서 먹지 못했다. 쁠롭은 느끼하지만 고소한 맛이 입에 붙으면 맛이 있다. 쁠롭은 기름을 많이 사용했기 때문에 처음에는 다소 거부감이 있는 것이 사실이다. 혹시 기름밥을 먹고 살찌지 않을까 걱정이 되었다.

쁠롭은 달군 양 기름에다가 양파와 고기(소고기와 양고기)를 넣고 익힌 다음 노란 당근을 넣어 볶는다. 그리고 물을 적당하게 넣고 끓인 다음 씻은 쌀을 넣어 익힌다. 쌀이 익어갈 무렵 건포도와 콩을 비롯한 원하는 재료를 넣어 쌀이 익을 때까지 뜸을 들인다.

기름밥은 손님들이 방문했을 때, 결혼식과 집안 어른의 생일잔치 등에 특별한 날에만 만들어 먹는다. 쁠롭은 우즈베크 사람들의 전통음식으로 우즈베크 사람들 뿐 아니라 고려인 등 중앙아시아 사람들 모두가 즐겨먹는 음식이다. 지역에 따라서는 만드는 방법의 차이가 있다. 그 이름도 100가지나 된다고 한다.

김성기는 쁠롭에 대한 전설을 다음과 같이 설명한다. "이 음식은 알렉산더 대왕에 의해 만들어졌다. 알렉산더가 전쟁 중 병사들이 손쉽게 먹을 수 있는, 그리고 영양가 높은 음식을 만들 것을 취사병에게 명령을 하자 그 취사병이 고심 끝에 만든 것이 쁠롭이라고 한다." 이러한 전설 때문에 지금도 전쟁터나 야외에서는 큰 솥에 그리고 꼭 남자가 만들어야 최고의 쁠롭이라고 한다.

나는 쁠롭에 대한 선입관으로 맛을 제대로 보지 못했다. 그러나 전쟁을 하거나 야외에서 가장 보편적이면서도 전통음식이라고 하니까 다음에는 꼭 맛을 보고 싶을 뿐이었다. 타슈켄트에는 "바담자르" 구역에 가면 쁠롭 식당이 있다. 이곳에는 약 10여 종류로 각 지역별 다양한 쁠롭을 맛볼 수 있는데 단, 점심시간에만 영업을 한다.

8. 리뾰쉬까 (논)

나는 부하라에서 우르겐치로 이동할 때 먹은 음식이 논(우즈베크어), 즉 리뾰쉬까(로뾰슈카/얼굴만큼 크고 넓적한 빵)이다. 우즈베크 사람들의 식탁에 꼭 등장하는 주식이다. 논은 "탄드라"라는 벌집 모양의 큰 진흙가마에서 구워내는 빵으로 담백한 맛이 있다. "탄드라"는 집집마다 있다.

탄드라에 구워 만드는 리뾰쉬까는 원형모양이 주종을 이룬다. 두꺼운 피자 빵과 같은 느낌이 들 때가 많다. 빵의 둘레는 두껍고 가운데 얇고 편편하다. 표면에는 깨나 향신료를 뿌려 맛깔스럽게 만든다. 가운데 부분은 과자처럼 바삭바삭하며 맛이 아주 좋다. 그리고 논은 질기면서도 쫄깃쫄깃해 지루하지 않고 먹을 수 있다.

우즈베크의 사람들이 주식으로 먹는 논은 신성한 음식이다. 그래서 논을 보관할 때도 항상 정성을 다하고 직장에서 퇴근할 때도 논을 사들고 가는 사람들을 보게 된다. 나는 여행하는 동안 논을 계속 먹고 다녔다.

9. 보르쉬 (러시아)

우즈베크 사람들이 즐겨 먹는 음식 가운데 하나가 보르쉬다. 구소련시대부터 전래 된 것으로 알고 있다. 보르쉬는 약간의 고기를 비롯해 야채로 만든 것이 특징이다. 재료는 쇠고기 0.5kg, 홍당무 1개, 감자 0.5kg, 양배추 0.3kg, 월계수 잎 3장, 양파 1.5개, 빨강무 0.5-1개, 토마토 2개, 물 3리터를 붓고 만든다.

보르쉬의 요리 방법은 매우 간단한 편이고 부담이 없다. 요리 방법으로 우선 먼저 고기와 홍당무 양파를 솥에 넣고 15분 정도 삶는다. 그 후 배추와 월계수 잎을 넣는다. 별도로 양파, 빨강무(잘게 썬 것), 토마토를 볶아서 삶은 고기에 넣고 10분 정도 더 끓인다.

10. 까잔까봅 (우즈베크)

우즈베크 사람들이 언제나 만들어 먹을 수 있는 음식이 까잔까봅이다. 이 음식은 육식을 즐기는 사람들에게 매우 독특한 맛을 제공해 주는 것이기도 하다. 까잔까봅을 만들 때 사용되는 재료는 쇠고기나 양고기(더 나음) 1kg, 목화기름 0.3kg, 양파 0.5kg, 피망 5개, 토마토 4개, 소금이다.

까잔까봅은 만들 때 신경을 좀 써야 할 것 같다. 그 조리법은 큰 가마솥(바닥이 두꺼운 솥)에 기름을 붓고 가열한 후 고기를 넣는다. 고기는 큼직하게 썬다(6cm). 약한 불에 오랫동안 고기를 볶은 후 물을 조금 넣고 소금을 넣어서 간을 맞춘다. 그리고 맨 마지막으로 양파, 피망, 토마토를 썰어서 넣고 여전히 약한 불로 요리한다. 그런데 까잔까봅은 가스 불이 아닌 나무를 떼서 요리해야 맛이 제대로 난다. 동서를 막론하고 나무를 떼서 만드는 것이 제 맛을 내는 것은 동일한 것 같다.

11. 베쉬 바르막

이 음식은 카자크와 우즈베크 족 모두가 좋아하는 음식이다. 역사적 변천과정은 어느곳이 먼저냐는 알 수 없지만 지금은 양쪽 모두가 즐겨 먹는 음식이다. 이 음식은 우선 말고기 혹은 까즈이(말 순대) 1kg, 밀가루 1kg, 양파 0.5kg, 홍당무, 소금, 후추가 필수적이다. 베쉬 바르막 음식의 조리법은 오랫동안(1.5-2시간) 말고기를 물에 삶는다. 고기와 별도로 밀가루를 반죽하되 너무 무르거나 되지 않게 반죽한다. 반죽을 얇게(2-3mm) 밀어서 10, 6cm 정도로 사각형 모양으로 자른다.

고기를 건져낸 국물에 밀가루를 반죽하여 자른 건더기를 넣고 끓이되 퍼지지 않게 짧은 시간에 끓여서 건져낸다. 밀가루를 반죽하여 데친 것을 접시에 깔고 그 위에 국물을 한 겹 바른 후에 다시 밀가루를 반죽하여 데친 것을 얹어 놓는 것을 6회 정도 반복하여 두께가 2-3cm가 되도록 하고 그 위에 고기를 썰어 올려놓는다. 그리고 양파를 다져서 놓고 후추를 적당히 뿌린다. 요리가 끝나게 되면 국물은 작은 사발에 각 개인에게 나눠준다.

12. 차이

손님을 만나기 위해 식당이나 집에 방문했을 때 처음으로 나오는 것이 차이다. 목이 마를 때, 손님이 방문했을 때, 기름진 음식을 먹은 후, 한 여름에도 뜨거운 차이 한잔은 피곤한 몸과 마음을 시원하게 한다. 특히 음식점에 가면 맨 먼저 차이를 따라 준다. 차이를 따라 주는 것은 손님에 대한 환대의 표시다. 그 외에 우즈베크 사람들은 녹차를 매우 좋아하며 기호에 따라서 레몬과 설탕을 넣어 마신다.

그 외에도 지방마다 특색 있는 음식이 있지만 내가 경험한 것만 기술해 본다. 음식은 그 문화와 정신을 알 수 있다. 지금까지 우즈베크 사람들이 즐겨 먹는 음식에 대하여 간략하게 소개했다. 이들에게 음식을 먹을 때 식사 습관이나 예절이 있다. 우즈베크족은 식사를 하기 전에 가장(家長)은 기타와 비슷하게 생긴 "두타르"라는 현악기를 연주하면서 가족들 앞에서 연주하고 식사를 한다. 그리고 우즈베크 민족은 식사할 때 신발과 모자를 착용한다. 모자를 쓰지 않은 사람은 남의 집에 들어갈 자격이 없다. 그만큼 우즈베크에서 모자를 쓰는 것은 상대에 대한 예의다.

또 식사 전에는 항상 손을 깨끗이 씻어야 식탁에 낄 수 있다. 만약 모자를 쓰지 않거나 손을 씻지 않고 다른 사람이 식사하는 곳에 기웃거리면 곧바로 문밖으로 쫓겨 난다. 손님은 식사를 하기 전에 항상 손을 씻는 것을 잊어서는 안 된다.

우즈베크 사람들은 전통적으로 이슬람교를 신봉하기 때문에 돼지고기를 먹지 않는다. 이들은 밀로 만든 음식을 주식으로 하루 세끼 논을 먹는다. 이들이 즐겁게 먹는 음식은 좌반인데 양고기, 무, 건포도 등을 섞어 만든 밥이다. 아무튼 이들은 유목민의 습관을 따라 유제품을(요구르트, 버터, 치즈) 잘 먹으며 과즙을 즐겨 마신다.

16 우즈베크의 아름다운 문화

UZBEKISTAN

1. 손님 대접을 잘하는 문화

이들 지역을 리서치하면서 하나 좋은 것이 있다. 이들은 손님들을 매우 존경하고 잘 대접하려 한다. 자기들의 고향, 자신들의 나라에 방문한 것에 대하여 매우 기뻐한다. 또한 무슬림들은 여행 중 피곤하거나 잘 곳이 없으면 자신들의 집에 거할 것을 권유하기도 한다. 참으로 좋은 문화가 존재하고 있다.

2. 여성을 존중한다

앞에서도 언급했지만 올리벡 이맘의 여권 신장 영향으로 이들 지역은 여자들을 매우 존중한다. 다른 이슬람 지역과는 달리 여성들에게 다가가 손을 내밀고 악수를 청하기도 한다. 남자든 여자든 아무렇지도 않게 악수를 하고 대화를 나누는 것은 다른 이슬람 지역과는 차이가 있다. 항상 여성들에 대한 존중함이 넘친다. 우즈베크의 서북쪽(까라깔라 자치공화국)으로 갔을 때는 여성들이 남성보다 옷을 더 잘 입고 다녔다. 남자들은 카자크와 한국에 가서 일을 하고 여성들은 고국에 남아 있어서 그런지 여성들의 옷이 남성보다 화려했다.

우즈베크 남성들은 여성을 아주 편하게 대하고, 어려운 일은 남성들이 도맡아 한다. 구소련시대보다는 시대와 지역에 따라 변하고 있었다. 서북쪽 지역의 여성들은 외국인을 보면 웃거나 말을 건다. 일본 사람인가, 한국 사람인가를 묻는다. 내가 한국 사람이라고 하면 "안녕하시요"라고 말한다. 한국에 대한 관심이 높다. 이들의 언어가 우랄알타이어계에 속해서 그런지 한국어를 공부하는데 매우 쉽다고 한다.

3. 빵(논)을 뜯어서 손님에게 주는 문화

우즈베크의 식사 문화는 어떤 음식을 주문하더라도 논(빵)이 나온다. 빵을 만든 화덕은 집집마다 다 있지만 문화가 현대화 되면서 시장에서 사다 먹기도 한다. 나도 부하라에서 우르겐치로 이동할 때 따뜻한 빵을 사서 먹었다.

손님이 집에 오면 가장 좋은 자리에 앉도록 안내한다. 그리고 식탁을 손님 앞에 놓은 다음 빵을 제일 먼저 가져다 놓는다. 보통은 4개 정도이지만 손님이 많을 경우 더 많이 놓는다. 식사가 시작되면 집에 어른이 손님 중 나이 많은 사람에게 논을 뜯어서 준다. 그것을 받아 먹으면 된다. 이는 손님에 대한 예우이다.

커피, 녹차 등은 컵의 2/3만 따라서 준다. 러시아에서는 잔이 넘치도록 따라 주었지만 이곳에서는 2/3만 따라 준다. 천천히 마시면서 대화를 하고, 쉬었다 가라는 의미다. 만일 커피나 음료를 잔이 넘치도록 따라 주는 것은 빨리 먹고 가라는 의미란다. 우즈베크 사람들의 일상생활에는 상징과 의미가 있다.

4. 우즈베크 사람들의 매너 문화도 지역에 따라 차이가 있다

우즈베크의 수도 타슈켄트는 매우 현대화된 도시이다. 모든 사람들이 이곳에 모여 사는 것은 아니다. 지방에 거주하는 사람은 타슈켄트에 장기적으로 거주할 수 없다. 자신들의 일을 마치면 곧바로 고향으로 되돌아가야만 한다. 그만큼 거주지가 제한되어 있다. 그런데 이 도시의 사람들은 손님 대접하는 것에 대하여 그렇게 소중하게 여기지는 않는다. 농촌 지역에서처럼 빵을 뜯어서 먹도록 주는 것이 아니라 자신이 알아서 뜯어 먹는다. 이런 점이 도시와 농촌의 문화적 차이다.

사마르칸트는 매우 아름다운 도시다. 겨울보다는 여름이 더 아름다운 곳이다. 이곳을 수도로 삼았던 티무르의 선견지명이 돋보였다. 하지만 사마르칸트는 타슈켄트에 밀려 그 자연의 아름다움만 간직할 뿐 타슈켄트보다는 문화 생활하기가 어려운 곳이다. 타슈켄트는 늦은 밤에도 가로등이 밝게 비추고 있지만 사마르칸트는 가로등의 조명도 군데군데 있을 뿐 중심도로의 등이 밝지 못하다. 사마르칸트의 겨울은 매우 추울 뿐 아니라 오래 전에 내린 눈도 녹지 않는다. 물과 가스가 제대로 공급이 되지 않아 집집마다 추위에 떨면서 지내는 경우가 허다하고 한다.

이렇게 질적인 삶을 누릴 수 없는데 어떻게 손님을 기쁨으로 맞이할 수 있겠는가? 우즈베크 사람들의 정서가 아무리 좋아도 문화의 변화를 멀리하기는 어려운 모양이다. 이들은 악수도 오른 손으로 하고 음식도 오른손으로 먹는다. 그렇지만 손님대접은 과거보다는 좀 못하다.

티무르 시절에 수도였던 사마르칸트는 지금은 커다란 무덤과 대학교, 박물관, 이슬람 사원만이 그 위용을 자랑한다. 그들은 작은 것에 민감하지도 않다. 그저 현실에 따라 살고 있을 뿐이다. 그러나 나보이, 부하라, 우르겐치 등의 손님 접대 문화는 타슈켄트, 사마르칸트와는 차이가 있다. 이들 지역은 손님을 잘 대접하고 집에서 나올 때는 배웅도 잘하고, 모든 음식은 집에서 직접 만들어 대접하고, 음식 재료값을 열거하지 않고 최선을 다해 준비한다. 이들은 어려서부터 고기 잘 써는 방법과 음식 나르는 법을 가르친다. 식탁위에 있는 모든 음식을 나누어 주는 일(고기와 빵, 음식, 차)은 주인의 몫이다. 이는 손님에게 매우 명예로운 일이다.

5. 이슬람은 철저한 오른 손 문화다

우즈베크의 여러 지역을 방문해 보아도 오른손으로 악수하고 음식을 먹는다. 왼손은 사용하지 않는다. 식사를 할 때 선물을 주거나, 안내를 할 때 등 모든 좋은 일에는 오른 손을 사용한다. 용변을 보거나 신발을 닦을 때, 코를 풀 때는 왼손을 사용한다. 왼쪽은 불결하기 때문이다. 그들은 화장실에 들어갈 때도 왼발부터 들여 놓고 간다. 이것이 그들의 문화적 매너이다. 이것은 내가 이슬람 지역을 방문해서 안 것은 아니라, 그들이 하는 행동과 주변 사람들로부터 들은 이야기다. 그들의 문화는 공간 지리적이다. 문화는 시간적 흐름에 따라 변화한다. 또한 공간적으로 다른 모습을 띠고 존재한다.

6. 우즈베크 사람들의 인사

우즈베크 사람들은 인사를 할 때 항상 악수를 먼저하고 난 후 왼쪽 손을 가슴에 댄다. 오른 손으로 악수를 하면서 외치는 말이 있다. 우즈베크어로 "아살롬 알라이쿰"(안녕하세요)라고 말한다. 아주 가까운 사이라면 볼과 볼을 맞대며 키스를 하는데 이는 정중한 인사법이라고 한다. 내가 이슬람 지역을 여행할 때마다 보는 광경이지만 북아프리카를 비롯한 서남아시아와 중앙아시아 지역에서도 보편적인 인사법 같다.

특히 무슬림들이 인사하는 것과 같이 "아살롬 알라이쿰"은 "당신에게 평화가 있기를 빈다"라는 뜻이다. 러시아로 인사할 때는 "즈드라스 브이쩨"라고 말하면 된다.

우즈베크를 여행하는 사람이라면 일반적인 인사법을 알고 있어야 할 것이다. 그들은 악수를 하면서 미소를 지으며 목례를 하면서 인사말을 좀 길게 한다. 어린아이나 어른 할 것 없이 먼저 악수를 먼저 청하기도 한다. 우리네 생각과 사고방식으로는 이해가 되지 않지만 그들은 자연스러운 인사법이다. 그들은 누구를 만나도 먼저 악수를 하면서 생활하기에 하루에도 수없이 악수를 한다. 그런데 이들의 악수에는 의미가 있다. 한손 악수는 사악한 마음이 없다는 의미이고 두 손으로 하는 악수는 서로의 정이 깊음을 표현하는 것이라고 한다. 그러니까 악수에도 상징과 의미가 담겨 있다.

나는 그들과 악수를 하다가도 갑자기 포옹을 당하므로 당황한 적도 있다. 하지만 우즈베크 사람들에게는 매우 자연스러운 것이다. 우즈베크 사람들 초면에는 악수만 하지만 관계가 상당히 깊어지거나 친밀감이 있다고 판단되면 어깨를 얼싸안거나 포옹을 힘 있게 한다. 처음에는 상대방의 왼쪽 어깨에, 그리고 오른쪽 어깨로 두 번 포옹을 한다. 이것은 상대방에 대한 깊은 호의를 표시하는 것이다. 우즈베크 사람들의 깊은 호의에 거부감보다는 친밀감을 느끼게 될 것이다.

그들은 만나는 사람들에게 행복을 주는 것 같다. 거리낌 없는 악수와 포옹은 이방 사람인 나에게는 새로워 보였다. 그들의 호의와 친밀감에 감사의 표시를 하는 것이 매우 좋다. 우선 오른손을 왼쪽 가슴에 올리며 "라흐마트"라고 외치는 것은 바람직한 인사법이다. 우즈베크어로 "라흐마트" 아니면 러시아로 "스바씨바"라고 하면 매우 좋아한다.

7. 우즈베크 사람들과 식사하기

1) 음식을 먹기 전에 손을 씻어라

그들은 식사하기 전에 반드시 손을 씻는다. 나는 2006년 겨울 중국 신강 위그르 지역 카스에서도 타지크 사람들이 식사 전에 손을 씻는 모습을 봤었다. 물론 식사 전에 손을 씻지 않는 민족은 거의 없을 것이다. 그러나 이들은 꼭 손을 씻고 음식을 먹는다. 그래서 식당 중앙 아니면 입구에 손을 씻을 수 있는 작은 세면대가 있다. 나도 부하라와 누카스의 식당에서는 세면대에서 맨 먼저 손을 씻고 그 다음에 식탁에 앉았다.

우즈베크에서 손님으로 가정을 방문하게 된다면 몇 가지 다른 문화적 차이를 경험하게 될 것이다. 우선 식당이나 가정에 초대를 받게 된다면 손님은 문에서부터 가장 안쪽 의자에 앉게 된다. 손님을 접대하는 사람과 주인은 항상 문 쪽에 앉아 음식을 나르거나 손님이 식사하는 동안 불편하지 않도록 한다. 우즈베크의 식사는 보통 서양식과 같이 코스 요리로 나온다. 테이블에 음식이 꽉 차 놓을 곳이 없을 정도로 음식이 계속해서 나온다. 특히 생일과 결혼식에 초대를 받았다면 더 놀라운 경험을 하게 된다. 가정의 경사에는 보통 2시간에 걸쳐 음식이 제공된다. 그래서 음식을 먹을 때는 항상 여유를 갖고 조금씩 먹어야 한다. 처음부터 음식을 배부르게 먹게 되면 메인 요리의 맛을 즐길 수 없게 된다. 현지인들로부터 초대를 받았다면 음식을 조절해서 먹는 것이 좋다.

우즈베크의 주식으로는 리뽀쉬끼가 있다. 이 음식은 주인이나 모임에서 막내가 직접 손으로 먹기 좋게 뜯어 놓기도 한다. 리뽀쉬끼를 먹을 때 주의해야 할 사항이 하나 있다. 리뽀쉬끼는 신성한 것으로 절대 뒤집어 놓아서는 안 된다.

2) 차이를 먹을 때

우즈베크 사람들은 차이(녹차)를 매우 좋아한다. 우즈베크 사람들은 차이를 먹을 때 1/3만 컵에 따른다. 이는 항상 따뜻한 차를 마시기 위한 것이다. 둘째, 차는 서서히 마시면서 긴밀한 대화와 교제를 한다. 그런데 차를 따를 때 조심해야 할 것이 있다. 차이를 가득 따르게 되면 "빨리 마시고 가세요"라는 의미가 있어 손님에게 결례가 된다. 그래서 우즈베크 사람들은 차이를 항상 1/3만 따라 준다.

반대로 러시아 사람들은 차이나 차를 따라 줄때 찻잔이 넘칠 정도로 따라 준다. 이는 "놀면서 많이 먹으라"는 표현이다. 우즈베크는 70년 동안 구소련의 지배하에 있었으면서도 자신들의 차이문화를 유지하고 있었다.

3) 식사 전과 후의 의식

우즈베크 사람들은 모임을 갖거나 식사 전 후로 특별한 의식을 행한다. 모임의 전과 후, 식사 전과 후에는 최고령자 또는 최상위 직급자의 선도에 따라 양손으로 본인의 얼굴을 쓸어내리는 의식을 행한다. 이는 이슬람 종교의 식사전후의 기도라고 말하는데, 그들이 믿는 알라에 대한 경배이며,

신의 은총을 받고 산다는 의미가 있다. 이슬람 지역에서 흔히 볼 수 있는 광경이다.

아무튼 우즈베크의 현지 식당에 갔을 때 주의사항도 있음을 잊지 말아야 한다. 음식은 적당량만 주문할 것, 물을 포함한 모든 음식 주문에는 가격이 매겨진다는 점이다. 만약 우즈베크의 다양한 음식을 맛보기 원한다면 "빨라비나(절반이란 뜻)"라고 말하면 된다. 그러면 음식값은 매우 저렴하게 된다.

8. 성명 어떻게 부를까?

나는 우즈베크를 리서치하면서 사람들의 이름을 들을 때마다 두 번씩 다시 묻기도 했다. 왜냐하면 우즈베크 사람들의 이름이 매우 길기 때문이다. 김성기에 의하면 우즈베크 사람들의 성명은 성+이름+부칭으로 이루어진다. 때로는 성을 맨 뒤로 보내 '이름+부칭+성'의 순서로 쓰기도 한다. 부칭은 아버지의 이름이다. 연장자와 상급자를 호명할 때는 이름과 부칭을 함께 부르기도 한다. 실례를 들자면, 세레셉스크(성) 그리고리(이름) 알렉산드로비치(부칭)일 경우, 존칭으로 부를 때는 "그리고리 알렉산드로비치"라고 하면 된다는 것이다. 보통 부칭은 비치(남성), 로브나(여성)등으로 끝이 난다.

우즈베크의 생활 속에서는 공식 이름과 함께 애칭을 더 많이 부른다. 친구사이나 가까운 사람, 손아래 사람에게도 애칭을 부른다. "알렉산드로라"는 이름은 애칭이 "싸샤"이며, "블라지미르"는 "발로쟈", "나탈리아"는 "나타샤"로 부른다. 그러나 70년간 소련의 지배를 받아 왔기 때문에 그들도 러시아식의 이름을 갖게 되었다. "성+이름+부칭"으로 이루어져 있지만 애칭은 없다. 연장자와 윗사람을 부를 때 남자의 경우 이름 뒤에 "아까", 여자의 경우 "아빠"라는 경칭을 붙여주면 된다. 그러나 우즈베크에서 성명은 직

위와 공식적인 상황에 따라 이름과 부칭을 함께 부르는 것이 좋다.[61]

우즈베크의 성명 부르기 문화는 존칭, 이름 또는 애칭을 부르는 경우가 많다. 이름이 좀 길어도 착실하게 기록하거나 기억한 다음 불러주면 매우 좋아한다.

9. 헷갈리는 자동차 번호판

우즈베크 타슈켄트 시내에는 다양한 차량이 운행된다. 현지인은 나에게 차가 지나갈 때마다 번호판에 대해서 설명을 하는데 도무지 이해가 되지 않는다. 며칠이 지난 다음에서야 차량 번호판의 의미를 알게 되었다. 우즈베크에서는 차량의 번호판만 보아도 운전자의 신분과 직업을 알 수 있다. 번호판 각각의 색깔과 영문표기는 그 사람의 신분을 나타내고 있었다. 만약 번호판에 PA(PS는 정부 최고요인 차량), UZ(국가공무원), AP(경찰)라고 되어 있으면 교통법 위반을 해도 경찰이 제재를 가하지 않는다. 그 외에 AO, AL, AE등은 회사차량 혹은 현지인 차량이다. 노란색, 하늘색의 번호판은 항상 경찰들의 표적이 된다. 그 이유는 흰색은 일반인, 노란색은 개인 또는 외국인이기 때문이다. 하늘색은 회사, 즉 외국인 회사, 녹색은 대사관이나 외국정부단체라는 것을 말해 준다.

그리고 자동차 번호판으로 어느 지역의 차량인지도 알 수 있다. 타슈켄트 10, 타슈켄트 주 11, 시르다리야 주 12, 지작 주 13, 사마르칸트 주 14, 페르가나 주 15, 나만간 주 16, 안디잔 주 17, 카쉬카다리야 주 18, 수르한다리야 주 19, 부하라 주 20, 나보이 주는 21, 호레즘 주 22, 카라칼팍 자치 공화국 23, 타슈켄트 시 30(최근 새로 부여된 번호) 등이다. 번호만 보면 그 차가 어디서 왔는지 곧바로 알 수 있다. 경찰은 번호를 보고 괜한 트집도 잡는다. 번호판을 보면서 참 재미있는 곳이란 생각을 했다.

10. 우즈베크 남자들은 군대를 갈까?

세계 어느 나라를 가든 남자는 군복무를 해야 한다. 우즈베크의 병역 제도는 징병제다. 모든 남성들은 만 18세가 되면 의무적으로 군에 입대해야 한다. 복무기간은 12개월이다. 한국은 24개월이지만 우즈베크는 복무 기간 이 더 짧은 편이다. 만약 대학교를 졸업했다면 9개월만 복무를 하면 된다. 대학교를 졸업한 남자에게는 3개월을 면제해 준다.

최근 우즈베크의 남자들은 군입대를 서두르고 있다. 그 원인은 군복무를 마치면 많은 혜택을 받을 수 있기 때문이다. 군복무는 세관, 경찰, 내무부 등의 국가 공무원이 되는 지름길이며, 만약 대학을 입학하기 원한다면 군복무를 먼저 마쳐도 된다. 군복무를 마친 신입생에게는 인센티브가 주어지기 때문이다. 반대로 러시아 사람이나 고려인들은 가능하면 군입대를 하지 않으려고 다양한 방법을 사용하는 것으로 알려져 있다. 우즈베크에서 남자들의 군복무는 미래를 위한 준비 과정이고 취업의 기회가 주어지는 전환점이다.

11. 금이빨의 사람들

우즈베크의 지방을 여행하다 보면 웬만한 사람들의 앞니는 금니다. 나는 금이빨을 하고 다니는 사람들을 보면서 참 부자라는 생각을 했다. 그러면서도 한편으로는 의구심이 생겼다. 왜 금이빨한 사람들이 많을까? 금 생산량이 세계에서 가장 높아서 인가 아니면 멋으로 했는가가 몹시 궁금했다. 그런데, 사실은 나의 모든 추측과 생각과는 완전히 달랐다. 우즈베크에서 금이빨을 한 사람들이 많은 것은 첫째, 물이 좋지 않아서다. 우즈베크의 물은 석회질이 많아 치아가 쉽게 나빠지기 때문이다. 둘째는 누쿠스나 우르겐치 지역에서는 염수(소금물)로 인해 치아가 나빠지기 때문이다. 셋째는 1980년대 초에 우즈베크 사람들 사이에 금이빨을 하는 것이 유행처럼 번졌다고 한다. 그래서 그 당시 멀쩡한 치아를 빼고 금이빨을 해 넣었다고 한다. 유행 따라 금이빨을 하는 곳이 바로 우즈베크다. 부하라와 우르겐치, 누카스에서 금이빨을 한 중년의 사람들은 유행에 민감했던 멋쟁이들이다. 그런데 현대인들은 현대인들대로 세상이 추구하는 멋으로 변신하기 위해서 육체의 고통쯤이야 아랑곳하지 않는 것 같다.

12. 티코와 다마스 천국 우즈베크

우즈베크는 티코와 마티즈의 천국이다. 티코에는 "우즈대우"라고 쓰여 있다. 현재 우즈베크의 세단은 "넥시아(씨에로)"이고, 영업용 택시는 "티코"가 많다. "다마스"는 대부분 마을버스다. 지금까지 선교지를 방문하면서 이렇게 티코가 많은 곳은 처음인 것 같다. 1999년 수단의 수도 카르툼에도 티코가 많았지만 우즈베크만큼은 아니었다. 우즈베크 사람들에게 티코가 인기가 있는 것은 가격이 저렴하고 연비도 작기 때문이다. 부하라와 우르겐치, 누카스에서는 다마스가 가장 많이 운행되고 있었다.

13. 여행선물은

부하라와 사마르칸트에서 여행선물로 좋은 것은 여러 종류가 있다. 16세기에는 부하라 중앙 연못 "랴빅 하우즈" 주변에 분야별로 12개의 시장이 섰다고 한다. 이제는 3개밖에 남아 있지 않고 비슷한 물건들을 판다. 대신 신학교로 사용되었던 10여개의 메드레사가 대부분 시장으로 변했다. 여기서 파는 비단목도리, 수자니(수예품), 가방, 실크로드를 그린 그림, 은 접시, 토기 접시에 이슬람문양을 그린 것 등이 기념품으로 좋다. 약간의 흥정은 기본이지만 잘 깎아 주지 않는다. 부하라 상인들은 장사의 달인들이라고 한다. 많이 깎아 주지 않는 것이 원칙이지만 20달러를 부르는 캐시미어 목도리를 17달러에 살 수 있다. 65달러 부르는 수공예 체스는 50달러 정도면 구입이 가능하다. 나는 100달러 부르는 "학" 가위를 60달러에 사기도 했다. 그리고 "토기 접시"는 20달러에 사기도 했다. 우즈베크에서 1숨은 약 1원, 큰 시장에서는 달러와 유로가 통용되고 있어 불편하지 않다.

17 우즈베크의 축제

중앙아시아에 위치한 우즈베크에는 다양한 축제들이 있다. 다양한 민족들이 모여 사는 곳이지만 이곳에는 이슬람을 중심으로 한 축제가 있다.

1. 고르반 하이트

고르만 하이트는 이슬람의 가장 큰 명절이다. "고르반"이란 "제사"라는 의미이고, "하이트"는 "제물을 바치는 날" 또는 "양 잡는 날"을 말한다. 꾸란에는 양 잡는 날의 기원을 아브라함에게 두고 있다. 꾸란에는 아브라함이 이삭을 제물로 바친 것이 아니라 이스마엘을 제물로 바쳤다고 기록되어 있다. 즉 아브라함이 산에서 이스마엘을 묶어 제물로 바치려고 했는데 순간 알라가 나타나 양을 준비해 주어 대신 바쳤다는 것이 고르반 하이트의 기원이라고 한다.

무슬림들의 새해는 고르반 하이트를 지킴으로 시작된다. 이 고르반 하이트는 라마단이 끝난 다음에 시작한다. 고르반 하이트 명절날 부자들은 자카트를 해야 한다. 부자는 소를 잡아 소고기를 이웃에게 선물해야 하는데 보통 3-4마리의 소를 잡는다. 소는 크기에 따라 가격이 다르지만 가난한 이웃들에게 고기를 나누어 줌으로 알라가 준 복을 나눈다는 것이다. 부하라에서 소 한 마리는 70-80만 원 정도 한다.

2. 하이트 (추모의 날)

하이트는 죽은 사람을 위로하는 축제일(매년 5월 9일)이다. 대조국 전쟁이라 부르는 제 2차 세계대전 때 전쟁터에 나가 목숨을 잃은 사람들을 위해 지키는 날인데, 2차 대전 때 독일군의 항복을 받아낸 날로써 구소련 때는 승전 기념일로 불리기도 했다.

이 날은 죽은 사람을 위해 밀가루로 반죽을 만들어 빵을 굽는다. 빵을 굽는 동안 향기가 나는데 그 향기로 죽은 자들을 위로 한다고 한다. 하이트 명절은 하루 동안만 지킨다.

3. 나부르스 (춘분) 명절

"나부르스"는 매년 3월 21일 날 지킨다. "나부르스"는 새로운 날로 춘분을 가리킨다. 이 날은 봄이 되고 들판에는 새로운 풀이 돋고 나무에는 잎이 무성해 지기 시작하는 시기라고 한다. 옛 이슬람의 춘분으로 만물의 소생을 기뻐하는 봄 축제다. 이 축제는 2일간 전통 게임, 음악, 연극, 거리예술, 다채로운 박람회 등을 열어 모든 종족이 함께 즐거워한다. 우즈베크에서 나부르스 축제가 열리기에 가장 적합한 도시는 사마르칸트이다.

나브르스 명절에는 12살이 되는 아이들에게는 성년식을 행하기도 한다. 남자든 여자든 12세가 되면 "유빌레이(성년식)"라는 것을 꼭 해야 한다.

매 12년마다 맞는 생일은 매우 중요하다고 생각하는데 이를 "뮬자르"

라고 한다. 뮬자르를 5번 정도 지키면 60세의 나이가 된다. 이때는 아주 중요한 생일이기 때문에 가장 귀한 음식을 만들어 먹기도 하며 주변사람들에게 음식을 나누어 주기도 한다. 나브르스 명절에 만들어 먹는 음식은 빵이다. 빵을 새롭게 만들어 먹거나 새 옷을 사서 입음으로 새로운 날을 시작하는 명절이다.

그리고 "수말락(야채로 만든 조청같은 것)"을 만들어 먹기도 한다. 수말락은 일곱 명의 천사라는 뜻을 가지고 있다. 왜 일곱 명의 천사라고 부르는가? 그것에 전설이 전해져 내려온다. 어느 마을에 식사를 할 수 없는 가정이 있었다. 하루는 그 집에 싹 난 보리가 있어서 절구통에 넣어 찧은 다음에 솥에 넣고 끓이고 있었을 때 천사가 나타나 같이 저어 주었다. 천사가 저어준 죽을 먹은 것을 수말락이라고 불렀다고 한다. 그 외에도 나부르스 명절에는 양을 잡아 제사를 지낸 다음 통째로 솥에 넣고 오랫동안 저어 죽을 만들기도 했다. 양을 잡아 만든 죽은 많은 사람들이 나누어 먹었다고 해서 "할리나"라고 한다. 할리나는 고기를 가난한 사람들과 함께 나누어 주는 것을 말한다.

4. 스마길반 (결혼 후 40일간)의 축제 ┃

우즈베크에는 "스마길반" 축제가 있다. 이는 우즈베크어로는 "뚜이"라고 부른다. 전통적으로 부자들은 40일 동안 결혼기념 축제를 열었으나 근래에 와서는 3일 동안만 축제를 한다. 이때는 신랑의 부모가 신부의 집에 가서 신부가 마음에 들면 양, 밀가루, 금을 얼마간 주겠다고 흥정을 한다는 것이다. 그때 신부의 부모가 신랑 측의 요구가 마음에 들면 결혼을 허락하지만 마음에 들지 않으면 딸을 줄 수 없다고 한다. 이렇게 어려운 가운데 결혼식이 성사되면 신랑 측에서는 40일 동안 스마길반 축제를 한다.

5. 승전일

우즈베크에는 매년 9월 1일을 승전일(독립기념일)로 지킨다.

6. 여성의 날

매년 3월 8일은 여성의 날이다. 이 날은 구소련 시대에 제정 된 것으로 여성들의 인권이 회복되었다는 뜻에서 지킨다. 여성의 날의 기원은 3월 7일 날 여성들에게 씌워진 "바란쟈"를 벗어 버린 날이라고 한다. 우즈베크의 모든 여성들에게 바란쟈를 벗고 지켜지는 여성의 날은 엄청나게 큰 축제일이라고 한다.

여성의 날에는 모든 남자들은 선물을 준비해야 한다. 남자들은 자신의 여자 친구를 위해 선물을 준비하되 여자 친구가 평소에 갖고 싶어 하던 물건을 무리해서라도 꼭 구입을 해서 선물을 해야 한다. 여자들이 좋아하는 선물은 보통 꽃, 화장품, 향수가 주를 이룬다. 그래서 우즈베크 여성들은 자신의 생일 다음으로 "여성의 날"을 기다린다. 또한 가정에서는 음식을 만들어 여성들에게 제공해야 한다.

7. 관광의 날

이날은 우즈베크의 타슈켄트, 사마르칸트, 부하라 지역의 호텔과 관광 가이드로 일하는 사람들을 위한 날이라고 한다.

8. 신년축제

매년 12월 31일 밤에 지켜지는 것으로 새해를 맞이하기 전날이다. 이 날은 맛있는 음식을 만들어 먹으면서 밤 12시가 지나면 서로에게 축복을 빈다. 어떤 사람은 아침까지 텔레비전을 보기도 하고, 친구들과 밤이 맞도록 대화를 나누면서 축제를 즐긴다. 이 날은 모두에게 축복을 빈다. 그리고 매년 1월 1일은 신년으로 지킨다. 그들만의 축복된 날로 서로서로 대화를 하면서 즐기고 있다.

9. 군비축소축제(Children's Peace & Disarmament Festival)

이 축제는 사마르칸트에서 매년 10월 23일에 개최된다. 어린이 평화 및 군비축소를 위한 축제가 열린다. 이는 국제 평화와 단결을 생각하는 축제로서 어린 아이들에게 평화가 무엇인가를 심어주고 국가관을 올바로 세워주기 위한 축제다.

10. 누쿠스 파크타바이람 추수축제(Nukus' Pakhta-Bairam harvest festival)

매년 12월이 되면 카라칼팍에서 개최되는 "누쿠스 파크타 바이람 추수축제"에서는 일라크 오이니(ylaq oyyny) 경기를 볼 수 있다. 이 축제는 세계에서 몇 안 되는 매우 유명한 추수축제로 알려져 있다. 중앙아시아의 폴로 형태로 선수들은 들판에서 염소 몸통을 공처럼 치며 즐기기도 한다. 이 축제기간 동안 아드레날린 수치가 올라가길 원한다면 레슬링, 양 싸움, 수탉 싸움 등을 둘러볼 수 있다.

11. 스승의 날

우즈베크에서 공휴일은 그리 많지 않은 편이다. 하지만 학교에서 아이들을 가르치는 선생님에 대한 은혜를 감사하는 뜻에서 매년 10월 1일을 스승의 날로 지킨다. 그 외에도 12월 8일은 우즈베크의 제헌절로 지키기도 한다.

앞에서 말했지만 우즈베크 사람들은 노래와 춤을 즐기는 민족이다. 아이, 어른 할 것 없이 음악에 맞추어서 모두 뒤섞여 춤을 추기 시작한다. 이들은 술 한잔 마시지 않아도 흥겹게 춤을 추고 즐기는 민족이다.

18 우즈베크의 악기

UZBEKISTAN

1. 음악과 춤을 좋아하는 민족

세계 여러 나라를 방문하다 보면 그들만의 특징적인 악기가 있다. 특히 중앙아시아 최고의 문화도시로서 타슈켄트, 실크로드의 중심인 사마르칸트와 부하라에는 연극이나 발레, 음악을 좋아하는 사람들이 많다. 이들의 즐기는 음악은 늘 생활에서 접할 수 있는 대중적인 것들이다.

중앙아시아의 음악은 서아시아와 동아시아, 그리고 동유럽으로 둘러싸인 만큼 이들 지역에 많은 영향을 끼쳤다. BC 2세기부터 중앙아시아는 한나라의 문화 교류가 활발했고 음악은 당나라로 전래되었다. 중앙아시아에서 가장 영향력을 미쳤던 구자악(龜玆樂)은 쿠차지역에서, 강국악(康國樂)은 사마르칸트 지역, 소륵악(疎勒樂)은 카슈카르 지역, 안국악(安國樂)은 부하라지역, 고창악(高昌樂)은 투르판지역에서 전래된 것으로 알려지고 있다. 이 가운데 10부기(部伎) 가운데 5부기(部伎)가 중앙아시아 도시 국가의 음악이었다.

234
우주베키스탄에 가다

중앙아시아 대부분이 8세기경에 이슬람화 되어 가면서 음악도 발전한 것으로 안다. 우즈베크나 기타의 지역에 음악의 발전은 서아시아와의 관계가 밀접해지면서부터다. 음악이론, 가창형식, 문화 상징성 등 음악의 여러 측면에 상호 영향을 준 흔적이 보인다. 음악 이론 면에서 아라비아 음악의 대표적인 이론가로 알려진 10세기의 알 파라비와, 11세기의 이븐시나 두 사람 역시 이 지역 출신이다. 음악이론은 연주매체로서의 악기 및 신체의 상징적 개념화와도 직결되어 있을 뿐 아니라 이 지역의 중요한 악기로 키르키즈의 코무즈(komuz), 카라칼파크의 자흐스탄 · 우즈베크의 돔브라(dombra), 투르크메니아 · 우즈베크 · 카라칼파크의 두타르(dutar)등과 같은 발현악기(撥絃樂器)는 형체가 머리 · 목 · 몸통 등의 신체부분을 본떠 만들었다. 이들 악기는 연주곡의 단계에 따라 강조하는 악기부분을 변화시킴으로 음악의 형식감을 서주(序奏)부터 정점(頂點)에 이르는 과정까지 명확하게 나타낼 수 있다. 또한 우즈베크의 코비

즈(kobyz), 키르키즈의 키아크(kiak), 투르크메니아 · 우즈베크 · 타지크의 기자크(gidzhak) 등의 찰현악기(擦絃樂器)는 서사시 가창의 반주 등에 많이 쓰인다.

음악의 사회 기능으로서는 샤머니즘 의례(儀禮) · 노동(목축 · 농경) · 통과의례(결혼식 · 장례식등) · 애보기 등이 있다. 중앙아시아 음악이 당나라로 전해져 서역악 · 오학으로 불리며 음악적으로 문화교류의 전형을 나타낸 점, 기타와 그 원류가 같은 악기가 애용되고 있다. 그후 러시아민족의 유입과 함께 유럽적 음악표현과 융합되면서

도 민족의 동일성을 유지하여 그 전통이 재평가 되는 점 등 여러 문제가 제시되고 있지만 오늘날 우즈베크 사람들은 자연스럽게 다양한 악기를 사용하고 있다.

이슬람 문화권에서 가장 발전된 음악으로는 샤쉬마콤 음악 (Shashmaqom Music: 6개의 마캄)이 있다. 성악과 악기 음악, 멜로디와 리듬, 문학과 심미적인 개념이 독특하게 혼합되어 Maqom레퍼토리를 포함하여 솔로나, 현악기, 타악기, 목관악기로 구성된 오케스트라와 합창으로 공연한다. 이슬람시대 이전까지 그 기원이 거슬러 올라가는 샤쉬마콤은 음악이론, 시, 수학, 이슬람과학, 이 지역의 신비한 이슬람 종교운동인 수피파의 발달과 더불어 10세기 동안 발전한 것으로 전해진다. 그만큼 이슬람 문화와 더불어 음악은 중앙아시아 전 지역에 보편적으로 확산되었다.

그러나 불교문화가 번창했던 시대의 출토품으로는 비파, 공후류와 작은 요고(腰鼓)가 있는데 이를 통해서 당대의 음악을 짐작할 수 있다.

2. 악기 종류

세계 문화유산뿐만 아니라 어디를 가든지 사람들은 음악과 춤을 좋아한다. 사막과 바람, 더위와 추위로 힘든 과정을 지내면서도 이들은 다양한 악기를 갖고 설움을 달랬다. 우즈베크 사람들이 주로 사용하는 악기는 여러 가지가 있다.

첫째, 탐부르는 현악기로 기타와 같은 것이다.

둘째, 두타르는 두 줄 현악기로 기타와 같다.

셋째, 세따르는 세줄 현악기로 인도 등에서도 사용된다.

넷째, 흐제키는 현악기와 바이올린을 병합한 것으로 우즈베크 사람들이 즐겨 사용하는 악기다.

다섯째, 새토는 첼로형 현악기, 노가레는 드럼 종류, 캬르나리는 아주 긴 나팔이다. 이는 4인 1조로 긴 나팔을 분다. 특히 결혼식, 장례식이나 큰 잔치 때 사용하는데 대문 밖에서 웅장하게 연주하는 것이 특징이다.

여섯째, 캬르나리 나팔은 길이가 1.5-2m
나 된다.

일곱째, "나이"는 플롯형 고음악기이다.

여덟째, 수르네아(Surney)는 우즈베크의
전통 악기 중 하나다. 전통 악기 중 멜로디를
연주하는 대표적인 악기이다. 중세 시대의 페
르시아의 악기 주르나(Zurna)가 우즈베크에
전해진 것으로 알려져 있다. 악기의 몸통은 살
구나무 혹은 뽕나무로 만든다. 악기를 만든 다
음 은 또는 동으로 된 취구의 파이프가 있으며 입에는 리드(Ramish)를 사
용한다.

아홉째, 도이라는 둥근 전통악기이다. 도
이라를 연주할 때는 손바닥과 손가락으로 두드
려서 연주하는데 공력이 대단하다. 보통 3인 1
조가 되어 연주하게 된다.

열 번째, 전통악기로 취주악기로서 "소얼"이 있다. 전설에 의하면 사람
이 죽은 후 영혼은 소얼 속에 잠겼다가 부활하는 날에 성인이 소얼을 취주
(吹奏)하면 소얼 속의 영혼이 다시 자신의 몸체에 유입된다고 믿는다. 우즈
베크 사람들은 "세상 만물이 번영할 수 있는 터전을 만든다"라는 그들의 뜻
을 따라 "다이아"라는 무용으로 표현하기도 한다.

결과적으로 음악은 민족의 동일성을 유지하거나 그 전통을 재평가하
는 기준이 될 수 있다. 내가 만난 우즈베크 사람들은 한결같이 음악성이 매
우 뛰어났고 음악적 소질로 인해 타국에까지 연주할 정도로 정평이 나있는
사람들이다. 그들은 모든 삶의 표현을 음악을 통해 나타낸다. 만약 사역자
로 이곳에서 장기사역을 원한다면 이들의 악기, 음악 이론을 배워 연주한다
면 좋은 접촉점이 될 것이다.

19 조로아스터교 공원

UZBEKISTAN

아랍의 침략을 받기 전 중앙아시아는 다양한 종교가 존재했다. 메르브를 중심으로 하는 호라산에서는 조로아스터교가 가장 활발하게 움직였다. 네스토리우스파 기독교와 야곱파 기독교, 소수의 유대교가 존재했다.[62] 유대교는 현재도 부하라에 회당과 집성촌을 이루며 생활하고 있다. 과거 박트리아 영역에서는 에프탈과 사산조의 공격을 받으면서도 불교 사원이 존재했다. 그 외에 마니교와 기독교 신자들이 활동하고 있었다. 특히 히바 지역의 이슬람사원의 건축양식은 불교의 영향을 받은 것으로 보인다. 특히 우르겐치와 히바 지역에 있는 조로아스터교는 사산조와 달리 토착적인 요소를 많이 담고 있다. 역사적으로 오랜 시간이 지난 지금 우르겐치에는 다양한 종교가 공존하고 있다.

1. 우르겐치의 가톨릭교회

이른 아침 고대도시 히바를 방문하기로 하고 현지인의 집에서 나섰다. 사역현장을 벗어나 히바 왕국의 호레즘을 찾아보기 위해서였다. 히바는 물이 없는 스텝지역이다. 이 지역은 호레즘과 이웃 왕조 사이에서 자연적인 경계가 이루어져 호레즘의 자주적인 통치가 가능하였던 곳이다. 우르겐치에서 30분은 가야하는 곳에 히바가 있었다. 나는 아침상을 뒤로 하고 배낭을 메고 갈 것인가 아니면 곧바로 갈 것인가를 놓고 논의한 끝에 배낭은 차에 두기로 했다. 왜냐하면 현지인 집에 자주 들락거리는 것이 경찰들의 눈에 띨 것 같았기 때문이다.

히바로 가면서 우르겐치 시내에 최초로 등록된 가톨릭교회를 방문하기로 했다. 현대식 건물로 우뚝 세워진 교회는 조용해 보였다. 도로 옆에 세워진 교회라 그런지 마당도 없었다. 교회 담장은 높이 세워져 있었고, 벨을 눌렀더니 안에서 사람이 나와 문을 열어주었다.

교회 옆에 차를 세우고 뒤쪽으로 가 신부를 만나려 했다. 그런데 교회에는 아무도 없다고 했다. 교회 주변을 청소하는 인부만 그대로 남아 뭔가를 말할 뿐이었다. 그래도 사무실에 신부님이 계시냐고 묻자 그는 정문으로 돌아가 벨을 눌렀다. 이른 아침이어서 그런지 아무런 소식이 없었다. 나는 아무도 만나지 못한 채 히바로 출발을 했다.

2. 조로아스터교의 공원

영하의 날씨, 아무도 걸어가지 않을 법한 도로에 사람들이 왕래했다. 히바와 우르겐치로 오고가는 마티즈, 티코, 다마스 행렬 때문에 그 길이 낯설지만은 않았다. 나는 가톨릭교회를 나와 불을 숭배하는 조로아스터교(Zoroaster) 공원으로 이동을 했다. 실존주의 철학자였던 니체의『차라투스트라는 이렇게 말했다』라는 저서에 나오는 차라투스트라가 찾았던 초인

은 바로 조로아스터일 것이라고 한다. 이는 곧 니체의 실존주의 철학사상의 뿌리가 "고대 페르시아 종교 및 고대 중근동 문명과 연관성을 갖는다"라는 것에 대한 실마리를 제공한다.

조로아스터의 기원이나 배경, 교리 등을 모두 설명하기 보다는 조로아스터교를 기념하여 만든 공원을 방문할 수 있다는데 의미를 두고 갔다. 원래 조로아스터교는 역사가 매우 오래된 종교다. 고대 문화유산 중의 하나라할 정도다. 마태복음 2장 1절 이하에 나오는 동방박사들이 신봉하던 종교가 조로아스터교라고 하면 모두 놀랄 것이다. 이스라엘 백성들이 바벨론에서 포로 생활을 해오던 중 그들에게 해방의 선물을 안겨준 페르시아 왕 고레스 (Cyrus)의 종교도 바로 조로아스터교였다. 당시의 찬란했던 페르시아 문명, 높이 솟은 탑과 카이 코스루의 넓은 방의 규모가 제국의 권위와 힘을 상징 삼아 짐작하게 한다.

그렇다면 조로아스터는 무엇을 의미하는 것일까? 거대한 탑을 세우고 그들이 숭배하는 경전 모형을 만들어 세웠는가? 원래 조로아스터라는 이름은 "신적원리의 나타남"이란 뜻이다. 그는 아제르바이잔(Azerbijan)에서 부스샤스바(Burshasba)의 아들로 태어났다. 그의 출생지는 페르시아의 동부 메디아의 박트리아(Bactria)지역인데 그 가까이에는 우르미아 호(Lake Umiah)가 있는 것으로 알려졌다. 조로아스터는 태어나자마자 크게 웃었다고 한다. 그 부모도 동일하게 웃었다고 한다. 그리고 "우리는 어떤 대선지자를 우리 팔에 안는다"라고 소리를 질렀다. 부모가 지어 준 이름은 원래 금화 (Golden splendor)였다. 당시 사회문화적 환경은 매우 어려웠던 것으로 보인다. 동부 지역에 살던 사람들은 물과 풀을 따라 다니며 목축하는 유목민이었다. 조로아스터는 20세가 되면서부터 부모의 집을 떠났다. 오로지 종교 생활에만 전념하면서 빈민들이 사는 곳을 찾아다니며 먹을 것을 공급해 주었다(Zatsparam 20:8-9). 사람들이 한 곳에 정착하여 가정을 이루고 도덕적 생활에 힘쓰며 사는 법과 농사하는 법을 가르쳤다.[63]

그는 30세가 되어 기도하는 가운데 선
신(good god)인 아후라 마즈다의 계시를 받
았고 사람들은 그를 예언자로 하나님의 특
별한 계시를 받은 선택된 사람이라고 믿었
다. 그 자신도 역시 자신을 선택된 예언자라
고 확신했다. 그가 받은 예언이 17개의 찬송
시에 표현되어 있는데, 이것은 조로아스터교에서 드리는 예배의 중요한 부
분이다.

조로아스터교의 성장은 그의 예언을 받은 이후 급격히 증가하여 그가
50세가 되었을 무렵에는 페르시아 전역에 전파되었고 외국에까지 확장되
었다. 그러나 이때부터 내우외환이 잇따라 일어났다. 국내에서는 캉그란가
카가 브라만교를 믿다가 반란을 일으켰고, 북방 지역으로부터 튜라니아 종
족의 추장 아스바가 침략함으로 어려움을 겪었다.

조로아스터교의 열광적인 신봉자 국왕 비슈타습은 그의 사위 이스펜
디이르(Ispendiar)로 하여금 그들의 반란과 침략을 진압하도록 하였다. 하
지만 BC 583년에 대패하여 왕도 죽었다. 조로아스터도 역시 발크 시(city
of Balkh)에서 77세의 나이로 순교하였다. 조로아스터는 전쟁의 승리를 위
해 성전에서 아후라 마즈다 신을 향하여 제사 의식을 행하고 있을 때 적들
로부터 칼에 찔려 죽었다. 그러나 조로아스터교는 페르시아에서 쉽게 없어
지지 않고 민심을 지배하는 종교가 되었다. 그의 제자 쟈마스프가 계승하여
선생의 교훈을 기록하였으며 후세에 전했으며 신도들을 지도해 나갔다. 오
늘날도 그 일부가 남아 있다.

조로아스터에 대한 기록은 그리 많지 않다. 그 생애의 단편은 가타스,
리틀 아베스타, 스펜드나스크에 기초한 후에 팔라비 문서에서만 볼 수 있
다. 이러한 문서들은 한결같이 조로아스터를 신격화하고 있다. "그의 초자
연적 기원, 인생의 최고 경지에 이른 달인, 역사상 가장 숭배할만한 인물"

이라고 평가하고 있을 뿐 아니라 예배를 받기에 합당한 자라고 믿고 있다. 그의 추종자들은 온갖 이적과 기사, 소경의 눈을 뜨게 하고, 귀신들린 자에게서 귀신을 내어 쫓고 최고의 신을 전파하였고, 그는 심판 날을 기다림 없이 천사들에 의해서 하늘로 옮기어 갔다고 믿는다. 이상과 같은 전설은 후세 추종자들에 의해 각색되고 첨가된 것들이다. 한 인간을 위해 신격화하고 선지자로 만들어 버림으로 예수 그리스도와 유사하도록 만들었다.

이런 역사적 기원을 갖은 조로아스터교 공원은 2,000년경 우즈베크의 현 대통령 이슬람 카리모프가 참석하여 개원식을 가졌다. 그는 독립이후 현재까지 우즈베크의 대통령으로서 뛰어난 지도력과 강력한 리더십을 바탕으로 국가를 통치하고 있다. 카리모프 대통령은 대내외적으로 모든 관계를 지휘하며 지방과 내각의 수반들, 그리고 사법부와 경찰조직까지 직접적인 영향력을 행사하고 있다.[64]

조로아스터 공원에 가면 커다란 탑이 보인다. 탑 너머로 수로가 있고, 수로를 마음대로 건널 수 있는 다리가 놓여 있다. 탑의 동편에는 체육관, 주변에는 공원으로 조성되어 있다.

조로아스터 공원에 도착하는 순간 맨 먼저 경전과 불을 상징하는 모형을 보게 된다. 조로아스터교의 경전은 아베스타(Avesta)다. 힌두교의 경전인 베다와 같이 지식을 의미한다고 전해진다. 아베스타의 경전 언어는 아베스탄(Avestan)이다. 이것은 베다 경전이 쓰여진 산스크리트어와 동일한 어족일 뿐 아니라 같은 자매어로 존재한 것으로 알려져 있다. 아베스타의 원전은 모두 21권으로 BC 400년경에 편찬되었으나 알렉산더 대왕의 침략으로 불타 없어지고 단 한권만이 남아 있다고 전해진다.

조로아스터교 공원, 누구도 숭배하는 사람, 그러나 구경하는 사람은 없다. 눈에 덮인 아베스타 경전 탑 앞을 조심스럽게 걸어가는 시민들만 있을 뿐이다. 나는 조심스럽게 아베스타 경전과 불의 형상을 만들어 놓은 곳으로 가보았다. 대아베스타 경전을 펼쳐 놓은 듯한 느낌을 준다. 마치 성경

책을 펼쳐 놓은 것처럼 보였고, 성령의 불이 임하는 것처럼 조각되어 있었다. 아베스타 경전상에는 다음과 같은 세 가지의 글이 쓰여 있었다.

옳은 생각(a righteousness thought),
옳은 말(a righteousness word),
옳은 죽음(a righteousness deed)

그리고 아베스타 경전 뒤편에는 불꽃이 타오르는 듯한 형상이 만들어져 있다. 조로아스터 공원에서 서남쪽을 바라다보면 웅장한 건물이 하나 보인다. 주변에 많은 주택과 건물들이 있지만 이 집은 유난히도 눈에 띈다. 내가 보아도 멋있고 아름다운 집이었다. 어떻게 우르겐치에서 가장 아름다운 집을 지을 수 있단 말인가? 혹시 권력자, 재벌가, 아니면 조로아스터교의 성전인가 할 정도로 웅장한 집이다. 누가 보아도 놀랄만한 집이다.

조로아스터 공원 개원식에 참석했던 이슬람 카리모프 대통령은 다음과 같이 질문했다고 한다. "저 집은 어떤 곳이냐?" 우르겐치 시장이 대답을 했다. "한 개인의 집이고, 본인이 생활하려고 지은 집입니다", "그렇다면 그 사람을 내게 데리고 오라." 그가 대통령 앞에 도착하였을 때 대통령은 집주인에게 "그 집이 너무 크고 아름답다. 당신의 집을 이 도시의 사람들을 위해 사용하는 것이 좋겠다"라고 말했다고 한다. 그 이후 그 집은 우르겐치의 젊은이들이 결혼식을 위한 장소가 되고 있다. 이는 한 사람의 권력, 한 사람의 말, 한 사람의 지시가 얼마나 무서운 것인가를 보여주는 예다.

3. 조로아스터교의 신앙

　　지금까지 조로아스터교의 공원 방문 후 소감을 말했다. 그러나 여기서 조로아스터교에는 어떤 신앙을 갖고 페르시아와 이슬람 지역에 확산되었는가를 살펴보는 것도 유익할 것이다.

　　조로아스터교의 신앙적 배경은 이렇다. 사막과 초원으로 구성된 페르시아는 북쪽에서 불어오는 찬바람 때문에 목축, 농업 어느 쪽이든 어려운 환경이었다. 북쪽으로부터는 터키 민족의 침략을 자주 받아 페르시아인들의 삶은 항상 고통과 고난의 연속이었다.

　　자연환경과 전쟁, 어느 하나 마음편이 살 수 있는 조건이 못되었다. 결국 선과 악이 서로 투쟁하는 전투장이라고 생각하게 되었다. 선과 광명, 악과 흑암이 이기는 것이라는 전제아래 이원론적 세계관에 합당한 종교 신앙을 갖게 되었다.

　　조로아스터교가 페르시아를 비롯한 인근 지역에 확산되기 전에 고대 페르시아인들은 창조주 하나님을 바라보기 보다는 선신을 먼저 생각하게 되었다. 선신은 광명의 신, 백성을 사랑하는 신으로 믿고 그 이름을 아후라 마즈다라고 하였다. "아후라"는 "신"을 의미하고 "마즈다"는 "현명"을 뜻한다. 이와 반대 입장에 있는 신을 악신, 파괴의 신령으로 "앙그라 아이뉴"라고 한다.

　　따라서 조로아스터교의 예배 대상은 아후라 마즈다이다. 아후라 마즈다에는 6가지의 속성이 담겨 있는 것으로 알려졌다. 아샤(정의, 질서, 공의), 보후만(선한마음, 사상, 성향), 크샤트라(능력, 통치), 아르마이티(경건, 인흉, 사랑), 하올바탈(완전, 안녕, 건강), 아메레탈(죽지않음, 영생)등이다.

　　그리고 조로아스터교에는 창조신앙으로 하늘의 존재들과 세상을 신령한 형체 안에서 창조했다고 믿는다. 특히 유일신론 부분에서는 페르시아인의 신앙은 선악 대결 구조의 이원론과 유일신론과 불의 숭배 사상으로 특징된다. 특히 왕을 상징하는 형체가 불붙는 제단 위에는 빛나는 태양이 있고 왕위에는 날개를 편 암영생물이 있다. 또 가까이에는 왕과 괴수 간에 전투가 진행되는 것을 상징하는 그림이 있다. 이러한 것을 근거로 하여 볼 때 조로아스터교 추종자들은 아주 오래전부터 불 숭배자들로 알려져 왔다. 이는 그들이 예배할 때에 제단에 불을 향해서 태양을 바라보며 예배한 풍습이 있었다. 불은 뜨겁고, 뜨거운 신의 사랑을 불과 같이 비유함으로 불이 어두움과 악을 몰아내고 밝은 광명을 비추어 주는 것을 상징하고 있다.

따라서 조로아스터교는 빛과 어두움, 선과 악의 대립구도를 기본으로 하는 이원론적 세계관을 갖고 있다. 내세관에 관한 것도 아후라 마즈다에서 "예배자들은 내면적 순전한 예배와 외면적 윤리적, 도덕적으로 바른 생활을 해야 한다. 이러한 가르침을 충성스럽게 지키는 자에게 이생의 삶에 행복이 있고 영생에서도 의인의 영혼은 즐거울 것이요 악행과 거짓말하는 자들의 고통은 영속할 것"이라고 한다. 천당에는 육신의 욕심이 전혀 없고 오직 선한 사상의 영광만이 가득한 기업이 있다. 그것은 노래의 집으로 아후다 마즈다가 살고 있는 처소라고 말한다.

또한 조로아스터교는 죄를 용서하는 것에 대한 교리체계도 어정쩡하다. 물론 인간의 모든 죄를 용서받는다는 것에 대해 파테트라는 참회가에 있지만 실제로 하나님이 인간들을 용서한다는 구체적인 속죄양에 대해서는 언급하지 않는다. 따라서 조로아스터교의 도덕관은 순결한 생각, 순결한 언어, 순결한 행위다.

아무튼 조로아스터교는 다양한 교리체계를 세우려 했지만 성경과는 거리가 먼 것이다. 하지만 조로아스터교는 나름대로의 종교적 의식을 갖고 있다. 예배의식, 새 제사장 세우기, 순결의식 등이다. 나는 조로아스터교 공원을 벗어나 히바로 향했다.

20 스텝지역 히바

1. 물이 없는 지역 히바

　　물이 없는 스텝지역 히바, 이곳은 볼가강 유역, 카스피 해 주변의 나라들, 흑해의 북쪽 지역, 그리고 더 멀리 유럽까지의 교역을 통해 부를 축적했던 곳이다. 또한 호레즘과 이웃하고 있던 유목민들의 삶이 그려진 곳, 투르크멘족과 호레즘이 이웃나라와 싸울 때 항상 커다란 군사력의 원천이 되어주었다. 이런 지리적, 경제적, 그리고 군사적 뒷받침으로 호레즘은 늘 독립 왕국으로 세워질 가능성을 가지고 있었다.

　　호레즘, 즉 히바는 타슈켄트에서 약 1119km나 떨어져 있다. 그리고 우르겐치에서는 남서쪽으로 약 30km에 위치해 있다.[65] 나는 히바를 가기 위해 우르겐치에서 하룻밤을 지냈다. 우르겐치를 통과하지 않으면 히바에 가기가 어렵다.

히바는 사막가운데 있는 도시이며, 아무다리야 강 하류의 오아시스 마을이다. 또한 고대 페르시아 시대부터 카라쿰 사막의 출입구이기도 하다. 또한 사막의 등대가 서있는 곳이다. 역사적으로 히바는 사막의 오아시스로 수천 년 전부터 사람들이 살았다고 한다. 김성기씨는 "히바에 많은 사람들이 모여 산 것은 아무다리야 강이 오아시스의 역할을 톡톡히 했기 때문이다"라고 말한다.

히바는 아무다리야 강가의 작은 공동체에 불과했다. 그러나 17세기부터 아무다리야 강의 중심지로 널리 알려지면서 번성하기 시작했다. 이곳이 번성하게 된 것은 실크로드의 길목이기 때문이었다. 특히 17세기 이후 호레즘 지역의 유일한 종교는 이슬람이었다. 히바는 부하라의 작은 도시라할 정도로 이슬람의 성도이다.

히바는 높은 외벽과 내벽, 그리고 망대가 있어 외침을 막기 위해 견고하게 건축되었다. 내측 성벽에 둘러싸인 내성 이찬칼라에는 20개의 모스크 사원이 있으며, 20개의 메드레세, 6개의 미나레트 이외에 많은 유적들이 그대로 남아 있다. 1969년에는 도시 전체를 박물관도시로 지정되기도 했다. 1990년에는 유네스코 세계 문화유산으로 등록되어[66] 많은 관광객이 방문하고 있다. 그래서 현지인들은 히바를 이찬칼라로 부르기도 한다.

2. 히바 도착

이른 아침 조로아스터교 공원과 로마가톨릭교회를 거쳐 히바에 도착했다. 40년 만에 가장 춥다는 우르겐치에서 히바로 가는 도로가에

는 많은 인부들이 나와 추위는 아랑곳하지 않고 삶을 위해 열심히 일하고 있었다.

　히바에 도착하여 곧바로 입장표를 샀는데 외국인이라 엄청 비쌌다. 우즈베크 화폐로 10,000숨, 사진 촬영료 5,000숨, 모두 15,000숨을 지불해야만 했다. 정말 외국인에 대하여는 악착같이 돈을 받는다는 인상을 받았다. 그리고 성안으로 들어가려 하자 한국말로 "안녕하세요. 저 한국말 잘해요. 제가 안내하면 히바성을 이해하는데 도움이 될 것입니다"라고 말하는 사람이 있었다. 이 사람은 외국인 근로자로 한국에 몇 년간 일을 했다고 자신을 소개했다. 우리가 그를 가이드로 선택을 하자 얼마의 돈을 내라고 했다. 적어도 10,000숨은 주어야 성안을 상세하게 설명을 들을 수 있지만, 자신은 작은 돈으로 봉사하겠다며 나와 동행하기를 원했다. 나는 그와 한 시간 반동안 함께 하기로 했다.

　가이드는 외벽을 가리키며, 1824년에 캬라쿰 사막과의 경계로 지어진 디샨칼랴라는 6km길이의 성벽이라고 말했다. 외측 성벽과 내측 성벽 사이에 사람들이 모여살고 있다고 했다. 그는 "보세요. 저 멀리 보이는 것이 외측성벽이에요. 내측 성벽에는 칸의 궁전과 하렘이 있어요. 곳곳에 모스크가 있는 것이 보이지요. 메드레세와 무덤도 있어요"라며 열심히 설명을 했다. 그런데 날씨가 워낙 추워서 무슨 말을 하는지 전혀 이해가 되지 않을 정도였다. 그는 날씨와 아무런 상관이 없다는 듯이 나를 이곳저곳 데리고 다녔다. "내측 성벽은 높이 약 8m나 되요. 두께가 약 6m, 길이는 2km의 성벽으로 둘러 싸여 있어요. 그러니까 아버지의 문이 있고 아들의 문이 있는 것이지요. 우르겐치 방향에 있는 북문에서 남문까지의 거리는 650m, 아무다리야 강 쪽으로 향한 동문에서 서문까지는 약 400m나 됩니다" 라고 열심히 설명한다. 이 마을에 사는 사람들은 모두 왕족이다. 당시 이성을 지배했던 왕족들의 후손들이 모여 사는 곳이다. 하지만 구시가지 건물들은 지금도 개보수가 진행되고 있음을 볼 수 있었다.

그러나 너무나 아쉬운 점은 히바는 세 번을 보아야 이해가 된다는 것이었다. 한번은 잠자리에 들기 전에 야간 조명을 밝혀 놓은 이찬칼라를 둘러보고, 이른 아침 해가 뜰 무렵에 다시 둘러본 다음 낮에는 가이드와 함께 설명을 들으며 돌아보는 것이 제일 좋은 관광이라고 했다. 이 세 가지 방법을 선택해서 히바를 보면 각기 색다른 느낌을 받게 된단다.

아무튼 히바에 대해 남아있는 기억은 모스크나 작은 왕국의 아름다움에 대한 것이 아니라 강렬한 추위였다. 그래서 내겐 아쉬움이 남아 있다. 좀 더 히바를 상세히 탐색하고 보았더라면 호레즘 시대와 과거 몽골의 칭기즈 칸과의 전쟁(1222년-1250년까지 전쟁)으로 인해 어려움을 겪었다는 것을 보게 되었을 것이다. 아무튼 히바는 2,000년 역사의 도시이며 이슬람의 도시였다.

3. 히바왕국은 어떻게 형성되었을까?

16세기 후반 유럽은 르네상스와 종교 개혁을 경험했다. 이로 인해 봉건체제가 무너지고 절대 왕정이 성립하였다. 이같은 유럽의 새로운 변화는 아나돌루 반도에서 견고하게 버티고 있는 오스만 튀르크 왕국에 차단되어 중앙아시아까지 확장되지 못하였다. 이때 칭기즈칸 일족의 억압에 눌려 200여 년 동안 지내오던 러시아가 서서히 일어서고 있었다. 그때 공포의 이반 4세(1533-1584)는 새로운 신무기인 대포를 가지고 기마궁수의 나라 카잔 왕국과 아스트라한 왕국을 점령하였다. 이들의 점령으로 땅을 잃어버린 유목민들이 중앙아시아로 쫓겨나 오늘에 이르고 있다. 중국 북부에서도 기마궁수 칼묵이 청나라 강의제의(1669-1722) 대포에 놀라 공격하는 것을 포기하고 이들도 중앙아시

아로 밀려 나왔다.

　서쪽과 동쪽에서 밀려온 난민들에 의해 건설된 중앙아시아는 계속된 봉건체제 안에서 지냈다. 오랜 세월을 지냈지만 카리스마적인 지도력이 없이 양산된 칸들에 의해 혼란이 거듭되고 있었다.

1) 히바 왕국의 형성과 독립

　히바는 물이 없는 스텝지역이다. 이 지역은 호레즘과 이웃 왕조 사이에 자연적인 경계가 형성되어 있었다. 이로 인해 호레즘의 자주적인 통치가 가능하게 되었다. 정치적인 안정과 더불어 이웃나라와 교역도 확대되어 부요한 왕국이 되었다. 볼가 강, 카스피 해 주변, 흑해의 북부지역, 더 멀리는 유럽까지 교역이 활발하게 이루어졌다. 또한 이 왕국은 이웃하고 있던 유목민 가운데 투르크멘족은 호레즘이 이웃과 싸울 때 군사력으로 도와 힘이 되었다. 히바는 지리적, 경제적, 군사적 뒷받침으로 독립왕국이 세워질 가능성을 가지고 있었다.

　하지만 1505년 샤이바니 칸은 히바를 정복하였다. 과거의 히바는 티무르 혈통의 술탄 후세인 바이카라에 속해 있었다.[67] 샤이바이칸은 11개월 동안 히바를 비롯한 우르겐치를 포위하여 손에 거머쥐었다. 1510년 샤이바이칸이 전사한 후에 히바는 이란의 이스마일파에 종속되었다. 그러나 독실한 순니파였던 우르겐치와 히바의 주민들은 칭기즈칸 혈통인 아랍샤의 후손들 지휘아래 시아파였던 페르시아 장군을 몰아내었다. 그 후 우르겐치를 점령하여 현재의 투르크메니아의 남쪽 부분과 이란의 북쪽, 아프간을 비롯한 북부 아랄 해 그리고 망그쉬락을 병합하여 히바 왕국을 세웠다. 히바 왕국은 아랍샤의 후손 일바르스 칸이 국가를 통치하였다. 그러나 그의 왕권은 견

고하지 못해 늘 어려움을 겪었다.

히바 왕국의 일바르스가 죽은 후 왕국의 권좌는 여러 사람의 손으로 넘어 다녔다. 일바르스의 사촌 아바네쉬(1538)가 히바 왕국을 다스릴 때 부하라 우바이둘라흐칸이 호레즘을 정복하였다. 그러나 곧 아바네쉬의 친척들이 영토를 다시 차지하게 되었다.

하지 무하마드 1세가 히바를 다스릴 때는 주변지역의 변화가 일어났다. 1573-1575년 사이에 아무다리아의 흐름이 바뀌어 더 이상 카스피 해로 흘러 들어가지 않았다. 지형의 변화와 강물의 흐름이 막힌 결과 많은 지역이 사막으로 변했다. 따라서 우르겐치 주변도 사막으로 변했다. 결국 거주민들은 도시를 버리고 다른 지역으로 이주하게 되었다. 이로 인해 유럽과 오랜 기간 무역의 중심도시였던 우르겐치는 폐허가 되었다. "꾼야 우르겐치", 즉 "고우르겐치"로 남게 되어 오늘에 이르고 있다.

히바에는 역사적으로 전쟁과 이주민의 거주 등으로 혼합 민족이 살았다. 히바는 종족적, 문화적, 언어적인 차이로 인해 세 그룹으로 분류된다.

첫째, 호레즘의 원주민 그룹이 살고 있다. 그들은 투르크 언어를 사용하였고 농경문화 기초위에 교역에도 종사하였다.

둘째, 투르크멘족 그룹이 살고 있다. 이들은 유목민으로 양과 염소 등을 기르며 살았다.

셋째, 일바르스와 함께 히바에 살던 우즈베크족이 살고 있었다. 우즈베크족은 네 개의 그룹으로 다시 나뉜다. 키야트-쿤그라트, 위그르-나이만, 칸그르-킵착, 누쿠스-망기트로 나뉜다. 그리고 각 그룹들에는 자신의 이나키 즉 종족의 수령이 있었다. 이들의 살던 중심도시는 처음에는 바지르, 즉 다우케스켄이라고 불렸다. 꾼야우르겐치에서 서쪽으로 80km지점에 위치한 곳이었으나 후에는 우르겐치였고 마지막에는 히바였다.

2) 17-8세기의 히바 왕국의 쇠퇴

히바는 사막 안에 오아시스 도시다. 과거 유목민이었던 아랍샤의 후손이 국가를 형성하게 되자 원주민은 권력에서 점점 멀어지게 되었다. 또한 봉건제국간의 끊임없는 침략과 방어를 위한 전쟁은 국가의 경제적 쇠퇴를 가져오면서 왕국의 문화발전에 심각한 영향을 미치게 되었다.

또한 봉건제국이 권력 분권화는 히바왕국의 경제적 쇠퇴를 더욱 가속화시켰다. 국가 경제의 쇠퇴는 각 종족 지도자들의 권한만 강화시키는 결과를 가져왔다. 각 종족의 군사력을 의존하지 않으면 국가는 존재하기가 어려울 정도로 힘이 들자, 각 종족지도자들은 자신의 뜻이 관철되도록 왕에게 요구하기에 이르렀다. 그리고 봉건제국의 중요한 권력을 이슬람 수피교단의 종교지도자들이 차지하게 되자 왕권은 더욱 약화되었다.

히바 왕국내의 각 종족 그룹의 권력다툼과 종교지도자들의 권력 지향으로 혼란을 겪고 있을 때 아랄 해 지역의 상황은 다르게 전개되고 있었다. 이 지역은 몇 번 히바왕국으로부터 분리된 경험을 갖고 있었다. 더 놀라운 것은 아랄 해 지역의 사람들은 부하라와 카자크에서 칭기즈칸 혈통을 가진 자 가운데서 자신들의 지도자로 영입하기도 했다. 이로 인해 아랄 해지역의 종족은 무려 32개의 씨족으로 구성되게 되었다. 이 씨족들은 4개의 커다란 집단인 망기크, 쿤그라드, 킵착, 호젤리로 단합하여 각각의 지도자를 세웠다. 그러나 페르시아 땅에서 유목을 하면서 살던 투르크족은 외세의 침입을 받지 않고 독립국가를 유지하고 있었다. 투르크족은 과거부터 군사, 문화, 언어의 독립성을 갖고 있었다.

3) 히바 왕국의 내란

나는 한 나라의 지도자의 리더십이 부족
하게 되면 국가는 어렵게 된다는 것을 배웠다.
앞서 언급한 히바의 국가적 쇠퇴의 원인은 지
도력의 부족, 종족간의 자민족주의, 종교지도
자들의 권력지향이란 것을 지적했다.

히바의 역사를 통해서 다양한 종족으로 인한 문화와 언어적 혼란은 통
일된 국가 형성을 어렵게 한다는 것을 알 수 있다. 히바는 17세기 전반에 몇
몇 종족에 의해 계속된 내란을 경험해야만 했다. 내란을 주도했던 종족은
칼묵 족, 카자흐 족, 우랄 카작 족들이다.[68] 카작의 군대 장관이었던 네차이
와 샤마이는 히바왕국 내란의 주동자였다. 히바의 내란이 절정에 이른 시기
는 아랍무함마드가 지배할 때다. 그에는 4명의 자녀 하바쉬, 일바르스, 아
스판지야르 등이 있었다. 아랍무함마드가 힘이 없고 늙자 하바쉬와 일바르
스는 아버지를 포로로 잡고 눈을 멀게 하였다. 그리고 둘째 아들이 왕위를
차지하여 통치하였으나 그의 동생 아스판지야르가 투르크멘족의 도움을
받아 일바르스를 퇴위시켰다.

히바는 종족들의 내란, 왕궁 안에서 권력 다툼으로 인해 외세의 침입
을 막지 못하고 쇠퇴하게 되었다. 이로 인하여 아랍샤 후손들에 의한 히바
왕국의 통치(1515-1688)는 막을 내리게 되었다.

나는 히바를 방문하면서 역사적으로 수많은 전쟁과 종족간의 내란, 왕
위를 찬탈하기 위한 투쟁의 역사를 이해한 후 고대 히바 왕국을 구경하게
되었다.

4) 서문(아타 다르바자)을 향해 이찬칼라에 들어가다

역사적인 설명을 들은 다음 나는 서문을 통과하여 성안으로 들어갔다.
서문은 아버지의 문이라고 부른다. 1920년 혁명 후 파괴되었으나 1970년대

에 다시 복원한 것이다. 정문은 두 개의 미나레트 같은 탑으로 지어졌다. 문을 들어서는 순간 이슬람 사원에 왔다는 것이 느껴졌다. 아버지의 문으로 들어서자 오른쪽에 입간판이 보였다. 이찬칼라의 지도였다. 그 지도 앞에서 이찬칼라의 모든 건물과 유적지에 대한 설명을 듣고 구석구석을 돌아보기 시작했다.

아버지의 문을 벗어나 동쪽을 바라보자 커다란 탑이 보였다. 이것이 칼타 미노르 미나레트 탑이다. 이 탑은 서문에서 들어서자마자 보인다. 미나레트는 미완성 상태이지만 푸른 타일로 덮인 아름다운 탑이었다. 역사적으로 1852년에 착공되어 3년 후인 1855년에 미완성된 상태로 중단되어 오늘에 이르고 있다.

이 탑은 오른쪽으로 약간 기울어져 있다. 가이드의 말에 의하면 사람들이 탑 밑에서 용변을 보기 때문에 무게를 견디지 못해 기울고 있다고 한다. 그러나 칼타 미노르 미나레트 탑에는 여러 전설이 있다. 무함마드 아민 칸이 108m의 높고 멋진 미나레트를 건축하여 400km 떨어진 부하라를 감시하기 위한 것이라는 소문을 듣고 부하라의 칸이 미나레트 기술자들을 매수해 공사를 중단시켰다는 것이다. 이 사실을 안 아민 칸이 화가 나서 부하라로 도망을 가던 기술자들을 사막에서 죽였다고 한다. 그래서 현재까지 미완성으로 남아 있다는 것이다. 그러나 역사학자들은 이 사실을 믿지 않는다. 아민 칸이 1855년에 이란에서 전사했기 때문에 중단된 것이라 한다. 칼타 미노르 미나레트의 푸른 색 타일은 매서운 추위 속에서도 햇빛을 반사하며 더욱 선명하게 드러나 보였다. 이 탑이 완성되었다면 70-80m의 높이가 되었을지도 모른다. 탑의 기초가 14.2m나 되기 때문이다.

멀리 보이던 미나레트 탑 앞에 웅장하게 서 있는 건물이 하나있다. 그것은 바로 무함마드 아민 칸 메드레세 신학교다. 당시 이찬칼라에서 가장 큰 이슬람 신학교뿐 아니라 중앙아시아에서도 가장 큰 곳이다. 또한 이 건물은 신학교와 이슬람의 최고 재판소의 사무국 겸 감옥으로 사용되었다고 한다. 건물의 벽이 매우 두껍고 튼튼하게 지었기 때문일 것이다.

　　2층의 건물에는 120개의 방이 있다. 히바에서 그것도 신학교에서 처음으로 학생들에게 방을 주었다고 전해진다. 무함마드 아민 칸 메드레세 신학교에 입학자격은 12세부터 할 수 있고 15년이 기본 과정이었다고 한다. 하지만 성적이 매우 우수하면 5년만에도 졸업은 가능했다. 이슬람 신학교에서의 15년은 매우 긴 것이다. 당시의 신학교에서 공부 하면서 인성과 꾸란을 분명하게 공부한 것으로 알려져 있다. 학생들이 열심히 공부한 결과로 인해 이슬람의 영적지도자가 되었다. 그들의 후예들이 오늘날 중앙아시아 지역의 이슬람의 뿌리인지도 모른다.

5) 왕궁 안의 감옥과 사형대가 있다

(1) 오래된 궁전 옆의 감옥

　　꽁꽁 어는 듯 한 몸을 이끌고 이찬칼라의 새로운 왕궁인 쿠냐 아르크, 즉 "오래된 궁전"이란 뜻을 가진 곳의 마당에 도착했다. 이 궁전은 17세기 (1686-1688)에 건축된 칸의 궁전이었다. 이찬칼라에 새로운 궁전이 생긴 뒤 구별을 위해 새롭게 지어진 이름이라고 한다.

　　궁전의 왼쪽, 그러니까 궁전 안으로 들어가기 전 왼쪽 작은 문을 열고 들어가면 감옥이 있다. 입구에는 간수가 지키는 업무실이 조그마하게 있고 그 안에는 착고를 채워 죄인을 가두는 곳이 있다.

　　왕궁의 정문 앞 마당에는 작은 웅덩이가 있었다. 그곳은 왕이 말을 듣지 않는 사람을 즉시 처형한 다음 그 피를 버리는 곳이라 한다. 칸이 지배하는 동안 왕궁 앞마당에서는 사형집행이 이루어졌다는 얘기다. 그리고 무슬림들은 금요일에 사람을 모은 다음 목을 자르고 피를 버렸다. 당시의 사형제도가 얼마나 참혹했는가를 보여주는 장면이다.

당시 호레즘은 물도 많고 땅위에 감옥도 많았다고 전해진다. 사마르칸

트에는 지하 감옥도 있을 정도다. 그 당시에는
범죄자도 많았지만 아마도 종교적인 배교자
들에 대한 직접적인 사형이 이루어지지 않았
나 하는 생각도 갖게 한다.

아민 칸 시대의 죄수들에 대한 사형집행
은 한 주일 동안 묶어서 가두어 놓았다가(쇠고
랑으로 채우거나 차꼬를 함) 죽일 사람은 성
안의 백성들에게 광고한 다음 죽였다. 때로는
47m의 높은 미나레트에서 던져 죽였다. 그리
고 죄를 지어 평판이 아주 나쁜 여인은 남편이

보는데서 고양이 다섯 마리가 들어 있는 마대자루에 넣어 때려죽이기도 했
다. 보통 여자들이 감옥에 갇히거나 사형을 당하는 일은 남편외의 다른 사
람을 사랑할 때라고 한다. 그런데 여죄수들은 80m의 나무를 세운 다음 그
위에서 떨어뜨림을 당하거나 아니면 돌로 쳐 죽임을 당하기도 했다는 것이
다.

우리가 상상할 수 없는 참혹한 사형제도는 당시의 사람들에게 엄청난
공포정치였을 것이다. 아민 칸에 대한 두려움, 종교적인 법(이슬람)을 지켜
야 하는 부담감, 사회 윤리적인 부분에서 태도를 올바로 가져야 한다는 규
범을 보여주는 듯하다. 그렇다고 해서 당시의 사형제도를 찬성하는 것은 아
니다. 다만 당시의 정치사회, 문화, 종교적인 차원에서 이해하려는 것 뿐이
다.

(2) 왕궁 마당의 우물

히바는 원래 물이 많은 도시라고 한다. 사막 한 가운데 오아시스로 인

해 건축된 도시로 과연 실크로드의 중심다웠
다.

쿠나 아르크 왕궁의 웅장한 나무 대문
을 들어가 보라. 통나무를 베어다가 만든 대
문, 온갖 문형으로 조각한 무늬, 대문위에 쓰
여 있는 꾸란의 내용들은 이슬람의 전성기를 말해준다.

왕궁 대문을 통과하여 들어가 정면을 보면 마당 중앙에 작은 우물이
있다. 지금도 이 물을 마신다고 하는데 물맛은 짜다. 그러나 이 물은 사람의
몸에 좋다고 한다. 실질적으로 몸에 어떤 효과를 주는지 밝혀지지 않았지만
몸에 좋다고 한다.

쿠냐 아르크 왕궁은 전체가 성벽같이 두꺼운 벽으로 둘러싸인 것이 요
새 같다. 정문 위에는 왕의 의자가 있는데, 거기서 사형 집행 광경을 봤다고
한다. 궁전 안에는 칸에 의해 건축되어진 집무실, 휴게실, 이슬람 사원, 하
렘 등이 있다. 그리고 병기군, 화약 공장, 조폐소도 있어 한때는 비단 돈을
만들어 내기도 했다. 현재도 아민 칸 시대의 지폐와 돈을 만드는 모습을 전
시하고 있다.

나는 쿠냐 아르크 왕궁을 거닐면서 놀란 것이 있다. 그것은 사원에 붙
여진 타일에 아랍어로 된 번호가 매겨져 있다는 것과 사원은 북쪽을 향하고
있다는 점이었다.

1838년 아란크 칸의 명령에 의해 건축되어진 여름의 이슬람 사원은 매
우 특이하다. 궁전 안에 조폐소가 있는 것도 특징이지만 안뜰에 있는 사원
의 기둥과 벽에는 청, 녹, 백색의 칠보타일이 섬세한 모양으로 장식되어 있
다. 벽에서 약간 떨어진 곳에서 보면 한편의 아름다운 예술작품 같았다. 사
원의 강단이나 왕이 앉아 업무를 보는 무대의 천장은 보통 이슬람 국가의
천정과는 차이가 있다. 총천연색의 색깔을 이용한 무늬 등이 있는데 불교적
인 문양이 많다. 여기에는 쿠르나쉬 칸의 아이완을 위해 건축된 곳이 있다.

아이완은 각종 의식이 행해진 곳을 말한다. 17세기에 건축되었지만 이란 군대에 의해 파괴되어 현재의 것은 19세기 초에 새롭게 건축된 것이다. 이 건물에는 두 개의 큰 기둥이 세워져 있다. 테라스의 벽면은 칠보타일이 붙여져 있었고 천장은 붉은색, 황색, 녹색, 흑색 등의 화려한 문양으로 장식되어 있었다. 안뜰에는 손님이 방문했을 때 유루타를 지었던 둥근토대가 있었다. 우즈베크의 역사 전문가인 김성기씨는 지금 있는 하렘은 19세기에 새로 지은 것으로 궁전 북쪽에 위치해 있으며 남측은 칸의 부인의 방이라고 말한다. 북측의 방은 첩과 소사의 방으로 구별을 지어 만들었다고 설명한다. 특히 이찬칼라의 모든 건축물들은 남향으로 지은 것이 없다. 모두가 북향으로 건축되어 있는데 이는 더운 날씨를 피하여 그늘을 만들고 시원한 여름을 보내기 위해서라고 한다.

쿠냐 아르크 왕궁을 다니면서 또 하나 재미있는 광경은 꾸란을 벽장에 올려놓는다는 점이다. 가이드는 약간 흥분된 상태에서 꾸란을 벽장에 펼쳐 놓고 거짓말을 하는 사람도 있다며 신자의 이중성을 지적했다.

쿠냐 아르크의 마당을 벗어나 열한시 방향으로 이동하니 궁전의 전망대가 있었다. 전망대로 올라가는 곳은 매우 가파르고 잘못하면 아래로 떨어질 우려가 있었다. 전망대로 가는 계단을 조심스럽게 밟고 올라가면서

보니 시내가 한 눈에 들어왔다. 이찬칼라의 외벽과 내벽, 사람들이 왕래하는 장면, 사막에서 누가 이동을 하는지도 볼 수 있었다. 그리고 이찬칼라의 곳곳에 세워진 사막의 등대도 볼 수 있었다.

또한 왕궁 안에 거주하는 가옥들과 사원들, 높이 솟은 미나레트 등을 관람하기에 좋은 곳이 전망대였다. 이곳에 올라가려면 입구에 있는 관리인

에게 돈을 내야만 하는데 전망대를 관리하기보다는 입장료를 받아 수입을 챙기기에 바빴다. 특히 겨울철에는 입장료가 비싸다고 생각되면 약간의 흥정도 가능하다고 한다.

이찬칼라의 성 안에서 현재 거주하는 사람은 2,000명 정도가 될 것이라고 한다. 약 400채의 집들이 있으며 왕의 친척, 즉 왕족만이 거주할 수 있다. 이들이 사는 집은 옛날에 건축된 것들이다. 현재 이들에게 주어지는 정부의 혜택은 가옥의 수리비, 물을 제공할 뿐이다. 그렇다면 이들은 어떤 방식으로 결혼하여 생활하게 되는가라고 묻자, 밖에서 결혼 대상자를 물색한 다음 결혼하여 이찬칼라 내에 거주하게 된다고 한다. 옛날에는 왕족들 간에 근친결혼을 했다고 전해진다.

멀리 보이는 사막, 안개로 인해 현명하게 보이지는 않지만 깊은 밤 카라반을 위한 등대가 보이는 이찬칼라, 지금은 카라반 대신 차들이 오고가는 것만 보일 뿐이었다. 적들이 침입해 오는 것을 방어하기 위해 만들어 놓은 진지는 보이지 않았다.

(3) 세이트 알라우딘과 빠흘라반 마흐무트의 묘

세이트 알라우딘 묘

이찬칼라를 관람하기 위해 이곳저곳을 다니는 동안 많은 사람들을 만날 수 있었다. 무엇보다 이찬칼라에서 가장 오래되었다는 세이트 알라우딘 묘를 방문하게 되었다. 이 묘는 12세경에 만들어졌다. 세이트 알라우딘은 생전에 "흰색의 지도자"라고 불리며 존경을 받았다고 한다. 그는 현재도 히바 사람들에게 위대한 지도자로 존경을 받아 많은 사람들이 그의 묘를 방문하고 있다. 히바 사람들은 개인과 가정의 문제, 결혼식, 기쁜 일이 있거나 슬픈 일이 발생하게 되면 이곳에 와서 기도한다. 그러니까 보이지 않는 무슬림들과 히바 사람들의 정신적 지도자이면서 민속신앙의 기초가 된 인물이다.

물론 이슬람의 민간신앙은 지역과 국가에 따라 약간 차이는 있다. 그러나 죽은자에 대한 존경심으로 이곳에서 기도하는 것은 근본적인 꾸란의 가르침과는 거리가 있다. 아무튼 세이트 알라우딘 묘는 구소련시절에는 병기고와 탄약창으로 사용되었다.

세이트 알라우딘 묘의 내부는 관이 2개가 있다. 오른쪽이 알라우딘의 관이고 왼쪽은 묘를 설계했던 기술자의 관으로 전해진다. 세이트 알라우딘의 묘에 기술자가 함께 누울 수 있는 것은 좀 이해가 되지 않지만 당시 건축기술자가 존경을 받았다고 보면 된다. 아무튼 존경받는 지도자의 묘에 함께 안장되는 것은 가문의 영광이었다. 따라서 세이트 알라우딘의 묘를 설계했던 자신도 그곳에 묻히기를 희망했고 그 자신도 많은 사람들로부터 신망을 받았다. 결과적으로 함께 안장되어 오늘날 히바 사람들의 정신적인 위안의 장소가 되고 있다.

빠홀라반 마흐무트의 묘

이찬칼라에서 남쪽 방향으로 조금 이동해서 가면 또 다른 유명한 묘가 있다. 히바 사람들로부터 존경받았던 시인이자 철학자였던 빠흘라반 마흐무트(1247-1326)의 묘다. 이 사람의 묘를 중심으로 14세기에서 20세기의 무함마드 리힘 칸과 칸의 친족 묘가 있는 합동묘로 되어있다.

가이드는 이 부분에 대하여 아주 자랑스럽게 말했다. "빠홀라반 마흐무트의 묘는 히바에서 가장 큰 푸른색 타일로 덮인 묘입니다. 그리고 아치형 지붕이 설치된 문에는 화려한 문양으로 조각된 것이 명품입니다"라고 소개했다. 실제로 이 영묘는 웅장했다.

빠홀라반 마흐무트의 묘는 14세기에 건축되었다. 당시 건축된 묘는 햇볕에 말린 벽돌로 지어졌고, 외관은 눈에 띨 정도로 아름답지는 않았지만 검소하게 보였다. 내관은 매우 화려하며 석관을 덮은 모자이크는 눈이 부실 정도로 화려했다. 14세기경의 사람들도 죽은자의 무덤에 많은 돈과 시간,

노력을 기울였다. 어떻게 보면 부활의 신앙이 없는 자들의 후손들에게 부귀와 영화와 존경을 받으면 좋은 집에서 누울 수 있다는 현실주의적 사고를 엿볼 수 있었다. 그러나 실제로 죽은자는 아무것도 모른다.

그런데 빠흘라반 마흐무트 묘에는 또 다른 민간신앙과 전설적인 우물이 있다. 오늘날에도 묘지를 방문하는 사람들이 마당에서 솟아오르는 우물을 마시고 있다. 이 물을 마시게 되면 남자는 정욕이 강하게 되고, 여자는 매우 아름다워진다고 전해진다. 정말 우물을 마신다고 남자가 강해지는지 아니면 여자는 아름다워지는지도 의문이다. 하지만 히바지역은 아랄해와 근접해 있어 모든 물이 짠 편이다. 그런데 어떻게 이러한 효과가 일어나는지도 의문이다. 혹시라도 빠흘라반 마흐무트의 묘에 방문하다가 목이 마르면 물이 짜기 때문에 약간만 마셔야 한다.

이슬람 지역의 묘는 또 다른 특징을 갖고 있다. 아름다운 대리석으로 만든 묘, 묘 옆에서 꾸란을 읽는 사람이 있다. 그리고 묘지를 지키며 일하는 사람들의 방도 있다. 묘지에서 본 내세의 부활 신앙이 없는 사람들의 모습과 영적 암흑 속에 허덕이는 영혼들로 인해 다음 장소로 옮기는 나의 발걸음은 한없이 무거웠다.

(4) 이슬람 홋자 메드레세와 미나레트

히바 사람들이 가장 자랑스럽게 생각하는 곳이 이찬칼라라면 그곳에 우뚝 서있는 미나레트는 또 다른 위용을 자랑한다. 히바 사람들의 설명에 의하면 이슬람 홋자 메드레세와 미나레트는 근대에 세워진 아름다운 건축물이다. 이 건축물은 히바 최후의 칸이었던 이스판디야르 칸의 대신이었던 이슬람 홋자에 의해 1910년에 건축되었다. 히

바에서 가장 최근에 만들어진 건축물이다.

이슬람 훗자에 대하여 가이드는 다음과 같이 설명했다.

> 선생님, 훗자는 아주 개방적인 인물이었던 것으로 알려집니다. 그는 여행도 좋아해서 러시아와 유럽을 자주 방문했다고 해요. 그는 본국으로 돌아와 유럽식의 교육과 학교설립, 병원, 우체국 등을 지었어요. 사람들의 삶의 질을 위해 새로운 도로와 다리를 건설했지요. 그러니까 히바의 근대화를 위해 많은 노력을 한 사람으로 정평이 나 있고 근대화에 앞장선 사람이지요. 그런데 너무 빨리 외래문화를 받아들여 보수적인 사람들로부터 심한 반대를 받았어요. 아마도 그들의 음모로 살해되었을 것이라고 합니다. 어떤 사람은 사막에 생매장되었다고 해요. 정말 조국의 근대화를 이룬 사람이지만 종교적 보수주의자와 전통적 사고에 묶여 사는 사람들 때문에 수명이 짧은 것 같아요.

아무튼 이 건축물 앞에서는 최근까지도 통역사를 양성하는 장소로 사용되었다고 한다. 이 건축물을 관람하면서 종교와 신앙, 전통과 습관, 삶의 질과 가치 중 어느 것이 먼저인지 혼란스럽기도 했다. 다만 건축물은 탄성이 절로 나올 정도로 웅장하고 아름다웠다.

메드레세, 타일로 장식된 건축물, 마당도 크지 않은 곳, 42개의 방이 있고 2층에 입구가 있는 단순한 건축물이다. 하지만 미나레트는 히바에서 가장 높은 42m나 되는 탑이다. 맨 아래의 직경은 9.5m나 된다. 건축물의 색타일로 인해 실제보다는 더 높게 보인다. 내부에는 99개의 계단을 통해 맨 위까지 올라갈 수 있다. 99개의 계단을 오르려면 매우 힘이 들고 어렵다. 그러나 정상에 오르면 히바시내가 눈앞에 보일 뿐 아니라 지평선 너머에 펼쳐진 사막이 보인다. 히바에서 멀리는 투르크메니아 지역과 아랄 해, 동쪽으로는 부하라로 가는 도로가 보인다. 그런데 더 재미있는 것은 구소련시절에는 미나레트 맨 꼭대기에 라디오 안테나가 설치되어 있었다고 한다.

(5) 또 하나의 감동 주마 모스크와 미나레트

추위와 싸우면서 나는 주마 모스크에
도착을 했다. 이찬칼라에서 가장 중심지에
위치해 있는 사원, 가장 유명한 이슬람 사원
중 하나다. 주마 모스크는 금요기도회가 모
이는 곳으로 한 번에 5,000명이 모일 수 있
는 공간이다.

나는 주마 모스크를 들어가면서 두 번 놀랬다. 첫째는 약 3m 간격의
213개 기둥이 서 있는 것을 보고 놀랐다. 둘째는 고려 사람이 안내자이면서
모스크를 지키고 있었기 때문이다. 그는 "저는 조상이 한국 사람입니다. 제
가 이곳에 와서 살고 있습니다. 제가 만든 것을(양말) 하나만 사주세요"라고
한국말을 사용하고 있었다. 내가 어릴 적에 어머님께서 만들어 주었던 양말
을 기억하면서 하나를 구할까 했지만 짐이 된다는 부담감으로 사지는 않았
다.

주마 모스크 사원은 넓고 빛이 들어오는 곳이었다. 찬바람이 불어오고
강단 쪽으로 가자 이맘이 설교한다는 단상도 보였다. 이 건물은 10세기경에
건축된 것으로 알려진다. 그러나 여러 차례의 재건축을 통해 18세기 말 지
금의 모습을 갖추게 되었다고 한다. 213개의 기둥은 각기 특징이 있었다.
각기 다른 화려한 무늬와 문양, 종교적 색채가 뚜렷한 것으로 조각되어 있
었다. 중앙 천정으로부터 들어오는 빛이 신비감을 더해주었다. 아무튼 내가
지금까지 보았던 이슬람 사원 가운데 가장 독특한 분위기를 주는 곳이었다.

나는 가이드의 안내를 받으면서 더 놀란 것이 있다. 213개의 기둥 가운
데는 1,500년이 넘는 것도 있다고 한다. 이렇게 오래된 나무기둥들은 호레
즘 수도에서 옮겨온 것으로 알려져 있다. 그리고 지진으로부터 충격을 방지
하기 위해 돌과 나무기둥 사이에는 양털을 끼워 넣었다는데, 양털은 벌레가
나무로 올라가는 것을 방지해 주는 역할도 한다고 하니 옛 사람들의 지혜가

엿보인다.

히바왕국 내의 주마 모스크사원이 발전
하고 견고했던 것은 실크로드의 무역상들과
가까운 페르시아 종교문화를 쉽게 접할 수
있었기 때문으로 보인다. 호레즘, 즉 히바 왕
국의 찬란한 문화가 왜 파괴되었는가에 대한 의구심도 갖게 되었다. 이슬람
의 왕성과 그 중심이 되는 사원이 있었음에도 왜 알라는 지금까지 왕국을
지켜주지 않았을까? 아니면 성경에서 언급한 대로 창조자가 되시고 구원자
이신 예수 그리스도를 알지 못해서 인가? 여러 방향으로 생각하다가 다음
장소로 이동을 했다. 물론 골목길을 따라 걸어갔지만 마음에는 평안이 없었

고 무엇인가 불편한 것뿐이었다. 아마도 히
바 왕국내의 종족간의 갈등, 문화와 언어적
문제, 토양문제(침식과 염화, 염수(소금물),
물의 부족, 지나친 사냥, 인구의 이동이 왕국
이 쇠퇴하도록 만든 것이 아닌가 생각되었
다.

우즈베크에 40년 만에 불어 닥친 한파는 더 많은 인구이동을 불러 올
지도 모른다. 전 세계가 걱정하는 핵전쟁이나 새로운 질병보다 환경 파괴
(ecocide)가 세계 문명에 더 큰 위협 요인일 수 있다. 히바 왕국이 붕괴된 것
은 전쟁과 왕정내부의 문제도 있겠지만 무슬림들의 지나친 종교적 권력일
수 있다.

히바 왕국 안에 주마 모스크 사원이 있다 해도 적대적인 이웃과의 관
계는 붕괴의 원인이 되었다. 아무리 좋은 사원과 건축기술, 높은 성과 망대
를 세워도 이웃과의 좋은 관계와 일정한 접촉을 이루지 못한 상태가 군사적
패배로 이어진 것 같다. 결론적으로 아무리 좋은 사원이 있어도 이웃과의
관계가 좋지 않다면 망한다는 교훈을 얻었다.

(6) 빠반 다르바자

우리는 노예시장 하면 서아프리카의 세
네갈 다카에서 조금 떨어진 노예섬을 기억하
게 된다. 그러나 중앙아시아의 히바에서도
노예가 있었다면 놀랄 것이다. 히바는 약 3
세기에 걸쳐 중앙아시아 제일의 노예시장의
마을이 있었다고 한다. 시장은 히바 왕국 동
문 가까이에 있었기 때문에 노예의 문이라고
부른다. 또한 칸이 타쉬 하울리 궁전에서 나
와 형벌을 선고했다 해서 "왕의 문"이라고도
불린다. 오늘날에는 생활 용품을 파는 작은 바자르이지만 칸이 지배하던 시
절에는 족쇄에 묶인 노예가 거래되었던 시장이었다. 이 시장의 노예들은 카
라쿰 사막을 건너온 투루크인 부족과 초원의 카자흐족에게 팔려갔다. 참으
로 가족과 이별, 인생이 어떻게 끝이 날 것인가를 모르고 가는 그들의 삶을
생각해 보라. 얼마나 비참한 삶인가 말이다.

더 놀라운 것은 히바의 칸은 노예를 충당하기 위해 온갖 수단방법을
가리지 않았다. 근교의 주민들을 습격하여 노예로 팔거나 여행객들을 습격
하기도 했다. 18세기경에는 남쪽으로 이동해 온 러시아 사람들을 붙잡아 팔
았다. 이로 인해 러시아는 군대를 파견하여 노예해방을 요구했다. 히바를
러시아가 지배하는 1873년까지 노예시장은 계속되었는데 노예는 3,000명
정도로 알려졌다. 그 외에도 약 3만 명의 노예가 있었고, 체력이 아주 좋은
러시아 노예는 낙타 4마리에 팔려나갔다고 한다.

빠반 다르바자, 이곳은 전형적인 이슬람 사원의 모습으로 건축되었다.
문 위에는 이슬람력 1221년, 즉 1835년에 건축되었음을 알려주는 판이 걸
려 있다.

히바의 노예시장에서는 아주 희귀한 일들이 일어나기도 했다. 그것은 히바 왕국을 통치했던 역대 칸들은 공포정치를 통해 고문과 처형을 일삼았다. 이슬람법과 국가의 법을 위반한 죄인들은 민중 앞에서 처형당하는 것이 보편적이었다. 당시 금지되었던 흡연과 음주의 죄는 아주 큰 죄에 해당되었다. 흡연과 음주로 죄를 범한 사람은 입을 귀까지 찢어버렸다고 한다. 입을 귀까지 찢어버린 죄인들은 언제나 실실거리며 웃는 것 같은 모습이 되고 말았다. 얼마나 무섭고 흉측한 형벌이었는가를 상상해 보기 바란다. 그런데 이 무자비한 처형방법에 의해 출혈로 사망하는 경우가 많았다고 한다.

칸이 지배하던 히바 왕국, 인간의 인권과 생명을 얼마나 경시했는가를 보게 된다. 그것도 이슬람의 교리를 따라 세워진 장소에서 말이다.

4.이슬람의 정착

우즈베크의 서쪽 히바지역은 작은 부하라다. 이슬람 문화가 그만큼 번창하고 아름다운 문화를 전승해 주었다는 의미다. 나르샤히가 쓴『부하라』는 이런 상황을 잘 묘사해준다. 이 역사서에 의하면 쿠타이바가 부하라를 점령할 때마다 주민들을 강제로 개종시켰지만, 주민들은 아랍군이 철수할 때마다세 번씩이나 이슬람교를 버렸다고 전해진다. 그후 네 번째로 부하라를 점령한 쿠타이바는주민들이 겉으로 개종하고 비밀리에 우상숭배 한다는 것을 알고 주민들에게 특정지역의

절반 정도를 아랍인으로 채움으로 개종을 강요한 것으로 전해진다. 쿠타이

바는 주민들을 강제로 금요예배에 참석시키고 참석자에게는 2디르함(이슬람사회에서 사용된 은화로 금액의 단위임)을 주었다. 그 때문에 가난한 사람들이 예배에 참석하였고 부유한 사람들은 무시했다고 한다. 그 진위가 어떻든 초기에는 주민의 개종을 권장했다는 것이 주목할 만하다.

이슬람이 중앙아시아에 본격적으로 확산된 것은 8세기 후반인 것으로 전해진다. 이슬람의 샤만조는 아랍–페르시아 문화를 발전시키는데 공헌했다. 샤만조는 페르시아어를 장려하고 수도 부하라에 왕립도서관을 세워 동서고금의 많은 장서를 수집했다. 9세기경에는 페르시아로 쓴 운문작품이 출현했고, 그 후에는 페르시아 고전문학자(루다키, 발히, 다키키, 피르다우시 등은 궁정시인임)들을 배출했다. 이들은 주로 민족의식의 고양과 관련된 글을 집필한 것으로 알려졌다.

우즈베크는 꾸란과 순니파(하나피파) 법학이 발전한 곳이며 수학과 천문학을 비롯한 자연과학이 발전하여 멀리 유럽까지 영향을 미쳤다. 1차 방정식과 2차 방정식의 해법을 발견한 알 호라즈미(850년경사망)는 그 가운데 가장 유명한 학자다. 대수학에 관한 그의 저서 『알 자브르 왈 무카발라』는 아랍어로 되어 있고, 알고리즘(연산법)은 저자의 라틴어 이름인 알고리스무스에서 기원한 것이다. 그밖에 삼각함수와 천문학지식의 집대성, 육분의(六分儀), 삼각측량법을 발명한 학자들이 배출되었다.

내가 우르겐치와 히바 이 지역을 순회하면서 놀라움을 가진 것은 호리즘 출신의 학자들이 수학, 천문학, 지리학, 측량학, 광물학, 역사학에 많은 저술을 남겼다는 점이다. 이들 모두가 이슬람의 영향을 받았고, 지금의 우즈베크는 이슬람의 정치화가 이루어진 곳이다. 이미 1970년대 말부터 이곳에서는 풀뿌리 이슬람 부흥운동이 시작되었다. 이 운동은 체제에 순응하는 이슬람 현상을 비판하고 순수한 이슬람으로 돌아갈 것을 주장하는 젊은 울라마들이 이 운동을 주도했다. 그들은 정권에 의한 탄압에도 불구하고 무슬림 종교국과도 첨예한 대립을 했으며 18세기 아라비아 반도에서 태어난 엄격한 이슬람 복고주의자 와합의 이름과 관련하여 와하비라고 불렀다. 와하비는 우르겐치와 히바 지역에서 가장 활발하게 활동하고 있다. 와하비는 이슬람 과격파 또는 이슬람 원리주의자의 별칭이다. 지금도 우즈베크에는 와하비들이 활동하고 있으며 소련붕괴 이전의 꾸란 학교인 안디잔이 지금도 운영되는 것으로 알고 있다.

우르겐치 외 히바 지역에서 느낀 것은 이슬람은 이슬비 젖듯이 주민들 사회에 깊숙이 뿌리내리고 있음을 보았다. 소수의 기독교인이나 유대인들의 신앙생활은 매우 힘들어 하고 있을 뿐 아니라 자신의 신앙을 표현하는 것도 허용되지 않는 듯했다.

21 카라칼팍 자치 공화국으로

　　우르겐치와 히바왕국의 탐사를 마치고 카라칼팍 자치공화국으로 이동을 시작했다. 히바에서 누카스로 가는 교통편은 없었다. 다만 승용차를 이용하는 것이 가장 편리한 방법이라고 한다. 나는 히바의 서문에서 나오자 한국어로 "어딜 가세요"라고 묻는 사람을 만났다. "누카스에 가려고 하는데요"라고 답하자, 그는 "저도 한국에 있었어요. 돈 좀 벌고 이곳에서 티코 택시를 마련 했어요"라고 자랑했다. 그는 자기 차를 이용하라고 말했다. 그러나 히바에서 누카스의 거리가 너무 멀어 티코는 힘들 것 같았다.

　　나는 우르겐치의 시외 터미널에서 택시 또는 승용차를 렌트하기로 했다. 히바에서 우르겐치로 가는 동안 우즈베크인의 삶과 자연환경, 농촌의 아름다운 모습을 보았다. 40년만의 강추위로 상수도관이 터져 만들어진 얼음덩어리는 장관이었다. 목화밭에서 거두어 들인 목화에서 씨를 받기 위해 수송하는 광경은 한국과 너무도 닮았다.

　　히바에서 우르겐치로 가는 길목에서 만난 현지인들은 추위 속에 떨면서 자신들의 삶을 위해 부지런히 움직이고 있었다.

1. 우르겐치 시외터미널

우르겐치 시외버스터미널에 도착한 시
간은 오후 12시 50분이 지나서였다. 터미널
은 시내로 들어오는 차와 시외로 나가는 차
로 뒤엉켜 있었지만 그래도 질서 있게 움직
이고 있었다. 터미널은 각양의 종족들, 모피
코트를 입고 다니는 여성들, 추위로 인해 콧등이 붉어졌는데도 아무렇지 않
게 다니는 사람들로 가득 차 있었다.

내가 타고 온 승용차는 시외버스 터미널 한쪽 편에 세워 놓았다. 현지
인은 누쿠스로 가는 승용차를 찾기 위해 이리저리 살펴보고 있었다. 나는
창문을 통해 생수를 파는 가게를 유심히 바라다 보았다. 생수 가게 앞에는
양고기 꼬치를 파는 사람이 보였다. 나는 승용차에서 내려 양고기 꼬치를
사서 입에 물었다. 배고픈 나에게는 기름이 줄줄 흘러내리는 양고기도 맛있
었다. 길거리 음식이라 위생적으로 청결하지 않았지만 아무런 생각 없이 먹
었다. 양고기와 논을 함께 먹으면 맛은 매우 좋다.

나는 우르겐치 터미널에서 다양한 종족들을 보면서 느낀 점은 여성들
을 상당히 존중하는 듯이 보였다는 점이다. 사마르칸트는 외국 여성을 존중
하지만 이곳에서는 여성들에게 배려하는 남성들의 모습이 자주 눈에 띄었
다. 여성들에 대한 존중은 배려와 섬김이다. 아내는 내 인생의 영원한 동반
자란 것을 강조한다. 우르겐치 사역자들은 아내를 위해 기도하고 하나님의
나라 확장에 쓰임받기를 기도하고 있다. 그들은 철저하게 가문의 명예를 존
중히 여긴다. 즉 그리스도인으로서 평판은 보물처럼 간직해야 할 때 소중한
가치가 있음을 나에게 보여주었다. 잠언 22장 1절의 "많은 재물보다 명예를
택할 것이요 은이나 금보다 은총을 더욱 택할 것이니라"는 말씀은 명예도

소중히 여기고 하나님의 은총도 귀하게 여겨야 함을 교훈한다. 좋은 명예나 평판을 쌓는데 평생이 걸릴 수 있으나 잃어버리는데 하룻밤이면 충분하다.

우르겐치에서 내가 만난 사역자는 자녀들에게 명예보다 더 좋은 유산을 남겨 주려고 애쓰고 있었다. 성실한 믿음의 본과 가정교육은 귀감이 될 정도였다. 자녀들이 거룩한 삶에 대한 존경과 부모님의 아름다운 신앙을 유산을 이어가려는 정신이 바로 그것이었다. 이들의 아름다운 모습을 터미널에서 보았다. 이제 나는 우르겐치를 떠나야 한다.

2. 카라칼팍 자치 공화국으로

우르겐치 시외버스터미널에는 스텝 지역에서 불어오는 바람에 먼지가 휘날리고 있었다. 사막의 모래 바람과 찬 공기는 나의 볼에 예리하게 날아들었다. 체감 온도가 영하 35도는 된다고 한다. 나는 누쿠스(Nukus)에서 조금 더 멀리 떨어진 곳에 사는 운전사를 만났다. 그의 이름은 알리쉐르였다. 우즈대우에서 생산된 넥시아로 자가용 영업을 하고 있었다. 그는 누쿠스와 우르겐치 사이를 왕래하고 있었다. 그가 사는 곳은 카라칼팍 자치 공화국이었다.

왜 우즈베크에서 카라칼팍 자치주를 허용했을까? 이곳에는 카라칼팍족이 존재하는가 아니면 투르크족이 거주하는가가 궁금했다. 우르겐치에서 누쿠스까지는 사막과 농경지, 그리고 수로 옆을 지나가야 했다. 타슈켄트로 가는 기차 길도 있었다. 사막을 지나가는 열차와 화물차의 전경은 그저 그랬다.

3. 카라칼팍 누쿠스의 대학교

카라칼팍은 전체 인구가 약 150만 명 정도이며 누쿠스 도시인구는 40만으로 추정되고 있다. 언어는 카라칼팍어 이며 대학교는 2개, 단과대학이 4개나 된다. 그 외에도 전문학교를 비롯한 의과대학교를 신설할 계획을 갖고 있다. 특히 고등학교 과정에는 전문 인력 양성을 위한 공업계 고등학교가 신축되고 있었다. 우즈베크 정부는 고등학교 신설에 적극적인 지원을 하고 있었다. 이는 누쿠스 주민들의 자녀출산율이 3-4명으로 높기 때문이다. 구소련 시절에는 이보다 더 많은 자녀들을 낳았으나 독립이후 경제적 어려움으로 자녀를 적게 출산한다는 것이다. 누쿠스 시내에는 소금이 올라오는 토양임에도 나무가 많았다.

카라칼팍주의 대학 교육열은 대단히 높다. 대학교 등록금은 1년에 500-600$정도이다. 그 가운데 20%는 등록금을 납부하지 않고 공부하는 그룹이 있다. 그 외에는 칸뜨라로 공부하기도 한다. 누쿠스시내의 대학교에서 장학생으로 입학을 하거나 공부하는 것이 매우 어렵다고 한다. 그래도 대학생들은 학교에서 정해진 학칙을 준수하고, 대학의 교무처에서 정해준 시간표에 따라 수업을 받아야 하고 참석한다. 개인의 선택이란 전혀 없다. 대학생들의 일주일 수업시간은 18-20시간을 의무적으로 수강해야 한다. 이것이 누쿠스의 대학교 모습이다. 우리나라는 한 학기에 최고 19학점에서 20학점을 들어야 하지만 이들은 일주일에 많은 양의 수업을 받고 있다.

4. 누쿠스의 땅을 밟다

우르겐치에서부터 긴 시간을 승용차로 여행한 후 오후 4시30분경에 누쿠스에 도착을 했다. 내가 처음으로 도착하여 땅을 밟은 곳은, 어느 고등학교와 대학교 그리고 도서관 앞 버스정류장이었다. 버스 정류장에는 퇴근하는 직장인들과 학교 수업을 마치고 집으로 가려는 학생들로 가득 차있었다.

버스 정류장에서 현지인을 기다리고 있는데 젊은 청년이 다가왔다. 그 청년의 모습은 직장인 냄새는 나지 않았지만 깔끔한 양복차림이었다. 나중에 안 사실이지만 누쿠스 시내의 대학생들은 양복에 넥타이를 맨다고 한다. 그는 어디서 와서 어디로 가느냐고 물었다. 자기와 아무런 관계가 없음에도 외국인을 만나 대화를 나누었다는 것을 자랑이라도 하려는 것 같아 보였다.

버스 정류장에서 약 10분정도를 기다리자 현지인이 나와 반갑게 맞이해 주었다. 그는 자기가 아는 호텔을 안내 한다며 승용차에 탈 것을 권했다.

누쿠스 시내에는 아주 오래된 것 같은 차량들이 많았다. 그 가운데 가장 눈에 띄는 것은 티코와 다마스 미니버스였다. 우리 일행은 구소련시대에 생산되었을 것 같은 승용차를 타고 그가 안내하는 호텔로 갔다. 호텔은 박물관 바로 뒤편에 위치하고 있었다.

5. 카라칼팍 족은 언제 등장했을까?

카라칼팍 족에 대한 기원은 명료하지 않지만 1598년경에 최초의 보도가 있는 것으로 알려졌다. 카라칼팍 족에 대한 최초의 언급은 부하라 샤이바니 왕조의 압달라흐 2세가 시그낙 도시에 살고 있던 성인 지야오진에게 보낸 국서에서다. 여기서

시르 다리아 하류 지역과 시그낙 도시 주변에 사는 카라칼팍 족에 대한 언급이 있었다.

카라칼팍 족에 대한 학자들의 의견은 다양하다. 어느 학자들은 카라칼팍 족을 페체넥 족의 후손이라고 주장한다. 이들은 서돌궐 연맹의 일부를 구성하다가 시르 다리아 하류와 아랄 해 지역으로 쫓겨난 투르크 계통의 부족이라고 한다.

카라칼팍 족은 17세기 초 카자흐 족, 칼묵 족과 연합하여 부하라 왕국을 급습하였고, 1611년 잔 왕조의 이맘 쿨리 칸은 시르 다리아 하류지역 징벌을 위한 원정을 감행하였다. 그는 그곳에서 카자흐 족, 칼묵 족, 카라칼팍 족을 죽이기도 하고 포로로도 잡아갔다.

6. 카라칼팍에서 투르크메니아가 가깝다고……

투르크메니아는 카스피해 근처에 있고, 이란과 국경을 이루고 있다. 내가 알기로는 투르크메니아는 천연가스로 유명한 곳이다. 가스전 매장량이 14조m로 추정된다. 이 매장량은 전 세계가 5년간 쓸 수 있는 양이다. 투르크메니아는 러시아, 이란, 카타르에 이어 세계 4위의 천연가스 매장국으로 급부상했다.

중앙아시아의 자원부국인 투르크메니아에 천연가스는 기존에 알려진 전국 매장량이 약 2조 6,700억m에 달한다. 우즈베크와 가까운 투르크메니아는 천연가스로 대박이 났다. 이 국가를 중심으로 중국과 러시아, 유럽이 천연가스 확보를 위해 눈독을 들이고 있다.

카라칼팍은 작은 자치 공화국이다. 이 공화국 사람들은 강추위와 사막, 부족한 것이 많이 있어 보이지만 나름대로 자존감을 갖고 산다. 이들 주변의 열강들과 경쟁하며 삶을 헤쳐 가는 모습이 아름답고, 많은 젊은이들이 기독교에 관심을 갖고 있는 것도 복이다.

22 고려인 그들 강제 이주 70년

UZBEKISTAN

1. 구소련 강제이주 70년

우즈베크에서 고려인을 만난다는 것은 참으로 귀중하다. 2007년 러시아를 방문했을 때 고려인들과 함께 지내기도 했었다. 그들은 한국의 문화와 전통, 우리 민족의 언어를 사랑하고 있었다. 그들은 우즈베크의 수도 타슈켄트 교외 시온고에서 머물러 살고 있다. 그곳은 우즈베크의 유일한 고려인 마을이다. 그곳을 방문하지는 않았지만 가장 많은 고려인들이 향수를 달래며 사는 곳이라고 한다.

우리 민족인 고려인들이 일본 식민지에서 벗어난지 62년이나 흘렀다. 대한민국 건국 61주년이 되는 해가 2009년이다. 고려인들은 여러 가지 역사적인 사실들을 놓고 민족통합과 정체성을 확인하는 축제를 개최하려고 노력한다. 그러나 화려한 한국의 국경일 행사 뒤에 가려져 한국에서는 아무도 관심을 갖고 있지 못하다. 특별히 2007년은 구소련의 독재자 스탈린이 극동의 고려 사람들을 중앙아시아로 강제 이주 시킨 지 70년이 되는 해였다. 그들은 언어와 문화, 정치구조가 다른 낯선 땅에서 인내와 근면함으로 험난한 세월을 견뎌왔다. 1992년 중앙아시아 지역의 독립과 더불어 카레이스키들은 제2의 고난을 맞이하기도 했다. 그러나 한국의 경제발전과 우즈베크를 비롯한 중앙아시아 지역에 불고 있는 한류열풍을 재기의 발판으로 삼고 있다.

2007년 말 주요독립국가연합(CIS)에 체류 중인 고려인은 다음과 같다. 러시아에는 19만 명 살고 있는데 체류국 국적을 가진 자는 15만 명이고 4만 명은 타 국적을 가진 사람이다. 우크라이나에는 3만 4,000명이 있지만 1만 2,000명 만이 국적을 취득했을 뿐이고 나머지 2만명은 타 국적을 소유하고 2,000명은 무국적자로 남아 있다. 우즈베크의 고려인은 17만 명인데 그중 15만 5천 명은 국적을 소유했지만 나머지 1만 5천 명은 국적을 소유하고 있지 않다. 카자크는 10만 명 가운데 10만 명이 국적을 취득한 것으로 알려져 있다. 구소련 지역에 사는 고려인들을 보통 "카레이스기"라고 부른다. 이들은 일제시대에 독립운동이나 생계를 위해 극동러시아 지역에 정착했던 조선인들이다. 1937년 스탈린의 소수민족 강제 이주 정책에 따라 중앙아시아로 쫓겨 가게 되었다. 러시아말로 카레이스기라고 불리는 고려인들은 주로 우즈베크, 카자크 등지에서 억척같이 황무지를 일궈 가장 성공한 소수민족으로 꼽기도 한다. 그러다 1991년 구소련이 해체되면서 15개 독립국가로 분리되자 배타적 민족주의 바람이 불면서 설 곳을 잃어버리고 여러 지역에 흩어져 살고 있다.

고려인에 대한 국적 회복을 위해 국가에서 적극적으로 나서야 한다고 본다. 고려인들의 국적 회복문제나 정착촌 건설은 다른 소수민족과의 형평성 문제로 민감한 사안이라 해도 우리 민족은 우리가 챙기는 모습을 보여주어야 한다.

2. 가스, 논밭을 일구며

　　우즈베크로 건너온 고려인들은 "그곳에서 죽으랴"고 보내졌지만, 오히려 그 땅을 일궈 기름진 곳으로 바꾸어 놓았다. 구정은 기자가[70] 취재한 어느 고려인은 이렇게 말한다.

　　"어머니 따라 9월에 기차에 실려서 스무이레동안 왔댔지, 우리도, 우즈베크 사람들도 서로 말 모르지. 말 조금씩 배워가고, 첫 시작모지(무지)바쁘게 살았댔어. 고려 사람들, 정말 바쁘게 살았어."[71]

　　고려인들은 대부분 갈밭(개펄)이라고 하는 황무지에서 1941년 영농조합을 만들 때까지 열심히 일했다. 고려인들은 형제간도 잊을 정도로 열심히 일해 왔다는 것이다. 고난을 극복하면서 논밭을 일궈내었다. 스탈린은 고려인들을 죽으라고 갈밭에 보냈지만, 그들은 그곳을 논과 밭으로 만들어 생존했다. 그 덕분에 구소련시절에는 노력영웅이란 칭호를 21명(1970~1980년대)이나 받기도 했다.
　　그러나 고려인들은 1992년 우즈베크의 독립이후에 많은 시련을 겪었다고 한다. 우즈베크 정부는 주류 민족인 우즈베크 족을 관공서와 공공기관에 임명함으로 고려인들을 정부의 요직에서 밀어 내었다. 그 이유는 러시아어만 알고 우즈베크어를 알지 못했기 때문이란다. 우즈베크 내의 고려인들의 어려움은 그때부터 극심했으나 한류 열풍을 힘입어 재기를 위해 노력하고 있다.
　　그 외에도 8년 전 우즈베크에 건너온 샤사 윤씨(41)는 농장에서 불이 나는 바람에 여권을 잃어버려 무국적자가 되었다. 그의 아버지는 공산당 간부까지 지냈고 자신도 대학을 나왔지만 신분증이 없이 여기서 할 수 있는 일은 농사밖에 없다고 말했다. 러시아 여인과 결혼했으나 혼인신고를 하지 못하고 있고 두 살 난 아들의 출생신고도 하지 못했다고 한다. 신분이 불확실한 고려인들은 값싼 소작농으로 전락해 임금도 제대로 못 받고 수확한 농산물도 헐값에 넘겨야 하는 일이 비일비재하다.

고려인들이 늘 소중하게 간직하여야 할 것은 바로 신분증인 여권이다. 여권은 그들에게 생명이다. 여권을 상실하게 되면 경찰 단속에 쫓기고 언제 강제 추방될지 불안할 뿐 아니라 자녀의 출생신고도 못할 뿐아니라 2세들의 진학, 취업도 어렵다.

3. 한국의 경제와 문화 실감 ▍

고려인 공동체는 최근 한류 열풍으로 희망을 갖고 있다. 실제로 우즈베크에서 텔레비전을 켜면 한국의 경제, 문화의 위력을 실감할 수 있다. 한국 기업들의 우즈베크 진출과 한국 상품의 선호도, 한국어와 문화에 대한 관심이 높아가고 있다. 나는 한국어학당에 가본 적이 있다. 그곳은 수많은 우즈베크 남녀들이 모여 한국어를 배우고 있었다. 그들은 경제적으로 앞서 있는 한국을 방문하기 위해 한국어를 공부하고 있는 것이다.

작년 러시아에서 만난 고려인도 우즈베크에서는 고위층으로 생활하였으나 이제는 가장 낮은 자의 마음으로 산다며 고통의 눈빛을 보여주기도 했다.

4. 한국어 열풍과 취업 ▍

타슈켄트 중앙에 한국어 교육원이 있다. 하얀 눈이 내린 교육원 출입문에서 계단까지 걸어가는 동안 미끄럽지나 않을까 매우 조심을 했다. 현관문을 열고 들어가자 커다란 로비에 고려인들과 우즈베크 사람들이 줄지어 앉아 있다. 그들은 로비 천정에 매달아 놓은 한국어를 보고 들으면서 글자를 외우고 있었다. 한국어 시험에 합격하기 위해 듣기, 쓰기, 읽기 공부를 위해 시간을 내어 이곳에 모여든 것으로 보인다.

이들이 한국어를 배우려는 것은 우선적으로 건설과 자원개발을 위해 이곳에 진출한 한국 기업에 취업을 하기 위해서다. 2003년부터 주체할 수 없을 만큼 밀려오는 오일머니로 제2의 두바이로 꿈을 꾸고 매년 10%의 경제성장률을 보이는 카자크, 특히 수도 알마티에는 갑자기 불어 닥친 한류 열풍과 한국기업 진출로 통역 등, 한국어 구사력을 갖춘 자가 필요해 진 것이다. 한국어를 잘만하면 안정적인 직업을 얻을 수 있다. 우즈베크의 최귀영 기자에 의하면 한국어 통역자에게는 1년 계약으로 600-1,000달러를 급여로 제시한다고 한다. 우즈베크의 대졸 초임이 100달러 정도에 불과한 점에 비하면 상당한 수준의 급여라는 것을 알 수 있다. 일부 업체에서는 전문용어를 구사하는 통역자에게는 월 1,500달러까지 지불하고 있는 것으로 알려지고 있다.[72] 아무튼 우즈베크의 한국어 열풍은 거세다. 한국어를 잘하는 사람은 귀하신 몸으로 귀한 대접을 받고 있다. 그러나 여기 고려인들은 조상들로부터 배워 온 한국어를 구사하지만 전문용어까지는 분명하게 구사하지 못하는 것으로 알려져 있다. 누구든지 한국어를 조금만 잘하면 풍요로운 삶을 살 수 있는 곳이 우즈베크다.

5. 한국인이란 정체성

고려인들은 북조선이건 남조선 출신이든지 "나는 한국인"이라고 말하는 자가 많다. 이주 1세대이던 2세이던 그들은 한국인이란 자부심으로 산다. 그들은 극동지방의 한인들이 화물칸에 실려 중앙아시아 여러 지역으로 옮겨졌었다. 그들이 간 곳은 돌밭과 갈대밭이었지만 밤낮으로 열심히 일한 결과 노력영웅이란 칭호를 들었으며, 그들의 농장은 날로 발전해 왔다는 것이다. 그들은 한결같이 한국의 피가 흐르고 있다는 정체성을 분명하게 드러낸다. 그러나 젊은 세대에 있어서는 한국인이란 정체성이 흔들거리고 있다. 어느 대학생은 나는 한국인도 아니고 우즈베크인도 아닌 고려인이라고 말한다. 그 이유는 고려인들은 우즈베크인들로부터 차별을 받고 있으며 한국인들로부터도 차별받고 있기 때문이란다.[73] 어느 여학생은 "우리 고려인들은 우즈베크나 러시아에서 계속 살고 싶어 하지만 스스로는 한민족이라고 생각하는 이중적인 존재"라고 말한다. 이들을 위한 한국정부의 관심과 우즈베크를 사랑하는 사람들이 양로원 건설과 젊은 세대를 위한 직업기술 훈련센터 건립을 통해 그들의 정체성을 확보할 수 있도록 도움을 주어야 할 것이다.

6. 고려인들은 개고기를 먹을까?

한국 사람들은 보양식으로 보신탕을 먹는다. 사계절 먹는 음식이라 사철탕이라고 하지만 많은 나라에서 혐오식품으로 알려져 있다. 그래도 많은 사람들이 보신탕을 먹는 것은 어쩔 수 없는 것 같다.

우즈베크에서도 개고기를 먹을까? 이는 상상할 수 없는 말이다. 왜냐하면 우즈베크는 이슬람 국가로 돼지고기나 개고기 먹는 것은 금기다. 그러나 인구 88%가 이슬람교도인 우즈베크의 푸줏간에서는 개고기가 돼지고기, 쇠고기와 함께 팔리고 있다. 쇠고기와 돼지고기는 1kg에 2,500솜(한화 약 2,000원정도)이지만 개고기는 10배가 넘는 2만 5천 솜이라고 한다.[74] 왜 개고기가 비싼가라고 물으면 대답은 시원치 않을 것이다. 그런데 놀랍게도 우즈베크의 동부 도시인 안디잔의 시장에서는 스탈린 시절 연해주에서 강제로 이주해온 고려인들이 즐겨먹던 개고기가 우즈베크인들 사이에 영양식으로 알려지면서 먹게 되었다고 한다. 결핵에 걸린 사람, 감기로 고통을 겪는 사람들이 타슈켄트까지 가서 보신탕을 먹는다고 한다.

이슬람 율법학자들은 비록 치유를 목적으로 개고기를 먹어도 율법위반이라고 딱 잘라 말하지만 건강한 사람들도 보양식으로 개고기를 찾는다고 한다. 아주 건강해도 개고기를 즐겨먹는 사람이 증가하고 있는데 그 이유는 "맛있고 감기도 안 걸리게 해준다"라며 다른 나라에서는 개구리나 뱀도 먹는데 먹지 못할 이유가 무엇이냐고 반문한다는 것이다. 나는 우즈베크에서 돼지고기, 양고기, 쇠고기를 먹어 보았다. 이슬람 국가에서 개고기가 팔린다는 것도 의아할 뿐이었다. 먹는 것 가지고 탓할 수 없지만 종교적 신념에서 금기로 여기는 것을 먹는 것 자체가 아이러니컬했다.

23
UZBEKISTAN

우즈베크를 향한 마음과
사랑, 그리고 전략

1. 우즈베크의 기독교인 모임[75]

　　지난 2008년 4월 3일 우즈베크의 사마르칸드(Samarkand) 시(市)의
한 기독교인 가정에서 모임을 갖고 있던 기독교인들이 경찰에 연행되는 사
건이 발생하였다고, 국제 기독교 단체 바나바 재단(Barnabas Fund)이 밝
혔다. 무슬림 국가에서 박해 받는 기독교인들을 지원하는 바나바 재단은 우
즈베크 경찰이 기독교인의 집에 난입하여 책과 컴퓨터를 압수하고, 모여 있
던 기독교인들을 잡아갔으며, 붙잡혀 간 기독교인들은 경찰서에서 심하게
폭행을 당했다고 공개하였다. 바나바 재단에 의하면, 보부르(Bobur)라고
불리는 기독교인 한 명만 제외하고 다른 기독교인들은 모두 풀려났으며, 보
부르는 아무런 기소도 없이 3일간 경찰서에 구속되어 있었다. 경찰은 보부
르가 종교적 증오심을 선동하였다는 혐의를 뒷받침할 증거들을 찾았으나,
성공하지 못한 것으로 알려지고 있다.

　　우즈베크에서는 공권력에 의한 교회 탄압이 증가하고 있다. 많은 교회
와 기독교인 가정들이 경찰에 의해 난입당하고 기독교 문서들이 압수당하

고 있다고 우즈베크 기독교인들은 말한다.

> 우즈베크의 많은 기독교인들은 지하 가정교회에서 모이는데, 최근 수년
> 동안 우즈베크에서 단지 3개의 교회만이 당국으로부터 종교 단체 등록
> 을 허가 받았을 뿐이며, 그 반면 무슬림 사원은 지난 한 해 동안 2천5백
> 개가 정부의 등록을 마친 것으로 알려진다.

이반 빅코브(Ivan Bickkov) 침례교 목사
는, "최근 수년 동안 우즈베크의 종교 자유 상
황이 악화되었으며, 우즈베크 정부가 교회와
기독교인들을 점점 더 강하고 심하게 탄압하
고 있다"라고 말했다. 또한 빅코브 목사는 테
러 용의자로 분류되어 우즈베크 정부에 의해
러시아로 추방당하였는데, 그의 추방의 실제
이유는 "교회를 개척하는 등의 종교 활동 의심"이라고 한다.

카리모프(Karimov) 우즈베크 대통령은 우즈베크의 종교와 정치 상황
이 안정되어 있다고 변호하지만, 그의 비판 세력은 그가 반대 세력을 억압
하기 위해 종교적 갈등을 이용한다고 비난하고 있다. 카리모프 대통령은 지
난 1989년 권력을 장악한 이래 지금까지 정권을 유지하고 있다. 지난 1995
년 국민투표가 실시되어 카리모프 대통령의 임기가 2000년까지 연장되었
고, 지난 2002년 또 다시 국민투표가 실시되어 대통령의 임기를 5년에서 7
년으로 연장했지만, 카리모브 대통령의 임기가 지난 2007년 1월로 만료되
었다는 사실은 잘 알려지지 않았다고 우즈베크의 정치 상황을 감시하는 국
제단체들은 말한다.

지난 2007년 12월 실시된 선거에서 카리모프는 다시 대통령으로 당선
되었으며, 반대 세력과 국제 사회는 이러한 그의 권력 장악이 지나치다고

비난하고 있다.

우리 기독교인들은 우즈베크에서 공권력에 의해 자행되는 종교 탄압 행위가 그치고, 우즈베크에 종교와 정치의 자유가 보장되도록 기도해야 한다.

2. 우즈베크의 선교적 상황 변천 과정

우즈베크의 선교는 환경적으로 어려운 곳이다. 한국계 선교사들의 활동을 중심으로 현지의 선교적 상황을 공개적으로 논의하는 것은 쉽지 않다. 그러나 우즈베크에 대한 선교적 상황의 변천 과정은 크게 4기로 나누어 볼 수 있다.

제 1기는 1991년에서 1997년 5월까지다. 초기 선교사들의 활동은 종교비자를 받고, 비 등록 된 교회를 개척하여 사역하며 NGO단체를 설립하여 봉사하였다. 사역대상은 고려인 중심의 러시아어 사용자와 소수민족을 대상으로 한 사역이었다. 그러나 1997년 5월 우즈베크 정부는 외국인 선교사들에게 종교비자 제한에 대하여 발표한 후 간헐적으로 선교사들을 추방하기 시작했다. 이는 우즈베크 선교가 어려워지고 있다는 증거였으며 더욱 외국인에 의한 종교적 활동을 제한하는 조치였다.

제 2기는 1997년부터 2002년까지다. 우즈베크 정부가 NGO의 우대정책을 실시함으로 외국인 봉사자들의 활동이 활성화되었다. 하지만 외국 선교사들에 대한 비자발급 제한으로 인하여 목회자들은 우산 아래로 이동하게 되었고 계속적으로 교회사역을 하였으나 선교활동은 더욱 어려워졌다. 우즈베크를 사랑하고 그 영혼을 품기 위해 헌신적으로 사역하려는 외국인들의 활동이 위축되어 가는 동안 전문인 사역에 대한 관심을 갖게 되었다. 전문인 사역자들은 주로

고려 사람들과 러시아계, 그리고 우즈베크 및 중앙아시아계를 대상으로 일하려고 노력했다. 그러나 이런 사역도 많은 어려움이 뒤따랐다. 특히 언어와 컴퓨터, 장애인을 위한 의료봉사 등에는 많은 인적 자원과 물자 공급이 이루어져야만 했기 때문이다.

제 3기는 2002년 후반에서 2004년도다. 이때는 정부의 NGO 활동 규제 강화로 인해 어려움이 많았다. 특히 외국 단체들에 대한 정부의 강력한 조치와 조사, 모든 단체에 대한 강력한 재정 감사 및 출처 조사로 인하여 NGO를 통한 우즈베크의 변화 추구는 어렵게 되었다. 이로 인하여 고려인들에 대한 사역이 위축되었을 뿐 아니라 고려인들의 러시아 지역 및 인근 중앙아시아로 이동하였고 사역자들은 추방되었다. 외국 단체는 구속되거나 벌금형을 받았고 교회 폐쇄 조치를 당하는 등 많은 어려움을 겪었다. 2005년 5월 동부지역 소도시인 안디잔에서 발발한 사태의 원인이 우크라이나와 키르키즈의 시민혁명의 영향과 미국 중심의 외국 NGO 개입으로 알려지면서 우즈베크의 선교는 점점 더 어렵게 되었다.

마지막으로 2005년부터 현재까지로 볼 수 있는데, 이때는 NGO 단체들의 폐쇄로 인해 선교 활동이 더욱 약화되었다. 많은 사역자들이 정부로부터 추방당했는데 이로 인한 현지교회와 가정교회들의 위축은 지금까지도 지속되고 있는 상황이다. 무엇보다 외국인 및 현지교회 지도자들의 위축된 사역은 우즈베크 복음화의 길이 점점 어려워져가고 있음을 보게 한다.

특히 2006년 11월에 2부작으로 텔레비전에 방영된 프로그램으로 인해서 우즈베크의 어떤 교회는 직격탄을 맞았다. 2006년 11월에 우즈베크 정부가 한인교회에 무단 침입하여 담임목사 및 성도 2명을 추방하는 비참한 일이 발생했다. 이로 인하여 교회는 폐쇄되고 성도들은 자유로운 예배조차도 드리기 어렵게 되었다.

우즈베크의 선교적 변천 상황은 선교사들의 갈등을 가져오게 되었고, 어떤 도전에 대하여 어떻게 방어를 해야 할 것인가에 대해 고민하도록 만들었다. 특히 자신과의 싸움과 선택, 교회 성장을 고려하면서 공동체 안에서 갈등을 어떻게 해소해 나가야 할 것인가를 고민해야만 했다. 특히 현지 형제들과 긴밀한 관계 및 갈등요인을 해결하는 것이 딜레마였다. 아무튼 하나님을 바라보는 삶 외에는 밝은 빛이 보이지 않았다.

나는 우즈베크의 선교적 상황이 어려운 것은 우선 정치적 배경이 크다고 본다. 우선, 집권자들의 장기집권 야욕이 국민계몽 운동을 통해 국민들의 시야가 더욱 열려지는 것을 부정적으로 보면서 외국인을 반사회적 인물로 추정하기 때문에 추방하는 것이다.[76] 특히 사회봉사 단체들에 대한 재정 감사를 통해 종교단체로부터 유입되는 재정 후원을 차단하고 폐쇄를 한다. 둘째는 종교적 배경이다. 기독교에 대하여 배타적인 태도를 갖고 있는 이슬람지역 또는 종교지도자들이 자신들의 기득권을 침해하는 선교사들을 부정적인 시각으로 바라본다. 여기서 부정적 시각이라 함은 국민들을 선동하거나 글을 깨우침으로 정부에 도움이 되지 않는다고 판단하는 것이다. 아무튼 외국인에 대한 부정적 시각이 활동제한의 원인이 된다. 마지막으로 사회문화적 배경을 빼놓을 수 없다. 우즈베크는 2005년의 안디잔 유혈폭동을 예사롭게 보고 있지 않는다. 이 사건은 유럽, 미국의 인권 운동가들의 집요한 요구를 거부함과 동시에 국민 계몽운동의 중심에 서 있는 선교사들의 활동을 서방 세력의 도구로 파악함으로써 그들을 억제하고 추방시킨 것이다.

강희영은 추방 선교사에 대한 현지 사역의 현황 파악과 재훈련의 필요성을 역설한다. 그리고 선교사는 물론 자녀들에 대한 멤버 케어를 통한 돌봄을 주장한다. 그리고 추방 선교사의 정체성이 무엇인가를 언급하면서 두 가지를 말한다. 하나는 어려운 지역에서 성공적으로 사역한 신앙의 영웅적인 모습과 선교현장에서 지혜롭게 사역하지 못한 것으로 인해 실패한 선교사의 모습이라고[77] 말한다. 그는 추방 선교사의 고통은 이루 말할 수 없다고 고백한다. 선교사에 대한 시각의 변화, 쉬고 있는 선교사, 일 없는 선교사로 보는 것이 선교사의 정체성까지 흔들어 놓는다고 말한다. 이제 우리는 추방된 선교사에게 고난의 종이라는 칭호를 주기 보다는 그들을 위로하고 격려하는 자세와 관심을 가져야 한다. 선교사가 힘들게 사역하다가 고국에 돌아왔을 때 아버지의 심정으로 돌보는 것이 더욱 필요하다.

3. 유엔 병원과 한국인

나는 평생 최고로 추운 겨울을 선교지에서 보냈다. 체감온도가 무려 영하 35도가 넘었다. 다행히 내가 입고 있던 옷(등산복을 장비라고 함) 덕분에 추위를 이길 수 있었다. 바람과 추위, 배고픔과 일에 대한 심리적 억압, 언어의 장벽으로 힘이 들었지만 결과는 매우 만족스러웠다. 건강이 약화되어 유엔 병원에 입원했던 것도 추억이 되었다. 유엔 병원에서는 한국인 의사를 만나 자세한 병명과 처방을 받고 한인 식당에서 점심을 먹었다. 오랜만에 먹는 한식은 나의 입맛을 돋우었다. 식사를 하는 동안 몸에서 땀이 흘러내렸다. 점심을 먹고 난 후 시내의 신학대학원을 방문했다. 학교는 마을 골목 안에 있었다. 눈은 녹지 않아 얼어 있는 상태였고 나무 대문을 열고 들어서자 마당이 있었다. 10m 정도의 마당, 그리고 학교 건물이 있었다. 사무실과 강의실, 어느 학생의 생일이라며 강의실에서 파티 후에 케이크를 먹고 있었다. 학생들과 짧은 인사를 나눈 후 사무실에서 이것저것을 질문한 후 곧바로 나를 초대한 한인 집으로 이동을 했다. 해가 서쪽으로 기울어지고 있는 시내의 전경은 밝아 보이지는 않았다. 타슈켄트에서의 마지막 밤은 겨울바람으로 인해 더욱 스산했다. 어둠속에 웅크리고 있는 듯한 타슈켄트 시내 전경은 쓸쓸해 보이기만 했다. 나는 타슈켄트 시내에서 가장 크다고 하는 모스크 사원 옆을 지나가게 되었다. 최근 들어 이슬람 사원에 젊은 층이 가장 많이 모여 들고 있으며 매주 금요일에는 도로까지 사람들이 가득찬다고 한다. 나는 이곳에서 이슬람의 경전인 꾸란을 구입해 줄 것을 요청하기도 했다.

시내를 통과하면서 아름다운 공원과 사람들의 모습, 타슈켄트의 다양한 소식을 들으며 한인 집으로 향했다. 타슈켄트의 한적한 아파트에서 사는 한인 가족과 대화는 의미가 있었다. 따뜻한 온기와 식사, 그리고 한국인과의 깊은 사랑의 대화는 나를 한없이 감사하도록 만들었다. 얼마 있으면 우즈베크를 떠나야 할 시간이다. 깊은 밤에 공항으로 가서 한국으로 가야만 했다. 이제 우즈베크를 떠나면 언제 다시 올 수 있을까? 기약이 없었다. 그러나 아직도 내 귀에는 우즈베크 사람들이 한국을 좋아한다고 했던 말이 맴돌았다. "한국은 저희 우즈베크를 먹여 살리고 있어요. 정말 좋은 나라지요." 어느 시골 노인의 말이 지금도 들려온다. 이 말 때문에 그런지 우즈베크가 더 사랑스러워졌다.

4. 우즈베크 선교를 디자인하라

전 세계에 떠오르고 있는 트렌드가 있다면 디자인과 경영과 통합이다.[78] 선교학계에서 가장 이슈가 되는 것이 있다면 현지 상황에 맞는 선교를 디자인하는 통전적 관점이다. 선교는 수 천 명의 현지인을 만나면서 선교전략, 현지 사역자들과 같은 테이블에서 사역의 초점이 무엇인가를 놓고 서로 토론해야 한다.

선교사, 현지 지도자와의 대화는 다양하게 나올 수 있다. 현지인이 교회에 왔을 때나 그들이 느낄 법한 얘기를 할 때에도 우리는 심도 있게 들어야 한다. 선교사는 한국에서 모든 훈련을 받은 자로 분석적이며 논리적인 사고에 익숙한 자들과 차이가 있을 수 있다. 그들과 다른 시각에서 보는 관점을 놓고 선교 현장을 디자인할 마음을 가져야 한다. 그러니까 철저한 디자인 사고(design thinking)를 선교조직에 도입함으로써 오늘날 최고의 선교현장 전략가가 될 수 있다.

선교현장을 디자인하기 위해 넘어야 할 산이 있다. 선교사는 선교지도를 그리는 단순한 사람이 아니다. 난해하고 불확실한 상황을 보면서 패턴을 발견하고, 그 패턴을 눈에 보이는 구체적인 모습으로 형상화시키는 (visualize)능력을 가진 자다. 더 나아가 고정관념을 넘어 자유롭게 영역을 넘나들면서 융합적으로 사고하는 자이다. 이를 경제논리로 말하면 혁신, 창조 경영 등으로 재해석하기도 한다.

선교사에게 더 중요한 것은 선교현장을 디자인하려고 할 때 디자인 팀을 구하려고 노력하지 말아야 한다. 선교사 자신이 디자인 팀장이 되어야 한다. 현지인의 성격, 추구하는 가치 등에 따라서 선교 환경디자인을 제공해야 한다. 그리고 선교사는 현장을 관찰한 다음 하나의 그림을 통해 디자인으로 만들어서 현지인들에게 보여주고 공유를 해야 한다. 그래야 수정 가능하고 새롭게 발전할 가능성이 높다.

반대로 부정적 측면에서 선교사가 현지의 역사, 문화, 전통, 종교, 사회 구조에 대한 지식이 없이 자신의 디자인 취향에 따라 정하는 자라면 최악의 디자인일 뿐이다. 마치 생수회사의 경영자가 파란색을 싫어한다고 해서 소비자의 감성과는 무관하게 빨강색으로 생수통을 만든다면 그게 바로 최악의 디자인인 것이다.[79] 선교는 현장과 맞아야 하고, 현장의 방법을 무시한다면 디자인은 실패하게 된다.

5. 선교현장을 하나님의 세계로 창조하려면 늘 움직이고 변화해야 한다

　　여기서 "하나님의 세계로 창조하려면" 이라는 말은 무슨 의미인가 의아해 할 것이다. 이는 하나님의 거룩한 이름으로 아름다운 세상을 만드는 선교사란 의미다. 선교사가 갖고 있는 영적 역량을 최대한 발휘하여 거룩한 문화를 만드는 것이 하나님의 세계로 창조다.

　　역사적인 인물들 가운데 모차르트, 베토벤, 레오나르도 다빈치···. 우리가 천재라고 부르는 예술가들의 창조성의 원천은 무엇인가라고 질문하는 자가 있다. 그들은 한결같이 예술가적 소질 또는 창조성은 타고난 것이라고 말할 것이다. 이런 사고는 생각을 혁신하고 변화하지 않는 것에 대한 핑계거리다.

　　그런데 아이러니컬하게도 창조성이 선천적인 것이라는 관념을 가장 거부하는 사람이 창조적인 천재들이라고 한다. 그러나 하나님 나라 창조는 노력 없는 창조성으로 이루어지는 것이 아니라 "하나님 나라 건설을 위한 노력을 습관화하는 것"이다. 어떻게 하면 하나님의 거룩한 문화도시로 만들까 고민하고 뛰어다니는 것이 소중하다는 것이다.

　　선교사를 통해 선교현장에 대한 창조성을 기르고, 변화를 이끌기 위해서는 무엇을 해야 하는지 알아야 한다.

　　첫째, 하나님의 세계를 창조하려는 자는 준비하는 습관, 성실함이 필요하다. 사람은 천부적인 재질이 없어도 사역을 위한 끊임없는 준비와 성실성만 있다면 가능하다.

　　둘째, 하나님의 세계를 아름답게 하려면 모방을 해야 한다. 우리가 타인의 것을 모방하게 되면 독창성이 떨어지게 될 것이라고 우려하게 된다. 그렇지 않다. 내가 하고 싶은 말은 다른 사람들이 한 큰 일 때문에 너무 주

눅 들지 말고 최선을 다하라는 것이다. 우리가 잘 아는 브람스는 뛰어난 음악가다. 그는 베토벤을 너무나 사랑하고 존경한 나머지 40대 중반이 되도록 교향곡 1번을 내놓지 못했다. 그의 생애에 절반을 버릴 정도로 많은 시간이 걸렸다. 하지만 그는 부정적인 마음과 두려움 때문에 걱정을 많이 했는데 일단 자기의 길을 계속 밀고 나갔다. 그리고 베토벤의 음악을 듣고 쓰고 베끼며 노력했다. 결과는 세계적으로 유명한 음악가로 부상했다.

물론 진정한 배움은 베끼는 것이 아니다. 모방은 다른 사람의 해법을 받아들이는 것이지만 배움은 다른 사람의 문제를 받아들이는 것이다. 세계적인 안무가 트와일라 타프[80]는 "같은 문제를 놓고 일하는 것은 배움에 방해가 되지도 않고, 독창성 결핍을 가져오지도 않는다"라고 말했다. 그렇다. 서구 선교사들의 사역과 이론에 대하여 비판만 할 것이 아니라 그들의 아름다운 선교 발자취를 모방하는 것도 오늘날 선교현장에서는 많은 도움이 된다.

셋째, 선교현장의 변화를 즐겨야 한다. 선교사의 사역은 전통적 방법도 소중하지만 사역현장의 변화를 즐길 줄 아는 것이 중요하다. 왜냐하면 사역을 위한 좋은 아이디어를 어디에 사용해야 할 것인가를 고민해야 한다. 나는 선교사역의 좋은 결과, 즉 근본적인 변화는 노력과 진정한 모험의 결과라고 생각한다. 그러나 진정한 변화는 실패를 경험한다는 것도 잊어서는 안 된다. 이때 실패는 많은 사람들이 이해하는 그 실패가 아니다. 실패는 자신이 정체되고 사역에 대한 흥미를 잃어가고 있을 때다. 그러나 진정한 실패는 훈장과도 같은 것이다. 뭔가 새롭거나 다른 일을 시도했다는 점에서다. 가장 바람직한 실패는 공개되지 않은 사적인 실패다. 그리고 공개적으로 실패를 경험하는 일도 있을 것이다. 그때의 실패는 아주 가슴 아픈 일이지만, 실패는 선교사 자신으로 하여금 자제하게 하고, 새로운 것을 만들어내도록 할 것이다. 그러므로 선교는 늘 변화를 즐겨야 한다.

넷째, 선교는 멘토링을 통해 전략을 확대해 나가야 한다. 우즈베크는 겉은 매우 자유롭지만 이슬람외의 다른 종교에 대해서는 그리 반가워하지 않는다. 우즈베크에서의 선교는 철저하게 현지 상황을 잘 파악하고 논리에 맞는 전략을 세워나가야 한다. 그리고 공개강좌나 공개적인 집회보다는 멘토링을 통해 사역하는 것이 바람직하다. 멘토는 철저함에 대한 고집이다. 멘토가 선교사를 선택하는 것보다 현지인 스스로 멘토를 받을 수 있는 동기를 주어야 한다. 무엇인가를 붙잡거나 잡도록 선교사가 멘토의 대부가 되어야 한다.

다섯째, 현지인의 개별 특성을 무시하면 절대 안 된다는 법칙을 고수하라. 마이크로 트랜드의 전도사라 불리는 마크 펜은 "고객의 개별 특성을 무시하고 똑같이 대하면 안돼..."라는 말을 서슴지 않고 내뱉는다. 그는 주요 마이크로 트랜드를 크게 사랑과 성, 직장생활, 건강과 웰빙, 10대들, 식품, 생활방식, 외모와 패션, 기술, 여가와 오락으로 분류한다. 그는 스타벅스와 아이팟이 왜 성공적으로 발전하고 있는가를 보라고 한다. 그리고 인기없는 조언이라도 옳다고 생각하면 직언을 하라는 말에 가치가 있다. 나는 마크 펜을 잘 모르지만 그의 작은 조언이 세상을 바꾸는 힘이 있다는 말에 동감한다. 마찬가지로 선교사 역시 현지인들의 개성과 특성을 인정하고 적절한 곳에 배치하는 것이 중요하다.

여섯째, 선교사역은 통찰력, 추진력, 상상력, 경쟁력을 가져야 한다. 최근 사막의 기적을 일궜던 두바이 리더십이 인기다. 경제성장, 신화, 두바이 리더십의 핵심에 대한 관심은 미래를 준비하고, 끊임없는 위기의식과 공공부분에서 경쟁력 등이다. 이러한 리더십이 오늘의 두바이를 만들었다. 그렇다면 선교사 역시 통찰력으로 선교지의 변화에 대한 청사진을 세우고, 추진력으로 선교자유구역이 되도록 멘토링을 통한 사역을 이루며, 억압과 핍박의 도시를 하나님 나라로 상상하면서 사역하고, 24시간 근무하는 자세로 경쟁력을 키워간다면 선교현장은 변화된다. 위의 사항을 위해 노력하지 않는 선교사는 언제든지 고국으로 돌아와야 할 것이다.

이상의 설명들은 우즈베크를 향한 사역의 기초를 제공한다. 하지만 보다 긴밀한 것은 그들의 문화에 대한 이해가 선행되지 않으면 선교는 불가능하다. 우즈베크는 변화하고 있다. 변화하고 있는 문화와 선교현장을 위해 무엇을 어떻게 해야 할 것인가를 고민해야만 할 때가 왔다.

6. 집중적 초토화 전략을 세워라

나는 우즈베크에 대한 관심과 사랑이 있다. 그 땅을 밟은 것만으로도 사랑한다고 말할 수 있다. 우즈베크는 아주 광활한 땅과 지하자원이 풍부한 나라다. 지금은 우리가 한국의 대우자동차가 만든 차가 가장 많은 나라이기도 한 그곳에, 철저하게 영혼시장을 위해 집중적인 포화를 퍼부어야 할 때다. 김수욱 교수가 구전마케팅(Word of Mouth Marketing)의 저자 앤디 세르노비츠(Sernovitz)는 '진실의 순간'(Moment of Truth. Mot)을 강조했다. 여기서 진실의 순간이란 원래 투우사가 소의 급소를 찌르는 순간을 일컫는데 기업 경영에서는 "어떤 일에 있어 가장 중요한 결정적인 순간"을 뜻한다는 것이다.[81]

이러한 논리라면 선교사 역시 선교지의 영적 시장에서 직간접으로 현지인과 처음만나는 순간이 바로 진실의 순간이 된다. 그 진실의 순간에 불만을 경험한 현지인은 그 불만 내용을 15-20명 정도에게 하소연하게 된다. 반면 진실의 순간에 현지인 지도자와 현지인에게 어필해 충성 성도로 만들 수 있다면, 그들의 입을 빌려 새로운 성도를 쉽지 않게 확보할 수 있다.

진실의 순간이란 용어는 선교학에서 잘 활용하지 않는 용어다. 하지만 일반 경영학에서는 가장 중요한 전략의 하나로 자리 잡은 전략적 포지셔닝[82]을 적용하는데 있어서도 중대한 변화가 있음을 시사해 준다. 왜 이러한 전략을 사용해야 하는가라고 묻는다면 선교현장의 도전과 변화로 어려움에 직면하기 때문이다. 특히 선교사의 사역은 인간관계를 중심으로 하는 일이라 현지인들의 필요가 너무나 다양해지고 동질성을 찾기가 쉽지 않기 때문이다.

물론 역사가 오래된 선교단체 혹은 사역 경험이 풍부한 시니어 선교사들이 이런 표적현장을 동시에 공략할 수도 있다. 그러나 충분한 영적능력과 지식, 신학적으로 변증가능하고 자원과 역량을 가지지 못한 선교사라면 여러 지역을 동시에 공략하기가 쉽지 않다. 또한 충분한 인적자원과 지원이 풍부한 선교단체 혹은 선교사라도 요즘처럼 치열한 영적 환경에서는 모든 현지인들을 상대로 하는 사역을 지속적인 경쟁 위치를 향유하기는 어렵다. 최악의 어느 국가에서든지 선교적 역량을 확보하지 못할 수 있다. 즉 모든 것을 잘하려다가 어느 하나도 잘 못하는 일이 발생할 수 있다. 그러므로 선교사는 어떠한 환경에서든지 전문화된 역량을 집중적으로 발휘하는 전략이 보다 효율적이다.

이러한 전략을 통해 특정 국가에서 확실한 브랜드 이미지를 구축하게 되면 앞에서 언급한 것처럼 사역에서 만족한 현지인들의 입을 통해 다른 장소에서도 성도들을 만나게 될 것이다. 즉 구전효과의 확산을 기대해 볼 수 있다.

좀 더 구체적으로 말하면 하나의 지역, 한명의 현지인을 택해 올인하는 전략이다. 이를 집중적 초토화라고 부른다. 여기서 집중적 초토화는 하나의 지역이 될 수도 있다. 하나의 연령층이 될 수도 있고, 하나의 마을이 될 수도 있다. 중요한 것은 아주 좁은 목표 집단을 정해 집중적으로 공략하는 것이다. 영화 "주유소 습격사건"에 등장하는 무대포 건달 유오성이 "싸울 때 늘 한 놈만 집중적으로 두드려 패"라고 하는 것과 같은 이치다.

한국에서 커피전문점으로 유명한 스타벅스 역시 처음 한국에 진출할 때 집중적 초토화 전략을 사용했다. 서울에서도 가장 유동인구가 많은 종로, 광화문, 서울역에 점포를 개설한 것이다. 그 결과 스타벅스의 신선한 이미지와 양질의 서비스가 일반인들에게 각인되어 제 2, 제 3의 거점 지역을 차례차례 수월하게 공략할 수 있었다.[83] 나는 보직교수로 행정업무를 맡아 일하고 있다. 업무의 집중전략은 학생들에게 초점을 두어 면학분위기 조성, 장학금수혜자 확대, 감동서비스, 눈높이 대화, 입점 업체의 서비스 향상을 부르짖으며 일했다. 그 결과 만족한 학생들의 구전 효과로 인해 정직한 대학, 신뢰할 수 있는 학교행정으로 확실한 브랜드 이미지를 구축하고 있다. 이는 이후 자연스러운 학생층 확대를 통해 전국, 세계적 대학으로 성장할 수 있는 발판이 마련되어 가고 있다.

물론 집중적 초토화 전략이 항상 성공을 가져다주는 것은 아니다. 표적지역에 하나님 나라 건설을 올인하는데 따른 상당한 실패위험을 안고 있는 것도 사실이다. 따라서 초토화하기에 적당한 지역과 종족을 찾기에 앞서 먼저 선교사의 핵심 사역이 무엇이며, 철학이 무엇인지 파악해야 한다.

이러한 핵심 사역은 몇 가지 조건을 충족시켜야 한다. 첫째 향후 다양한 지역과 종족으로 진출할 수 있는 가능성을 제공하고 있는가? 둘째, 현지인들이 확실히 인지할 수 있는 말씀선포와 사역, 가치를 창출해 낼 수 있는가? 셋째, 타종교가 모방하기 어려울 정도로 진입장벽이 높은 경쟁력이 있는 사역인가 꼼꼼히 따져보아야 한다.

선교전략의 궁극적 목표는 무엇인가? 그것은 작은 그루터기를 그대로 잡고 있으면서 동시에 타종교로부터 신자를 빼앗아 오는 것이라 할 수 있다. 즉 죄와 사망으로 죽어가는 사단의 올무에서 빼앗아 오는 사역이다. 그것을 가능케 하는 것이 곧 차별화 전략이다. 하지만 갈수록 치열해지는 정치현실, 압력적인 타종교의 도전, 제도적 압제와 탄압에서 좋은 사역의 모델, 좋은 인격과 서비스만으로 확실한 차별화를 이룰 수가 없다. 차별화 효과를 극대화할 수 있는 선교목표에 대한 선구안이 필요하다. 그래서 표적지역 초토화와 같은 새로운 집중적 차별화 전략이 요구되는 것이다.

그러나 이러한 차별화 집중 초토화 전략에 장애가 되는 요인을 지혜롭게 피해할 것들이 있다.[84] 첫째, 선교사가 담임목사 직분을 독점하는 것. 둘째, 선교사가 세례 주는 것. 셋째, 현지 사역자 및 현지인들에게 봉급 주는 것. 넷째, 건물 짓는 것. 다섯째, 선교지를 한국화하는 것. 여섯째, 현지인을 한국에 방문하게 하는 것. 일곱째, 여름, 겨울 단기 팀을 무전략적으로 호스트 하는 것. 여덟째, 선교지에서 한국선교사끼리만 모이는 것. 아홉째, 순회 선교하는 것. 열 번째, 통역을 통해 하는 선교사역. 열하나, 독불장군처럼 단독 사역하는 것. 열둘, 잘못된 우선순위 등이다. 나는 김다니엘 선교사가 많은 고민을 하면서 잘 지적했다고 본다. 사실 현지 선교사들이 이러한 사역에 집중하고 있는데 이는 앞서 지적한바와 같이 현지인과 타종교인들이 볼 때 곱지 않는 사역이란 것을 알아야 한다. 선교사로서 집중초토화 전략을 구현하기 위해서는 적어도 탁월한 실력(Competence), 걸맞은 인격(Integrity), 불타는 열정(Passion), 갈등해결 기술(Conflict Resolution)을 익혀야 한다. 이를 위해 선교사는 영적 능력배양(성경을 하루 2시간 읽고 묵상), 리더십(필드리더십), 선교와 관련된 서적 정독이 필수적이다. 벧후 3:18절에 "오직 우리 주 곧 구주 예수 그리스도의 은혜와 저를 아는 지식에서 자라가라 영광이 이제와 영원한 날까지 저에게 있을 지어다"라는 말씀대로 늘 은혜와 지식이 자라도록 노력하여야 한다. 아무튼 선교는 모든 힘을 쏟아 붓는 집중적 초토화 전략이 필요하다. 이것이 선교사의 정체성이다.[85]

7. 우즈베크 선교의 위기가 곧 기회다

우즈베크는 중앙아시아에서 가장 활발하게 성장하려고 노력하는 국가이다. 1991년 독립이후 중앙아시아의 선교는 문이 활짝 열린 듯 보였다. 이것도 잠시일 뿐 지금은 외국인 선교사 90%가 추방된 곳으로 선교적 위기가 폭풍처럼 몰아치는 곳이다. 도대체 왜 이런 선교적 위기[86]가 오는지, 아니면 끝이 언제인지, 아니면 얼마나 더 악화될 것인지 궁금하기만 하다.

이런 문제에 대해서 전문가로서 답변하고 케어할만한 국가는 미국과 한국 선교학자 또는 선교단체라고 본다. 과거 18년 동안 한국교회는 우즈베크 선교에 많은 인적, 물적 자원을 쏟아 부었지만 2006년부터 현재까지 계속적으로 선교적 위기를 겪고 있다. 우즈베크는 기업이나 유학생 비자는 손쉽게 발급하면서 종교비자만은 발급하지 않는 곳이 되었다. 이는 선교사와 그 사역분야에서 초래된 위기이고, 두 번째는 현지인들이 주도적으로 한국선교사를 거부한 것도 포함된다. 이러한 어려움을 겪고 난 후 한국선교사들은 인근 국가로 사역지를 이동하고 있다.

선교사가 선교현장을 떠나 다른 국가로 옮겨 간다고 해서 근본적인 문제가 해결되는 것은 아니다. 우즈베크에서 왜 이런 선교적 위기가 있는가에 대한 근본적인 문제를 분석하고, 이를 어떻게 극복해 나가야 할 것인가를 고민했어야 한다.

한국선교사의 우즈베크 사역이 시작되었을 때를 뒤집어 보면 앞으로 중앙아시아의 정치와 종교가 어떤 방향으로 갈지 대강의 시나리오를 그려 볼 수 있다. 첫째는 과도한 경쟁적 선교와 쌀밥 선교를 했다는 실수를 깨닫는데서 부터 시작된다. 이 단계에서 보통 문제를 부정하는 것으로 시작하지만 결국 리스크의 가치를 재조정하고 자신의 유익을 위한 것으로 끝이 났다. 둘째, 실물 리더십의 본격적인 하강이 시작된 데서부터다. 선교사의 사역 년 수가 늘어나면서 선교현장 투자 자금 축소가 사역에 타격을 주었고, 현지인들은 구전효과를 통해 성도들의 참여율이 저조하면서 발생하게 된다. 셋째, 현지 지도자들이 한국선교사로부터 리더십 이양을 받지 못하거나 자신의 비전에 손실을 반영하지 못한다는 비관적 태도 때문이다. 이는 현지인과 관계성의 문제로 상호신뢰가 약화되었을 때 일어나는 현상이다. 현지인들의 아우성은 곧 선교사에게 바닥을 치는 마지막 단계에 해당된다. 이를 극복하기 위해 선교사는 보다 낮은 자의 입장에서 현지인을 바라보아야 한다.

첫째, 앞으로 선교적 위기로 힘든 상황에서는 저평가된 선교사의 사역을 거두어들인 뒤 선교에 대한 가치를 재부여하는 전략이다.

둘째, 추방에 대한 공포가 사역에 반영되는 시점이다.

셋째, 사역이 다시 현장으로 진입했을 때 사역에 시간과 물질, 지식을 투자하는 방식이다. 사역의 목표가 좁아지고 이슬람이 국교화되거나 기독교의 가치가 최저 포인트가 되었을 때가 바로 선교에 집중적으로 투자할 최적의 타이밍이다. 외국선교사들은 이러한 상황을 잘 활용함으로 사역의 극대화를 올리고 있는 것을 보았다.

넷째, 선교사간의 업무 중첩을 제거하고 협력 메커니즘 강화를 할 때 사역은 극대화 된다. 그리고 자신의 사역을 잘 분석하고 개혁 작업을 지속함으로 현지사역의 효율성을 높여가야 한다.

다섯째, 미리 준비한 위기, 오히려 도약의 기회가 된다. 과거에는 10년이 지나면 강산이 변화한다고 말했다. 그러나 지금은 하루가 지나면 강산이 변화하는 시대다. 특히 최근은 불확실성의 한 가운데 있다고 해도 과언이 아닐 정도로 변화가 심하다. 선교현장의 선교사 추방과 납치, 순교의 뉴스가 신문과 방송 지면을 장식하고 국제 경제와 정치의 불안과 환율이 요동쳐 한 치 앞을 내다보기 힘든 세상에 살고 있다. 이러한 변화에 선교 문화는 따라잡기도 숨 가쁘다.

많은 선교사들이 불안해하는 것도 무리는 아니다. 선교사들은 우즈베크에서 추방이 사역의 동반침체에 빠지지나 않을까 걱정하고 있다. 그러나 평범한 사람들은 현상 속의 위기를 바라보지만 선교사와 리더는 위기 뒤의 기회를 본다는 말이 있다. 위기가 기회가 될 수 있다는 말이다.

선교의 불황기는 어찌 보면 선교 사역이 선두권으로 도약할 수 있는 새로운 기회가 될 수 있지 않을까 하는 가설을 세워보아야 한다. 우선 먼저 선교의 불황이 오기 전에 미리 대비하여야 한다. 선교사역이 잘 될 때는 아무렇게나 사역함으로 비판의 대상이 되는 반면, 사역이 어려울 때는 오히려 움츠리고 대비한다는 의미를 담고 있다.

이를 선교에 대입한다면 평소에 힘을 축적해 놓은 선교사는 위기에 강하다는 것이 되지 않을까? 실제로 선교의 불황을 이겨낸 선교사들을 보면 사전 대비가 철저하다는 공통점을 발견하게 된다. 이때 현지 관료들과 관계 개선, 현지인과 좋은 인간관계, 선교재정의 현실적 투자가 불황 때 보다 더 잘해야 한다. 특히 외국인에 대한 선호도가 높은 민족일수록 집중적으로 관계를 갖는 것이다. 이를 위해서 나눔과 아름다운 인격적 교제, 그리고 사역 합리화와 네트워크의 통합 등 선교의 생산성을 높일 수 있는 분야의 업무를 최우선적으로 시행한다. 이같은 체질개선 작업은 선교 초임부터 지속적으로 진행되어야 한다.

그리고 선교사는 말보다 실행이 중요하다. 야고보는 행함이 없는 믿음은 그 자체가 죽었다고 했다(약 2:17-22). 이는 선교사에게 필수적인 것은 실행력이다. 앞으로 다가올 위험 요인을 정확히 파악하는 선견지명이 가장 중요하지만, 실행이 뒤따라주지 않으면 모두 헛일이다. 위기에 강한 선교사들은 모두 대응능력이 뛰어나다는 공통점을 갖고 있다.

마지막으로 사역의 어려움에 강한 선교구조로 개편해야 한다. 선교현장의 불확실성에 강한 사역구조로 만들어야 한다. 선교사는 현장의 정치, 경제, 종교적 탄압 등에 맞춰 구조개편에 집중하는 것이다. 전 세계에서 우수한 선교전략 정책가들을 초청해 강의를 듣고 토론을 함으로 위기를 어떻게 대처할 것인가를 모색해야 한다.

선교지의 불황을 기회로 삼는 일은 결코 쉽지 않다. 평소에 준비를 하고 있어야 위기가 닥쳤을 때 발 빠르게 대응할 수 있다. 위기 신호를 미리 감지하는 예지력이 무엇보다 필요하며, 위기를 기회로 삼을 수 있는 선교전략을 수립하여 단호하게 실천해야 한다. 우리는 지금 전 세계적으로 불고 있는 안티기독교 세력을 헤쳐 나갈 준비가 되어 있는가를 지금 바로 점검해

보아야 한다.

아무튼 우즈베크에서 선교적 위기를 극복하기 위해서는 상황을 잘 분석하고 대처하면서 인내심을 갖는 것이다. 그리고 과거의 고통스러웠던 경험을 잘 적용하면 어마어마한 기회가 선교의 기회로 찾아올 것이다.

8. 상대방의 요구가 아닌 욕구를 파악하는 전략이다

최근 협상의 제 1계명으로 요구 아닌 욕구를 파악하는 것이라는 소리가 높다. 요구(position)와 욕구(interest)를 구분할 줄 알아야 한다. 협상을 못하는 사람들의 공통된 특징이 하나 있는데 바로 상대방이 제시한 요구에만 집착하는 것이다. 최철규 IGM부원장은 협상에 대한 실례를 들려주고 있다.

> 목이 말라 시원한 청량음료를 마시고 싶은 사람이 당신 가게에 와서 "콜라 한병 주세요"라고 했다고 치자, 콜라를 달라는 게 그의 요구다. 그런데 마침 당신 가게에는 콜라가 떨어지고 사이다 밖에 없다. 당신이 만일 그의 요구에만 초점을 맞춘다면 "콜라가 없습니다"라고 할 것이고 협상(장사)은 거기서 끝나버린다. 하지만 협상 테이블에서 요구가 아닌 욕구에 초점을 맞춘다면 얘기는 달라진다. 콜라를 달라는 것은 손님의 요구일 뿐이다. 그렇다면 욕구는 무엇일까? 아마도 목이 말라서 시원한 청량음료 하나를 마시고 싶은 마음일 것이다. 만일 당신이 그의 욕구에 관심을 가진다면 콜라가 없다는 것으로 끝나지 않고 그런데 시원한 사이다는 있다고 한다면 상대의 욕구를 자극할 것이다. 아마도 그는 사이다로도 충분히 목을 축일 수 있기 때문에 이를 기꺼이 받아들일 가능성이 높다.[87]

협상을 이해하는데 가장 중요한 것은 "사람은 요구를 만족시키기 위해 요구하는 게 아니라 욕구를 만족시키기 위해 요구한다"는 점이다. 즉 협상에서 요구는 욕구의 대리인일 뿐이고 요구의 진짜 주인은 욕구라는 뜻이다. 그러므로 선교사는 현지인의 요구가 무엇인가를 정확하게 읽어야 하고 그 욕구를 채워주는 센스가 있어야 한다. 현지인을 그리스도에게 인도하는 것도 협상이다. 협상에서 가장 필요한 것은 요구가 아닌 욕구에 초점을 맞추는 것이다.

그리고 선교사역도 창의적 대안(creative option)을 개발하는 것이다. 협상이 파국으로 치달을 때도 창의적인 대안을 내놓게 되면 된다. 즉 창의적 대안자는 상대의 요구가 아닌 욕구에 초점을 맞춘 후 나와 상대의 욕구를 동시에 충족시킬 수 있는 대안을 만들어 내는 능력을 가진 사람을 말한다.

협상이란 분명 까다롭고 힘든 과정이다. 하지만 모든 요구와 욕구에는 언제나 적용되는 원리와 규칙이 있다. 이 과학적 원리만 알고 있다면 선교사는 훌륭한 협상가가 될 수 있다.

위의 원리는 일반적인 것인지 모른다. 하지만 선교사는 성령충만한 실용주의자가 되어야 한다. 선교사는 영적인 사람인 동시에 현실 상황에 대하여 민감해야 한다. 이를 위해 말씀과 기도로 늘 깨어 있어야하고(엡 6:13), 사역하면서 늘 밤과 낮에 기도하셨던 예수, 새벽에도 기도하셨던 예수를 닮아 가야 한다. 선교 현장에 대하여 민감하기 위해서는 뉴스와 정보수집, 때를 분별하는 지혜가 넘쳐야 한다(엡 5:16-17).

위기를 만난 선교사는 현지인들과 친밀한 교제와 재빠른 대처가 요구된다. 성경에도 보면 바울도 위기를 만났을 때 재빠르게 피신한 경우가 있다(행 17:13-15). 그러나 불가피하게 피신할 수 없는 경우에는 하나님의 주권에 맡기고 담대히 맞이하는 것이다(눅 22:47-54). 위기의 상황에서 그의 뜻을 이루시는 하나님의 주권적 능력을 인정하는 것이 중요하다.

선교사에게 더 많은 일을 하기 위해서는 부르심에 맞는 거룩한 생활을 해야 한다. 베드로는 "너희 마음의 허리를 동이고 근신하여 예수 그리스도의 나타나실 때에 너희에게 가져올 은혜를 온전히 바랄지어다"(벧전 1:13)라고 했고, "애매히 고난을 받아도 하나님을 생각함으로 슬픔을 참으면 이는 아름다우나"(벧후 2:19)라고 했듯이 위기를 기회로 삼는 지혜가 있어야 한다. 이 말씀을 뒤집어 생각하면 선교사는 상황을 탓하지 않아야 한다는 말이다. 그러면서 선교의 기초인 하나님의 영광을 드러내는 일에 부지런해야 한다. 선교사보다는 선교현장에서는 하나님이 알려져야 한다. 그저 이름만 알려지는 것이 아니라 하나님이 하나님으로 완벽하게 알려져야 한다.

9. 복음을 전하기 전에 마음의 문을 열어라

선교현장에서 다른 민족에게 마음의 문을 연다는 것은 어려운 일이다. 선교사가 현지에서 지켜야 할 것 몇 가지가 있다. 그것은 현지인들에게 절대 말을 많이 하지 말고, 연고에 의존하지 말며 까다로운 현지인을 선택하여 교제하는 것이 좋다. 선교현장에서 아니 전도왕의 간증을 들으면 그들은 많은 말을 하지 않는다. 또한 학연이나 연고를 활용한 편안한 선교에 안주하지 않았다. 오히려 까다로운 현지인을 찾아다니거나 가장 힘들다고 하는 대상을 찾아 복음을 설명하고 척박한 정치 환경을 기회로 활용했다. 무한경쟁 시대가 아닌 무한탄압시대, 선교의 문이 닫혀져 가는 시대를 맞아 선교의 중요성이 부상하고 있는 가운데 어떤 방법이 선교에 가장 적합한가를 고민하는 것도 좋을 듯싶다.

첫째, 현지인은 80%를 말하고 선교사는 20%미만으로 말을 하는 것도 좋은 전략이다. 외국인으로서 복음에 대한 설명은 20%만 말해도 충분하다고 생각된다. 모든 외국인은 선교사라는 생각을 갖고 있는 그들에게 선교현장에서 많은 말보다 짧고 굵은 한마디가 더 효과가 있다. 현지인이 선교사에게 무엇을 말하려고 하는지를 듣고 그의 요구보다 욕구를 채워주는 자세가 좋다. 현지인의 욕구를 정확히 파악하려면 진지하게 경청하는 자세를 갖는 것도 하나의 전략이다.

둘째, 고국 교회와 후원자를 탓하지 말고 내 우물은 내가 판다는 생각이 중요하다. 선교후원의 부족, 건강 등으로 인해 고통을 호소하며 사는 것이 중요한 것이 아니라 선교사 스스로 현지인과 관련된 정보 시스템 개발을 통하여 관리하는 방법이다. 선교현장에서 필요한 사역자를 채용하여 현지인들이 무엇이 필요한가를 신속하게 대응하는 적극적 전략이 중요하다. 교회와 후원자의 부족만 탓할 것이 아니라 스스로 삽과 괭이를 들고 우물을 파는 수고가 따라야 한다.

셋째, 선교사의 약점이 현지인에게 강점이 될 수 있다. 선교사가 도시에 거주하며 사역한다면 오지의 사람들을 직접적으로 찾아간다면 더 좋은 결과를 얻을 수 있다. 현지인들은 먼길을 찾아 온 사람에게 어떻게 이곳까지 찾아오게 되었느냐면서 더 잘해 줄 수 있다. 나는 서아프리카로 갔을 때 현지 교회로부터 대단한 환영을 받은 경험이 있다. 이 먼곳까지 어떻게 찾아 왔으며 먼 길을 가는 동안 평안하도록 우리가 기도하겠다는 말을 들었다. 만약 선교사가 도시에 살면서 현지어를 잘 모른다면 한글로 공략하는 방법은 어떨까 생각도 해본다.

넷째, 현지인을 설득하기 전에 나를 먼저 설득해야 한다. 복음에 대한 확신과 자신감, 구약과 신약을 통해 생명을 다루는 약이란 점을 강조하면서 사역한다면 의미 있는 일이 될 것이다. 또한 선교사로서 현지인들의 영적 능력을 향상시켜 주는 선교자로서 역할을 해야 할 것이다.

다섯째, 선교사에게 까칠한 현지인을 잡아야 한다. 그러면 위대한 선교사가 될 것이다. 나를 향해 가장 까칠한 사람은 공식 석상에서 만나는 것보다는 현지인에게 따로 연락을 해서 일대일로 설득하면 이전에 판을 깼던 것을 보상하고 남을 정도로 입소문을 내줄 것이다. 한국뿐 아니라 세계 어느 곳을 가든지 구전효과는 매우 의미가 있기 때문이다.

여섯째, 현지인의 마음에 선교사만의 이미지를 심어주어야 한다. 현지인이 기억하기 좋은 이름을 소개하는 것도 좋다. 한국적 이름보다는 현지인과 비슷한 이름을 새긴 명함을 갖고 나누어 주면서 사역하는 것은 좋은 이미지가 된다. 그리고 현지의 역사와 종교 등에 대한 해박한 지식과 철저한 사후 관리를 통해 현지인에게 신뢰를 주어야 한다. 신뢰를 주는 것은 선교사의 생명이기도 하다.

10. 선교는 인식을 바꾸는 행위이며 단거리가 아니라 장거리 마라톤과도 같다

선교는 우선 장기적인 관점에서 긴 안목을 가져야 한다. 또 선교 환경의 변화 가능성을 항상 염두에 둬야 한다. 선교에서는 이 두 가지가 매우 중요하다. 선교 전략은 교회와 하나님의 영광을 위해 장기적인 이익을 가져다주는 방향으로 이루어져야 한다. 오늘 바로 해야 할 일이 있고, 단기간 혹은 장기간에 걸쳐 해야 할 일이 있다. 이를 명확하게 구분하여 사역 전략을 구상하는 것이 중요하다.

선교 전략은 단거리 경주가 아니고 마라톤 경기다. 선교 현장에서 언어구사력이 떨어지는데 사역 프로젝트만 세워 그 일에 전념하는 것은 단거리 경주에 불과하다. 언어습득과 문화이해를 통한 장거리 사역을 위해 준비하고 점프를 해야 한다. 그래서 선교사의 인격, 신앙적 품위, 한국인으로서의 좋은 이미지, 선교 현장을 어떻게 꾸밀 것인가에 대한 디자인이 필요하다. 현지지도자나 현지인들이 선교사를 만날 때마다 이번에는 어떤 모습으로 접근해 올 것인가를 기대하도록 하는 것이 좋다. 그리고 선교 현장에 대한 정확한 통찰력은 빼놓을 수 없다. 현지인들이 종교적으로 현실적인가 아니면 윤리적인가를 파악하는 것도 도움이 된다. 이는 선교사를 처음 만났을 때의 인식보다 만날 때마다 무엇인가 달라지고 있다는 인식을 주어야 한다. 사람은 처음 만난 상황, 이미지를 쉽게 바꾸지 못한다. 선교는 사람의 인식(perception)을 바꾸는 행위이다. 인식을 바꾸는데 당연히 시간이 필요하다.

그리고 선교 행위는 현장의 분위기를 알고 자신이 얼마나 개방적 자세를 갖췄느냐가 중요하다. 우즈베크는 지금 공산주의를 벗어나 독립국가로 있지만 과거 러시아에서 우즈베크어만을 사용하는 정책을 펴고 있다. 이는 국가적으로 볼 때 폐쇄정책을 추구하는 것은 많은 문제점이 있다는 것을 발견하고 외부에 문호를 개방해야 한다. 문을 열지 않으면 외부 아이디어를 수혈할 수 없고, 혁신을 이룰 수 없다. 마찬가지로 선교사가 가지고 있는 신학적 패러다임을 고수하더라도 인간관계나 지식산업, 콘텐츠를 개방화시킬 필요가 있다. 오늘의 변화를 위해 몇 십 년이라도 준비하며 인식을 바꾸는 것도 전략중 하나다.

우즈베크의 복음화는 아주 먼 곳에 있지 않고 바로 앞에 있다. 그것은 믿음을 가진 자로서 실행을 동반하는 계획을 세우면서 기도하면 되기 때문이다. 우리가 하는 사역은 계획만으로 성과를 낳을 수 없다. 행동이 성과를 바꿀 뿐이다. 그러나 사역 현장에서 행동이 성과를 바꾼다는 사실을 거의 잊고 있을 수 있다. 행동은 철저하게 실행하는데 의미가 있을 뿐이다. 행동이 성과를 드러낸다고 해서 단순히 잠시 행동으로 옮겼다고 해서 바로 성과가 나타나지는 않는다. 오랫동안 누룩처럼 행동하는 것이다. 그리고 현지인의 행동을 파악하거나 아니면 동역하는 리더들의 행동도 정확히 분석하고 있어야 한다. 사역자는 항상 동역하는 리더들이 어떻게 행동하는지를 파악하고 관리하지 않으면 사역의 성과를 거둘 수 없다. 리더들의 행동에 대한 상태와 실제 행동에 관하여 따지지 않으면 의미가 없다. 금주의 목표, 목표 달성에 필요한 행동, 결과, 실제로 행동한 실제 등에 대하여 면밀하게 검토하고 분석해야 한다.

후주

1) 한국과 우즈베크와의 시차는 4시간이다.

2) 투르크메니아는 우즈베크의 남부와 이란 접경, 카스피해에 근처에 위치하고 있다. 수도는 아쉬하바드이며 공용어는 투르크멘어를 사용한다. 종족구성은 투르크멘족 85%, 우즈베크인 5%, 러시아인 4%를 차지하고 있다. 종교는 이슬람교가 90%이며 러시아 정교회는 6%, 기타 4%를 차지한다. 투르크메니아 주요 수출품은 석유, 천연가스, 면직물이 주종을 이룬다. 정부는 대통령중심제이다. 인구는 500만 여명이다.

3) 카자크의 수도는 알마티다. 우즈베크의 북부, 러시아 남부 중앙아시아에 위치하고 있다. 인구는 1,600만정도이며 공용어는 카자흐어와 러시아어를 사용한다. 종족은 카자흐인 53.4%, 러시아인은 30%, 우크라이나인 3.7%, 고려인 10만여 명이 함께 살고 있다. 종교는 이슬람이 52%이지만 점점 증가하고 있다. 러시아 정교회가 40%를 차지한다. 주요수출품은 석유, 천연가스, 석탄, 구리, 주석, 우라늄으로 카자흐스탄의 경제를 활성화시키고 있다.

4) 티무르는 1336년 4월 9일 샤흐리사브즈(옛 지명은 케쉬)에서 출생하였다. 그는 바를라스족의 타라가이의 아들이다. 바를라스족은 몽골 종족의 하나이며 차가타이와 함께 마베레나흐르에 들어왔다. 티무르는 말 타는 솜씨나 활을 쏘는 것이 누구보다 탁월한 것으로 알려졌다. 그는 전략가이면서 기병부대를 잘 활용하여 급습과 약탈에도 능숙한 것으로 알려져 있다.

5) 티무르제국의 문화는 투르크-페르시아적이었으며 법의 집행체제는 투르크-칭기즈칸적이었다. 정치와 종교적 원칙은 몽골-아랍적이다. 이같은 정치적 구조는 티무르의 모순되는 강력한 개성, 큰 기여와 잔인한 정복자이나 뛰어난 사령관이면서 정복자였기 때문이다. 그의 통치기간 중 중앙아시아의 내란과 내분은 사라진 것으로 알려져 있다. 이로 인해 경제와 문화발전에 큰 영향을 주었고 유럽과의 무역이 활성화되어 거대한 사마르칸트 번영을 가져다 주었다. 현재 사마르칸트에는 비비한움(여자를 높여 부르는 말로 귀부인 정도의 의미)이슬람 사원, 구르 아미르의 무덤이 있다.

6) 이문영, "중아이사의 종교상황과 종교정책: 러시아 지배 유산의 극복과 이슬람의 발전" (국제지역연구 제7권 제 1호, 2003. 6), 145-6재인용.

7) 중앙아시아의 이슬람 전파는 Hunter 2001:66-67; Hannan 2002: 1장 1-2; Muslim Uzbekistan, 2002. 07. 23:1-2; 최한우 1997:90-155 & 257-71; 이희수 참조.

8) 이문영, "중앙아시아 종교정책"(국제지역연구 제 7권 제1호, 2003,6), 159-61참조.

9) Ibid., 160재인용.

10) 토드 재미슨(Todd Jamison)은 미국에서 가장 큰 복음주의 교단인 남(南)침례교단(Southern Baptist Convention)의 International Mission Board 소속 중앙아시아 선교사이다. Southwestern

Baptist Theological Seminary 에서 박사 학위를 받았고 13년 동안 아내와 네 명의 자녀와 함께 중앙 아시아에서 사역하였다. (출처: EMQ(Evangelical Missions Quarterly), 2007년 4월호, 한국선교연구원 (krim.org) 인쇄판 파발마 194호 특집기사에서 재인용하였음을 밝힌다.

11) Ibid., 168참조.

12) 배양선, 『중앙아시아 우즈베키스탄의 역사』미간행물, 33참조.

13) Ibid.

14) 성동기, "우즈베키스탄 씨족의 순환적 발전 행태"(러시아문학연구논집 2004), 352.

15) 우즈베키스탄의 자세한 부족에 대해서는 Zeki Velidi Togan, "The Origins of the Kazaks and the zbeks" in Central Asia Reader "The Rediscovery of History, Eds. H. B. Paksoy, M. E. Sharpe, 1994. New York, 37; 성동기, 353참조.

16) Donald S. Carlisle, Soviet Uzbekistan: State and Nation in Historical Perspective(chapter 5) in Central Asia in Historical Perspective, eds. Beatrice F. Manz Westview Press, 1994. 115.

17) Shirin Akiner, Post-Soviet Central Asia: past is prologue in The New Central Asia and it's Neighbour, eds. by Peter Ferdinand, Royal Institute of International Affairs, Pinter Publishers, London, 1994. 18. 성동기., 360참조바람.

18) 권경복, "국민 눈, 귀 막은 대선...카리모프 종신야욕" 「우즈베키스탄 상」(2007년 12월24일).

19) 우즈베크의 민족, 국가 정체성 분석을 위해서는 성동기 교수의 "우즈베키스탄 러시아인 독립세대의 민족, 국가정체성 분석을 통한 신디아스포라 전망"(한국민족연구원 민족연구 2007)을 참조 바란다.

20) 우즈베크 권경복 특파원의 글 참조(조선일보, 2007년 12월26일(수).

21) 매일경제, 2008년 2월 22일(금).

22) 배양선은 중앙아시아 우즈베크의 역사를 가장 쉽게 이해하는 자이다. 그는 우즈베크의 정치사와 종교, 문화 등을 역사적으로 잘 분석한 자로 알려져 있다.

23) 배양선, 『중앙아시아우즈벡의 역사』미간행 글, 4-5에서 재인용.

24) Ibid., 6.

25) 샤만(Shaman)은 퉁구스계 어휘로 무당이란 뜻이다. 신과의 커뮤니케이션에서 중개자의 역할을 하는 자를 말한다. 샤머니즘은 종교가 아니다. 그리고 이들이 갖고 있는 종교적 현상은 모든 의례, 신앙, 서사적 구전이 서로 일치하여 통합된 영역을 갖고 있는 것을 말한다. 샤머니즘의 조건에는 영계, 인간집단 행위자를 위한 샤만, 수호신의 강신(降神), 초월적인 경험이다. 샤만은 영적 능력자로 고침, 예언, 죽은 자

를 다른 세계로 안내하는 자다.

26) 내가 다니엘의 무덤에서 만난 뮬라의 이름은 마두고자이다. 그는 나이가 35세가량이지만 배가 나왔고 늙어 보였다.

27) 이슬람의 종교승려라고 부른다. 병든자를 위해 알라에게 기도를 하면서 알라신의 힘으로 환자를 치유하는 것을 말한다.

28) 이는 검정색에 하얀색 눈동자 모형이다. 꼬록문초를 멀리서 보면 눈동자와 같다.

29) 아리프 아쉬츠, 『실크로드의 마지막 카라반』, 김문호역 (서울: 일빛, 2008), 244-6.

30) 최준석, "조로아스터교 신자들이 이란의 깊은 산중에 모인 까닭", 조선일보 토일섹션 why? 2007년 6월30-7월1일 B7. 참조.

31) 닉바노우는 사산조(朝) 페르시아(226-651년)의 마지막 왕 야즈데게르드(Yazdegerd. 재위기간 632-651년) 3세의 둘째 딸이다. 전설에 의하면 닉바노우 공주는 640년 아랍침략군을 피해 사막속의 산으로 숨어 들어갔다. 오늘날 이란의 중부 도시 야즈드 인근으로 알려져 있다.

32) 이 부분은 최준석 국제 전문기자의 보도내용을 인용하였음을 밝혀둔다.

33) AP통신 2007년 6월18일보도.

34) 최한우, 『중앙아시아학 입문』(서울: 도서출판 펴내기, 1997), 232.

35) Ibid., 233-4.

36) 레기스탄이란 레기는 모래, 스탄은 땅이란 의미다. 모래 땅이라는 뜻이다. 과거에는 이슬람의 법으로 재판, 사형이 집행되는 곳으로서 공포의 장소로 각인되어 있다.

37) 티무르 제국의 통치자인 울르 그벡의 명령에 의해 세워진 학교.

38) 메드렛세라고 하는데 이는 학당 또는 이슬람의 경전인 꾸란을 가르치는 곳을 일컫는다.

39) 2008년 12월 1일, 한겨레 신문, "이주헌의 알고 싶은 거룩한 존재를 나타내는 성상화"란 글 참조.

40) Ibid.

41) 이 부분은 미술평론가 이주헌의 글을 재인용하였음을 밝혀 둔다. 그는 미술평론가로서 다양한 분야의 예술을 평론하는 자로서 미술가의 입장에서 본 이콘을 재인용하였다(한겨레 신문, 2008년 12월1일

자).

42) blog.naver.com/hss7070에서 재인용.

43) 울루고백은 사마르칸트의 황금기를 지배했던 학자다. 그는 시인, 철학자, 천문학자이며 모든 학문에 뛰어난 사람이라고 한다.

44) 배양선, 『중앙아시아 우즈베크의 역사』미간행 글, 29참조.

45) 사마르칸트시내의 타직 종족은 전체인구의 80%를 차지하며 부하라지역에는 더 많은 타직 종족이 거주하는 것으로 알려져 있다.

46) 브리테니커 사전 참조

47) 이 여인은 순니파 무슬림이며, 우즈베크 교육진흥원에서 일하는 사람이다. 그의 나이는 48세이며 5명의 자녀를 (아들 3, 딸 2)둔 어머니다. 큰 아들은 우즈베크 여인과 결혼하여 생활하고 있다고 자랑도 한다. 그는 대학에서 역사를 전공하여 우즈베크의 역사와 이슬람의 역사에 대하여 해박한 지식을 갖고 있었다.

48) 통과의례는 출생, 소년 소녀들의 성인식, 결혼식, 죽음과 같은 주요사건들에 수반되며 그러한 사건들을 극화하는 의식들이다. 때로는 생애위기 의례 혹은 생애 주기 의례로 불리는 통과 의례들은 문화적으로 어떤 사람이 사회적 삶의 한 단계에서 다음단계로 옮겨 가는 것을 표시한다. Catherine Bell, 『의례의 이해』류성민 역(서울: 한신대학교출판부, 2007), 191재인용.

49) 장준희, 『중앙아시아 대륙의 오아시스를 찾아서』(서울: 청아출판사, 2004), 286-7재인용.

50) Ibid., 287.

51) Ibid., 288재인용.

52) 김정위, 『이슬람 사전』(서울: 학문사, 2002), 198재인용.

53) Ibid., 570재인용.

54) 바코산은 여름궁전 또는 여름 별장이라고 부른다. 겨울 궁전을 짓기 위해 이탈리아와 비잔틴의 기술자들을 데려오기도 했다. 그리고 그들은 알라 밀리크라고 외친다. 이 말은 위대한 알라 신이여 란 뜻이다.

55) 미국 돈 1$에 우즈베크 화폐 1306-9ㅅ이다. 100$를 바꾸면 130,800ㅅ을 환전해 준다. 우즈베크에는 최고 큰 화폐가 1,000숨이다.

56) 차동엽, 『무지개원리』, (서울: 위즈엔비즈, 2007), 164재인용.

57) central Asia는 소수의 사람들에 의해 내 아시아(Inner Asia)라고 호칭된다. 보통 서쪽으로 터키와

구소련연방국가였던 아제르바이잔, 투르크메니아, 타지키스탄, 우즈베크, 키르기즈, 카자흐스탄 같은 투르크-페르시아계의 나라들을 말한다. 투르키코-페르시안계 사람들은 러시아의 코카서스와 우랄지역에서도 발견된다. 이란, 아프간 그리고 다수의 위구르(Uighur)종족이 살고 있는 중국 북서부 지역도 중앙아시아로 분류되기도 한다.

58) 이 부분의 글은 Todd Jamison의 글과 Evangelical Missions Quarerly를 참고하였다.

59) 이슬람 와하비(Wahabist)주의자들은 이슬람 형법인 샤리아법을 옹호하고 이슬람의 성전 지하드를 지지한다. 이들은 반유대적이고, 반기독교적인 성격을 띄는 이슬람 급진주의자들이다.

60) 누카스를 흔히 누쿠스라 불리기도 한다.

61) 김성기, 『우즈베크』, 255재인용.

62) 고마츠 하시오 외, 『중앙 유라시아이 역사』이평래 역,(서울: 소나무, 2005), 172.

63) 조로아스터교의 기원, 역사, 교리, 신앙 등에 대하여는 최정만박사의 비교종교학에서 재인용한 것이 많음을 밝혀 둔다.

64) 이슬람 카리모프 대통령은 1938년 우즈베크 사마르칸트에서 출생하였다. 중앙아시아 공과대학에서 기술공학을 전공하였으며, 타슈켄트 국립 경제대학교에서 경제학 석사학위를 취득하였다. 그는 1986년 12월부터 89년까지 카쉬카다리야 주 제1서기장 역임, 1986년 6월 우즈베크 공산당 제1서기장을 역임하였다. 1991년 8월에 국민투표를 실시하여 우즈베크 독립을 선언하였으며, 1991년 12월 대통령 직접 선거를 실시하여 당선되어 오늘에 이르고 있다. 2007년 12월 27일에 실시한 대통령 국민투표에 재당선되기도 했다.

65) 김성기, 『실크로드의 중심지 우즈베크』(서울: 도서출판 명성서림, 2006), 171.

66) Ibid., 172재인용.

67) 배양선, 『미간행 중앙아시아 우즈베크』 38에서 재인용.

68) 여기서 카작족은 카자크족과는 다르다. 과거 러시아황제는 넓어지는 제국의 영토를 지키기 위해 카작족을 용병으로 고용하였다. 황제는 카작의 용병들에게 토지와 자유를 허락하였고, 카작족은 러시아의 국경지대인 돈강, 우크라이나, 볼가강, 테렉강, 쿠반강, 우랄강, 세리레치에로 이주하여 국경수비를 전담하였다(Ibid., 39재인용).

69) 칼타는 짧다라는 뜻이다.

70) 구정은 기자, "광복절 특집 강제이주 70년 한....우즈베크를 가다", 문화일보, 2007년 8월 14일.

71) 고려인 심이반(81세)로 여섯 살에 아버지를 잃고 1937년 홀어머니와 함께 기차에 실려 우즈베크 시

온고까지 왔다고 한다(Ibid).

72) 최귀영특파원, "중앙아시아 한국어 열풍분다", 우즈베크 뉴스 2007년 3월 20일 참조.

73) 하윤해, "우즈베크에서 만난 고려인", 국민일보 쿠키뉴스 2006년 10월 26일.

74) 외신종합, "이슬람국 우즈베크서 개고기 불티", 한겨레신문, 2006년 3월 18일.

75) 이글은 한국선교연구원에서 발행하는 파발마에서 재인용하였음을 밝힌다. 출처: BosNewsLife, 2008년 4월 5일, 한국선교연구원(krim.org) 파발마 608호.

76) 강희영, "추방선교사" (한국선교 KMQ, 2008년 봄호), 46-49를 보라.

77) Ibid.

78) 호경업, "경영을 디자인하라", 조선일보 토일섹션 View & outlook, 2008년 3월 29-30일. C 2.

79) Iibid.,

80) 1941년 미국 인디애나주에서 출생한 세계적인 안무가이자 현대 무용가이다. 2003년 빌리 조엘의 음악에 맞추어 안무한 무빙아웃으로 토니상을 받았다. 에미상과 맥아더 펠로우십도 수상했다. 그는 현대 무용가 중에 아주 유명한 자로 바흐, 모차르트, 베토벤에서 프랭크 시나트라, 브루스 스프링스틴까지 시공을 넘나드는 다양한 음악 작품을 내놓아 높은 평가를 받은 사람이다. 영화 헤어, 아마데우스, 백야의 안무도 맡았다. 하버드비즈니리뷰 4월호(조선일보 토일섹션 김승범 산업부 기자 인터뷰에서 인용).

81) 김수욱, "경영노트", 조선일보 2008년 4월12일 View&Outlook C2 참조.

82) 전략적 포지셔닝이란 기업이 목표시장을 설정해 자원을 집중하는 전략을 말한다. 선교학에서 응용을 한다면 선교현장과 종족, 지역복음화가 목표로 설정했다면 기도와 인적자원, 물적자원을 집중하는 전략이라고 할 수 있다.

83) 김수욱, "경영노트"재인용.

84) 김다니엘, "한국선교사들이 지혜롭게 피해야 할 12가지 선교 장애물" (한국선교 KMQ 2008년 봄호), 57-70참조 김다니엘 선교사는 미국 오엠에프 파송으로 태국에서 사역하고 있다.

85) 선교사의 정체성이란 하나님의 형상인 존귀한 존재로서 선교사(창 1:26-8), 보호받아야 할 한 마리 양(시 23: 요 10:27-29), 주님의 제자(마 16:24-25)인 동시에 그리스도의 군사(딤후 2:3-4), 복음을 위해 고난 받는자(행 16:22-25), 자기 생활에 얽매이지 않는 자를 말한다(박윤애, 정인숙, 강병문, 한국선교 KMQ 2008년 봄호, 72-73).

86) 위기란 적대적인 세력이 가장 격렬하게 대응하는 시점을 말한다(아메리칸 헤리티지 사전). Steven Fink는 결정적인 변화가 임박한 불안정한 시간 혹은 사태로서 그것은 가장 최악의 상황이 되거나 아니면 매우 긍정적인 결과를 가져오게 한다. Robert Heath는 위기란 사람과 자원에 대한 위협, 사람, 자원,

조직에 대한 비가시적 영향력-위기란 대응할 시간이 너무 제한되어 있기 때문에 위기다. 결정은 신속하게 내려야 하는데 손에 닿는 정보는 믿을만하지 못하거나 정작 알맹이가 빠져 있다. 사람과 자원, 도구에 대한 요구가 활용 가능한 인력이나 자원을 초과할 때 위기가 발생하게 된다.

87) 최철규, "협상의 제 1계명, 상대방의 요구 아닌 욕구를 파악하라", 조선일보 2008년 4월12일 Case Study C5 참조.